내 그림자에게
말 걸기

내 그림자에게 말 걸기

로버트 존슨·제리 룰 지음 | 신선해 옮김

융 심리학이
말하는
내 안의 또 다른 나와
만나는 시간

내 그림자와 함께한 나날들

— 정여울(작가, 문학평론가)

내가 사랑하는 심리학자 카를 구스타프 융Carl Gustav Jung은 자신의 자서전을 이렇게 시작한다.

"내 인생은 무의식의 자기실현의 역사다."

융을 통해 나는 깨달았다. 내가 '나도 모르게' 하고 있는 많은 행동, 그리고 내가 잊어버렸다는 사실조차도 잊어버린 수많은 억압된 기억이 내 삶의 그림자shadow를 이루고 있음을. 우리가 감추고 무시하고 짓밟는 무의식이 마치 살아 있는 생명체처럼 강력한 에너지를 가지고 우리의 삶을 바꿀 수도 있다. 그렇다면 나의 삶을 융의 언어로 표현한다면 무엇이라 할까.

내 인생은 그림자와의 치열한 전투였다. 내 안의 슬픔과 상처와 결핍이 빼곡하게 모여 있는 바로 그 '그림자'라는 존재야말로 내가 싸워야 할 최고의 적수였다. 그런데 내 안의 그림자를 깊이 들여다볼수록 '그림자와의 전투'는 점점 '그림자와 친구 되기'라는 정반대의 경지를 향해 달려가고 있다. 너무 치열해서 더욱 쓰라리고 아팠던 내 그림자와의 전투를 그림자와 다정한 친구 되기로 바꾸어준 결정적인 멘토가 바로 로버트 존슨이다. 융 심리학의 다정한 안내자이자 고통받는 사람들의 따스한 멘토, 로버트 존슨은 어렵고 힘들게만 느껴졌던 융을 내 곁의 가장 가까운 스승으로 만들어주었다.

이 책《내 그림자에게 말 걸기》는 융 심리학의 훌륭한 입문서이자, 융 심리학을 우리 자신의 잠재력과 창조력을 좀 더 이끌어내는 방향으로 활용할 수 있게 만드는 가이드북이기도 하다. 로버트 존슨은 우리가 남들에게 보여주는 뛰어난 연기력, 즉 페르소나 뒤에 감춰진 어두운 그림자를 길들이는 것이야말로 우리 인생의 가장 중요한 과제임을 일깨운다. 야생마처럼 거침없이 날뛰는 우리의 분노와 증오가 모여 있는 곳, 그곳이 그림자가 모여 있는 곳이다. 그런데 그림자를 방치하고 그림자로부터 도망치려고 하면, 이상하게도 인생이 잘 풀리지 않는다. 트라우마나 콤플렉스 따위는 내 인생과 아무런 상관이 없는 '척'하는 것은 페르소나의 뛰어난 연기력일 뿐이다. 나는 이제 오히려 '내 상처와 콤플렉스가 모여 있는 마음의 자리', 즉 그림자에 집중한다. 끝없이 피하는 것보다는 용감하게 대면하는 것이 훨씬 지혜로운 일임을 알기 때문이다. 로버트 존슨은 이 책을 통해 바로 그 용감한 대면을 가능하게 도와주면서, 동시에 '그림자를 방치하는 삶'보다는 '그림자를 소중히 보살피는 삶'이 더욱 슬기로운 마음챙김의 비법임을 일깨워준다.

융이 어느 청년의 꿈을 분석한 사례를 이야기한 적이 있다. 꿈 속에서 여자친구가 얼어붙은 호수에 빠져 죽어가는데 자신은 꼼짝도 못 하고 앉아 있을 뿐이라는 것이었다. 융은 그에게 그냥 주저앉은 채 차디찬 운명의 힘이 내면의 여성성을 죽이게 둬서는 안 된다고 조언했다. 적극적 상상을 활용해 도구를 찾아서 여성을 물에서 건져내고 불을 피우고 마른 옷을 입혀 그녀를 구하라고 했다. 이것이 윤리적이고 도덕적이며 인간적인 행동이다. 현실에서 윤리 규범을 지키는 것이 우리의 의무인 만큼, 그림자에 책임감을 안겨주는 것은 자아의 의무다. (…) 어떠한 공동체에 속해 있건, 우리에겐 무의식적 에너지를 점검할 도덕적 책임이 있다. 그림자의 요구는 그냥 없애버리기보다 상징적으로 다룰 수 있게끔 다듬어 평소의 삶과 조화롭게 합쳐야 한다.

_ 본문 192~193쪽 중에서

이렇듯 로버트 존슨은 융 심리학의 분석 사례를 오늘을 살아가는 바로 우리들의 문제로 치환시킨다. 꿈속에서 여자친구가 얼어붙은 호수에 빠져 죽어가고 있다면, 그것은 우리 내면의 소중한 여성성이 죽어가고 있다는 신호라는 것이다. 그 내면의 여성성은 악기를 연주하고 싶은 열망일 수도 있고, 글을 쓰고 싶은 충동일 수도 있으며, 주변 사람들을 경쟁상대로 보는 것을 멈추고 그들의 아픔을 보듬어줄 수 있는 따스한 포용력을 갖추는 것일 수도 있다. 어떻게 해서든 그렇게 꿈속에서 죽어가는 여자친구, 즉 우리 내면에서 짓밟히고 있는 여성성을 구해주려고 노력하는 것이 바로 우리가 그림자를 돌보는 방법이다. 꿈속에서 이런 '죽어가는 여자친구'가 상징하는 것이 무엇인지 분석하고, 헤아리고, 성찰해봄으로써 우리는 내 안에 오직 쌓아두거나 밀쳐두기만 했던 진정한 문제와 대면할 수 있게 된다.

그림자와 친해진다는 것은 매일매일 상처를 바보처럼 곱씹는다는 뜻이 아니다. 또한 그림자는 주로 가까운 사람들과 나눈 시간들 속에 자리하므로 그림자를 돌보다 보면 어쩔 수 없이 가족 트라우마와 만나게 된다. 이때 주의할 점은 부모나 형제자매가 나에게 준 상처를 분명히 재인식한다고 해서 가족에 대한 사랑이 줄어드는 것은 아니라는 점이다. 부모가 내게 준 상처를 똑바로 바라봄으로써 우리는 사랑이라는 이름 뒤에 숨은 이기심과 폭력을 제대로 인식할 수 있다. 그럼으로써 앞으로 그들을 더 제대로 사랑하는 법, 상처주지 않고 사랑하는 법을 모색하게 된다.

또한 그림자를 고백한다고 해서 우리의 영혼이 손해를 보는 것도 아니다. 그림자를 고백함으로써 나에게 상처를 준 자에게 복수하는 것도 아니다. 아무리 노력해도 우리는 서로에게 상처를 주지 않고는 살아갈 수 없다. 우리가 할 수 있는 것은 그 상처를 최소화할 수 있는 배려와 존중의 마음가짐을 기르는 것뿐이다. 이미 일어난 상처를 덧나지 않게 하고 그 상처를 치유할 힘을 기르는 것은 오직 '그림자를 돌보는 삶'을 통해 가능하다.

그림자와 대면하는 순간을 고통의 시간으로만 생각한다면 우리는 그림자로부터 그 어떤 새로운 가능성도 발견할 수 없다. 하지만 그림자의 목소리를 잘 들어보면, 그곳에 내 모든 희로애락의 원천이 꿈틀거리고 있음을 발견할 수 있다. 우리를 아프게 하는 내면의 그림자를 그저 방치하면 그곳은 끝없이 상처가 덧나는 고통의 장소가 된다. 그러나 그림자를 마치 보물처럼 소중히 여기고 보살피면 바로 그 그림자가 존재하는 자리야말로 구원의 자리, 창조의 자리가 될 수 있다. 로버트 존슨과 함께라면, 그리고 융과 함께라면, 그 길이 결코 외롭지만은 않다. 융 심리학을 통해 로버트 존슨을 비롯한 수많은 융 학파의 멘토들을 알게 되면서 나는 내 상처를 걸핏하면 보살펴주고 돌봐주는 너무 많은 친구를 갖게 된 기분이다. 그러니 이책의 소중한 독자들은 부디 자신의 그림자를 외면하지 말기를.

그림자의 목소리를 소중하게 경청할 때 우리의 가능성과 잠재력은 진정으로 자라날 수 있다. 그림자와 친구가 될 수만 있다면, 마침내 그림자와 춤을 출 수 있게 된다면, 당신을 괴롭히는 그 어떤 고통도 당신을 파괴하지 못할 것이며, 당신 안에 일어나는 모든 번뇌와 아픔까지도 더 눈부신 미래의 삶을 위한 밑거름이 될 것이다.

우리는 탐험을 멈추지 않으리니
모든 탐험의 끝은
시작하였던 곳에 도착하여
비로소 처음으로 그곳을 알게 되는 것이리라.

_ T. S. 엘리엇, 〈네 개의 사중주〉 중에서

우리는 모두
반쪽짜리 삶을 살고 있다

지금과 다른 삶을 동경해본 적이 있는가?

인생 전반부에는 직업을 찾아 경력을 쌓고, 짝을 찾아 가정을 꾸리고, 사회가 요구하는 문화적 과제를 수행하기에 바쁘다. 현대의 문명을 누리는 대가로 우리는 어쩔 수 없이 교육과 직업과 인격에 치우친, 나아가 그런 방면에만 통달한 반쪽짜리 삶을 살게 된다. 그러나 인생의 전환기에 이르면 완전하고 진실하며 의미 있는 것을 찾고자 하는 마음이 일기 시작한다. 지금껏 '살지 못한 삶unlived life'이 우리 내면에서 고개를 쳐들고 관심을 요구하는 시기가 바로 이때다. 후회와 실망과 불만을 더 나은 의식으로 승화시킬 방법이 있다. 이 책은 그동안 가지 않은 길을 자신이나 남에게 피해를 주지 않고 탐색할 수 있는 영리한 방법을 제시한다. 본문에서 설명하는 도구와 기술을 사용하면 다음과 같은 성과를 거둘 수 있다.

- 낡은 한계를 버린다.
- 우정과 가정, 경력에 생기를 불어넣는다.
- 삶의 새로운 가능성과 숨은 재능을 열어젖힌다.
- '위기'를 '기회'로 만든다.
- 온전하게 지금 이 순간을 사는 존재의 기술을 터득한다.
- 평소의 의식과 깨어난 의식을 연결하는 데 필요한 상징적 삶과의 관계를 다시 활성화한다.

이 책의 목적은 독자들이 그 자체로는 보이지 않지만, 일상 생활에서 어떤 징후로 드러나는 세계의 움직임과 힘에 더 적절히 대응할 수 있도록 돕는 데 있다. 인간은 자신을 에워싼 삶의 비밀과 신비로 향하는 관계를 필요로 하고, 깨어 있는 지성을 지향하는 동시에 온전한 존재로 나아가고자 한다. 이 성스러운 드라마에서 인간이 맡은 고유한 역할은, 눈에 보이지 않는 이러한 기운을 감지하고 불러내 의식화하는 것, 그리하여 자신의 행위에 녹아들게 하는 것이다.

이 책은 여러 문화와 대륙, 전통의 다양한 목소리를 활용한다. 그리스신화부터 선승들과 기독교 신비주의자들, 현대 시인과 예술가, 과학자들까지 아우른다. 하지만 가장 위대한 스승은 언제나 우리의 내담자들, 즉 자신의 삶을 들여다봄으로써 영혼을 쟁취할 의지를 지닌 개개인이었다. 수년에 걸쳐 수많은 사람이 자신의 꿈과 치료 과정을 책에 싣도록 허락하는 아량을 보여주었다. 그들의 여정을 함께한 건 그야말로 특권이었다. 책에서는 개인정보 보호를 위해 전부 가명을 사용했고, 일부 정보를 뒤섞어 신원을 특정할 수 없게 했다.

'내' 내담자라는 표현이나 개인적 경험을 언급하는 부분을 보면 알 수 있듯 이 책은 둘이서 썼지만 화자는 한 명이다. 책에 실린 사례는 두 저자 모두의 삶과 치료 경험에서 가져왔다. 또한 우리 둘의 생각과 이야기를 적절히 조합해 독자의 이해를 돕고자 했다. 모쪼록 독자 여러분이 자신의 내면을 탐색하고 온전한 삶으로 나아가는 데 이 책이 길잡이 역할을 하길 바란다.

로버트 존슨, 제리 룰

차례

추천의 글 내 그림자와 함께한 나날들 · 4
들어가며 우리는 모두 반쪽짜리 삶을 살고 있다 · 11
검사지 내 안에 묻혀 있는 잠재력은 무엇일까? · 18

1장 | **억눌려 있는
내 안의 또 다른 나, 그림자**

가지 않은 길을 탐색해야 하는 이유 · 36
그리스 로마 신화로 본 인간 내면의 문제 · 38
카스토르와 폴룩스 신화 · 41
잃어버린 반쪽을 찾아서 · 45

그림자 대면 훈련 1 | 내가 '살지 못한 삶'은 무엇일까? · 49

2장 | **사랑도 미움도 모두
그림자 투사에서 비롯된다**

부모가 자녀에게 떠넘기는 가장 무거운 짐 · 56
우리 내면에서 벌어지는 전쟁 · 63
영웅을 통해 숨은 잠재력을 발견하다 · 66
사랑해, 그래야 내가 완전해지니까 · 71

그림자 대면 훈련 2 | 내가 떠안은 타인의 그림자 탐색하기 · 77

3장 | 온전한 존재로 살라는
내면의 목소리

삼십대 중반부터 일어나는 마음의 변화 · 87
균형을 되찾기 위한 시도 · 89
실패와 후회를 새로운 의미로 · 92
과거의 사고방식에서 벗어나야 할 때 · 94
정신적 사춘기에 갇히고 싶지 않다면 · 98
낡은 무의식의 프로그램, 콤플렉스 · 101
콤플렉스는 우리를 어떻게 지배하는가 · 103
어제의 해결책은 오늘의 장애물 · 107
정체성의 역설 · 108
내면의 요구에 귀를 기울여라 · 111

그림자 대면 훈련 3 | 나의 콤플렉스는 무엇인가? · 114

4장 | 내가 진정으로
원하는 삶은 무엇일까?

현대인의 삶에 필요한 것 · 120
'가자, 가자, 가자'를 외치는 시대 · 123
멈춤에 대한 저항을 극복하라 · 126

그림자 대면 훈련 4 | 생각과 마음의 흐름 관찰하기 · 128
그림자 대면 훈련 5 | 나는 어떤 존재인가? · 132

5장 | '상징'을 통해
편향된 삶을 바로잡다

가지 않은 길을 상징으로 경험하기 · 139
분열된 것을 하나로 합치는 상징의 힘 · 142
상징적 삶을 잃어버린 대가 · 144
아픈 두 다리와 대화를 나누다 · 145
엉뚱한 사랑에 빠져들지 않으려면 · 151

금지된 욕망을 해소하는 상징 의식 · 155
상징적 삶을 향한 영혼의 욕구 · 158
성적 충동을 창조력의 원천으로 바꾸다 · 161
억누르려 하지 말고 잠재력으로 존중하라 · 164

그림자 대면 훈련 6 | 나만의 상징 의식을 만드는 법 · 167

6장   '적극적 상상'을 통해
      그림자에게 말을 걸다

내 안에 존재하는 수많은 나 · 175
행동 패턴을 바꾸는 상징적 경험의 힘 · 177
끊임없이 이어지는 머릿속 혼잣말 · 179
자신의 어두운 면과 만나기 · 182
내면의 존재들과 친해지기 · 186
내면의 대화를 시도할 때 지켜야 할 원칙 · 188
그림자의 요구를 어디까지 수용할 것인가 · 191
내 안의 탐욕과 대화하다 · 193
내면의 잔소리를 제어할 수 없다면 · 200
적극적 상상으로 내적 성장을 이루다 · 204

그림자 대면 훈련 7 | 내 안에 존재하는 목소리와 대화하기 · 207

7장   꿈 작업을 통해 무의식과 교감하다

꿈에 관심을 기울여야 하는 이유 · 212
꿈 일기로 꿈을 기록하라 · 214
은유와 상징으로 이루어진 꿈의 언어 · 216
꿈속 이미지와 교감하는 법 · 223
관계의 본질을 바꾸는 꿈 작업의 힘 · 225
꿈을 어떻게 받아들여야 할까? · 229
꿈이 준 통찰을 행동으로 옮겨라 · 231
죽음에 관한 꿈이 알려주는 지혜 · 236

그림자 대면 훈련 8 | 꿈이 생생해지는 꿈 배양법 · 243

8장 | 내 안에 존재하는 '영원한 아이' 깨우기

영원한 젊음의 원천은 내 안에 있다 · 253
창조는 놀이에서 시작된다 · 255
원숭이 신이 던져준 선물 · 256
자아에 의해 왜곡되는 놀이 정신 · 257
유치한 놀이가 주는 심오한 통찰 · 259
고인 채로 썩어가고 싶지 않다면 · 262
완벽주의의 저주에서 벗어나자 · 264
놀이 정신이 가진 치유력 · 265

그림자 대면 훈련 9 | 내 안의 '영원한 아이'에게 편지 쓰기 · 269

9장 | 분리된 삶을 하나로 통합하라

우리가 옳다고 믿는 것들 · 276
세상에 절대적인 것은 없다 · 280
자신을 넘어서게 하는 역설의 힘 · 285
억압받는 그림자는 악이 된다 · 288
삶의 모순을 껴안아라 · 290
이중성 너머로 나아가고 싶다면 · 292
있는 그대로의 현실을 긍정하라 · 294

그림자 대면 훈련 10 | 분리된 삶을 그림으로 치유하기 · 299

10장 | 온전한 존재가 된다는 것

자아가 중심이라는 오만 · 305
삶은 나선을 그리며 이동한다 · 306
죽기 전에 반드시 해야 할 과제 · 309
인간은 어떻게 균형을 잃어버렸는가? · 314
온전한 존재로 향하는 첫발 · 318
인생 황혼기에 일어나는 극적인 변화 · 320
긴정한 낙인을 찾아서 · 323
처음으로 돌아가기 · 328
모든 가능성은 우리 안에 있다 · 330

주석 · 334

검사지

내 안에 묻혀 있는
잠재력은 무엇일까?

이 검사는 당신의 '살지 못한 삶'이 어떤 것인지 파악하는 데 도움을 줄 것이다. 그동안 당신이 삶에서 구현한 특질, 아마 스스로 내팽개쳤거나 어떤 장벽에 가로막혀 그 존재를 알아보지 못했을 가능성, 그럼에도 당신이 현실화하고 싶을 만한 잠재력을 확인할 수 있다. 실현되지 않았고 이루어내지 못한 잠재력을 찾아보라. 이 검사를 실행하면서 과거로 주의를 돌리되 과거를 이상화하거나 판단하려 하지 말고 정직하게 반추하는 자세로 대하라. 과거는 과거요, 현재는 현재일 뿐이다. 당신에게 진실이었던 것 그리고 현재 진실인 것을 있는 그대로 말하라.

각 항목을 꼼꼼히 읽고 시간을 들여 스스로에게 솔직한 응답을 정하라. 그 답에 가장 가까운 빈칸에 표시하라. 당장은 점수나 별표를 신경 쓰지 마라. 그저 각각의 항목을 잘 구분하여 깊이 생각하는 데만 집중하라.

각 항목의 내용과 당신의 상태가 얼마만큼 일치하는지에 따라 해당하는 곳에 표시하면 된다.

DD 절대 아님	SD 어느 정도 아님
SA 어느 정도 그러함	DA 확실히 그러함

외적인 삶 (Outer Life)

	DD	SD	SA	DA	점수
1. 내 삶의 방식에 만족한다.					
2. 사람들과 편하게 어울린다.					
3. 새로운 상황이 어렵다.				*	
4. 내 직업은 내 재능과 능력을 제대로 활용하기 어렵다.				*	
5. 돈을 긍정적으로 여긴다.					
6. 시간을 효율적으로 쓰지 못한다.				*	
7. 체력이 좋다.					
8. 책임감에 짓눌리는 느낌이다.				*	
9. 놀거나 쉴 시간이 없다.				*	
10. 시작한 일은 대체로 끝을 본다.					

※외적인 삶 총점 :

내적인 삶(Inner Life)	DD	SD	SA	DA	점수
1. 나는 나 자신을 좋아한다.	☐	☐	☐	☐	☐
2. 가족과 사이가 좋다.	☐	☐	☐	☐	☐
3. 힘든 감정 상태를 자주 경험한다. (슬픔, 불안, 분노, 스트레스)	☐	☐	☐	☐ *	☐
4. 혼자 있을 때면 편치 않은 기분이 든다.	☐	☐	☐	☐ *	☐
5. 나 자신과 타인을 균형 있게 잘 챙긴다.	☐	☐	☐	☐	☐
6. 집중하여 명료하게 생각하기 어렵다.	☐	☐	☐	☐ *	☐
7. 애정 표현은 어려운 일이 아니다.	☐	☐	☐	☐	☐
8. 내 인간관계가 불만족스럽다.	☐	☐	☐	☐ *	☐
9. 내 감정을 정확히 아는 경우가 드물다.	☐	☐	☐	☐ *	☐
10. 내 몸과 긍정적인 관계를 맺고 있다.	☐	☐	☐	☐	☐

※ 내적인 삶 총점 :

심층의 삶(Deeper Life)	DD	SD	SA	DA	점수
1. 나에게 무엇이 최선인지 잘 안다.	☐	☐	☐	☐	☐
2. 다양한 방식으로 창의력을 발휘할 수 있다.	☐	☐	☐	☐	☐
3. 내 무의식에서 일어나는 일에 관심이 없다.	☐	☐	☐	☐ *	☐
4. 내 직감과 내면의 안내를 좀처럼 따르지 않는다.	☐	☐	☐	☐ *	☐
5. 미래를 긍정적으로 보려 한다.	☐	☐	☐	☐	☐
6. 무슨 꿈을 꾸든 별로 신경 쓰지 않는다.	☐	☐	☐	☐ *	☐
7. 내가 성장, 발전하고 있다는 것을 안다.	☐	☐	☐	☐	☐
8. 나 자신을 치유할 능력이 있는지 잘 모르겠다.	☐	☐	☐	☐ *	☐
9. 직접 경험해보지 않은 것은 상상하기 어렵다.	☐	☐	☐	☐ *	☐
10. 자연과 연결된 느낌을 자주 받는다.	☐	☐	☐	☐	☐

※심층의 삶 총점 :

영적인 삶(Greater Life)

	DD	SD	SA	DA	점수
1. '더 높은 힘'의 존재를 인식하고 있다. (신, 생명력, 진리, 도)	☐	☐	☐	☐	☐
2. 타인을 향한 사랑과 연민을 실천하려 노력한다.	☐	☐	☐	☐	☐
3. 나에게 영성이 딱히 중요한 것 같지는 않다.	☐	☐	☐	☐ *	☐
4. 살아 있다는 것 자체가 원대한 목적 이라고는 믿지 않는다.	☐	☐	☐	☐ *	☐
5. 내 삶이 세상에 긍정적인 영향을 미치면 좋겠다.	☐	☐	☐	☐	☐
6. 정기적으로 영적 수련을 하지는 않는다. (명상, 사유, 기도)	☐	☐	☐	☐ *	☐
7. 생각과 감정을 잠재우는 활동에 시간을 들인다.	☐	☐	☐	☐	☐
8. 피상적인 활동과 생각에 쉽게 사로잡힌다.	☐	☐	☐	☐ *	☐
9. 살면서 하는 경험의 의미를 깊이 생각하지 않는 편이다.	☐	☐	☐	☐ *	☐
10. 중요한 결정을 할 때는 영적으로 '옳은' 것을 따른다.	☐	☐	☐	☐	☐

※영적인 삶 총점 :

각 영역에서 별표가 없는 1, 2, 5, 7, 10번 항목은 절대 아님에서 확실히 그러함까지 각각 0, 1, 2, 3점을 매긴다.

각 영역에서 별표가 있는 3, 4, 6, 8, 9번 항목은 절대 아님에서 확실히 그러함까지 각각 3, 2, 1, 0점을 매긴다.

각 영역의 점수를 합산한 결과를 아래 표에 기록한다.

외적인 삶	
내적인 삶	
심층의 삶	
영적인 삶	
총점	

'외적인 삶' 영역은 외적 경험과 행동의 차원이다. 삶의 '행함' 측면에 얼마나 효과적으로 수월하게 접근하는지를 가리킨다.

'내적인 삶' 영역은 개인으로서의 자신이 겪는 주관적 경험의 차원이다. 자기 자신에 대해, 자신의 자신감에 대해, 타인과의 관계에 대해 어떻게 느끼는지를 가리킨다.

'심층의 삶' 영역은 직관적이고 창조적인 경험의 차원이다.

의식의 통제권 밖에 있는 것 같은 경험의 직관적이며 창조적인 측면과 자신이 어떠한 관계에 있는지를 가리킨다.

'영적인 삶' 영역은 개인을 초월하여 신과 연결된 '더 높은 자기the higher self', 즉 대아大我의 차원이다. 영성과 핵심 가치, 큰 뜻과 자신이 어떠한 관계에 있는지를 가리킨다.

각 영역의 점수는 그 차원의 잠재력을 당신이 얼마나 자각하고 있으며 실현했는지를 보여주는 척도다.

모든 영역을 합한 총점(최고 120점)은 현재의 삶에서 얼마만큼의 성장과 만족을 경험하고 있는지를 나타낸다.

한 영역의 점수가 15점 이하라면 당신의 삶에서 그 영역에 개발되지 않은 채 묻혀 있는 잠재력이 유독 많다는 뜻이다. 여러 유형의 자각을 경험하고 그러한 경험을 도구로 활용해 상태(차원)를 변화시킬 수 있는 능력이 있는지가 정신 건강의 정도를 결정한다.

검사지 결과를 보면 자신이 자기 존재의 어떤 측면에 지나치게 또는 부족하게 맞춰져 있는지 알 수 있다. 예를 들어, 삶의 외적 차원을 유독 수월하게 여기는 사람은 내적 경험(감정과 관계가 열쇠인 영역)으로 이동해야 할 때 불안을 경험할 수도 있다. 혹은 영적 차원의 점수는 높지만 돈이 궁하고 외적인 삶을 제대로 유지하기 어려울 수도 있다. 영성에 치우친 사람은 개인의 한계를 초월하는 경험에 몰두하다가 때로 길을 잃기도 한다

삶의 심층적 차원은 개인이 개입되지 않는 상징적인 앎의 영역이다. 의식 밑바닥에 깔린 이 차원을 기반으로 육체와 정신은 통합을 이룬다. 심층의 삶 점수가 낮다면, 해당 영역의 질문들을 다시 읽고 과거 경험이 빚어낸 굳은 신념이 지금 어떻게 당신을 붙잡고 늘어지는지 곰곰이 생각해보라. 그저 다채로운 경험을 위해서라도 다음번 결정을 할 때는 직관에 귀를 기울여보라. 또는 꿈꾼 내용을 적어서 다른 시각을 얻어보도록 하라.

삶의 외적, 내적, 심층적, 영적 차원이라는 틀을 사용해서 주기적으로 자신의 각기 다른 면면을 점검하라. 지금 이 순간 기분이 더 나아지는 데 필요한 건 무엇인가? 이 책을 읽고 더 많은 자각을 이루는 한편, 자기 경험의 여러 측면을 예의주시하는 법을 연마하라.

우리의 목표는 삶을 헤쳐나가는 동안 자신이 가진 모든 가능성에 다가가며 역동적인 균형을 유지하는 것이다. 완전한 존재에 이르는 길은 치유나 깨우침이 아니라 다양한 경험을 감당하고 삶의 변화에 창의적으로 탄력 있게 대응하는 것이다. 삶의 다양한 면면에 귀를 기울일 때, 삶이 더 흥미진진해진다.

각 영역의 점수를 비교해보면 전체 삶에서 더 많은 비중을 차지하는 영역과 상대적으로 비중이 덜한 영역이 대비되어 드러난다. 다음 그래프를 이용해서 실제로 눈에 보이는 그림을 만들어보자.

	30				
	28				
	26				
	24				
	22				
	20				
	18				
	16				
	14				
	12				
	10				
	8				
	6				
	4				
	2				
	0				

외적인 삶　　　내적인 삶　　　심층의 삶　　　영적인 삶

　삶의 어느 측면에 관심을 둘 때 더 유익할지 깊이 헤아려보라. 각 차원에서 가장 덜 개발된 지점에도 주의를 기울여야 한다.

　이 검사를 통해 자신의 '살지 못한 삶'과 잠깐이나마 만나보라. 검사를 마치고 나면 이 책의 내용을 더 깊이 이해하고 폭넓게 적용할 수 있을 것이다. 책을 끝까지 다 읽었다면, 이 검사의 결과를 다시 한번 짚어보고 새로운 잠재력과 가능성을 개발하기 위해 앞으로 6개월 동안 무엇을 실천해볼 것인지 구체적으로 생각해보라.

1장 | 억눌려 있는 내 안의 또다른 나, 그림자

우리에겐 이루지도 키우지도 못한 채 묻어둔 재능과 잠재력이 무척이나 많다. 설령 삶의 주요한 목적을 달성해 후회할 일이 거의 없는 것 같아도, 자신에게 허락되지 않은 유의미한 경험은 여전히 존재한다. 자의로든 타의로든 무엇을 선택하건, 다른 무언가는 선택에서 '제외'된다. 그동안 살면서 할 수 없었던 일, 그래서 스스로 왠지 작아지는 듯한 기분을 느끼게 되는 일을 잠시 떠올려보라. 당신의 삶에서 억울하거나 아쉬운 점은 무엇인가? 무엇이든 삶에서 빠진 것만 같다면, 그게 바로 당신의 '살지 못한 삶'이다.

얼마 전 내 친구 하나가 불행하게 세상을 떠났다. 어떻게든 삶의 고통을 막아보려 돈을 아끼지 않았건만 마지막 며칠 동안 그는 불안과 후회, 분노, 혼란, 억울함, 공포에 휩싸이고 말았다. 죽기 직전 그가 남긴 유언은 "그때 그랬더라면……"이었다. 이렇게 놓쳐버린 기회, 갖지 못한 경험, 여러 가지 후회에 관한 한탄을 들으면 누구든 자신의 '살지 못한 삶'을 아직 시간이 있을 때 살펴보고픈 마음이 들기 마련이다.

　'살지 못한 삶'을 살펴보는 것은 성인기의 가장 중요한 과업으로, 어떤 비극이 우리를 뼛속까지 뒤흔들거나 실제로 죽음을 맞이하기 훨씬 전에 꼭 해야민 하는 일이다. 그래야 삶이 원진해지고 우리의 존재에 목적과 의미가 생긴다.

'살지 못한 삶'이란 무엇인가? 거기엔 이제껏 경험으로 적절히 녹아들지 못한 우리의 본질적인 측면이 모두 담겨 있다. '살지 못한 삶'은 우리 뒤통수에 대고 희미하게나마 끊임없이 불평을 늘어놓는다. "그랬더라면……. 그럴 수 있었는데……. 그랬어야 하는데……." 다른 선택에 대한 미련. 늦은 밤까지 잠 못 들게 하는 갈망. 난데없이 솟구치는, 예기치 못한 슬픔. 분명 이뤄야 할 일을 왠지 놓쳤거나 실패한 것 같은 기분. 도대체 어디서부터 잘못된 것일까? 지금의 삶은, 처음에 계획했던 것과 너무나 다른 이 삶은 대체 무어란 말인가?

우리에겐 이루지도 키우지도 못한 채 묻어둔 재능과 잠재력이 무척이나 많다. 설령 삶의 주요한 목적을 달성해 후회할 일이 거의 없는 것 같아도, 자신에게 허락되지 않은 유의미한 경험은 여전히 존재한다. 외동인 사람은 형제자매가 있다는 게 어떤 경험인지 결코 알지 못할 것이다. 여성은 남성의 삶을 온전히 이해할 수 없다. 남성도 마찬가지다. 결혼한 사람은 독신일 수 없다. 흑인은 백인일 수 없다. 기독교인은 이슬람교도가 아니다. 예를 들자면 한도 끝도 없다. 자의로든 타의로든 무엇을 선택하건, 다른 무언가는 선택에서 '제외'된다.

그동안 살면서 할 수 없었던 일, 그래서 스스로 왠지 작아지는 듯한 기분을 느끼게 되는 일을 잠시 떠올려보라. 당신의 삶에서 억울하거나 아쉬운 점은 무엇인가? 자녀나 직장에 얽매여 있다는 것? 배우자의 무관심? 질병의 속박? 무엇이든 삶에서 빠진 것만 같다면, 그게 바로 당신의 '살지 못한 삶'이다. 일로써 성공하기로 마음먹고 수년을 그렇게 살던 여자가 어느 날 문득 자신의 일부는 언제나 육아와 살림에 전념하는 가정주부가 되기를 갈망했다는 사실을 깨닫게 될지도 모른다. 혹은 종교에 귀의해 속세를 등지고 명상하는 삶을 선택했을지 모를 자신의 일면을 발견할 수도 있다. 마찬가지로, 시 쓰기에 열정을 느끼는 어느 남자가 사업에도 재능이 있어 회사의 승진 사다리를 오르고 비즈니스 세계에서 활약하며 가족을 부양하고 있을지도 모른다. 그러나 단지 겉으로 드러낼 기회가 없었을 뿐 시인의 면모는 여전히 남자의 잠재력으로 남아 있다.

키가 작은 사람은 아마 키 큰 사람이 부러울 것이다. 누군가는 날씬해지고 싶을 테고, 또 누군가는 지금과 다른 체격을 갖고 싶을 것이다. 자신에게 음악적 재능이 있는지 탐색해보고 싶거나, 운동을 더 잘하길 원할지도 모른다. 실현하지 않았지만 아직도 당신의 마음을 어지럽히는 무언가가 있는가? 그것은 어떻게 나타나는가? 불만 또는 분노? 계속되는 슬픔과 무기력함? 살면서 생기는 이런저런 일에 자주 심란해지거나 실망하는가? 현재 자신이 처한 상황이 부당하게 느껴지는가?

또 다른 예를 살펴보자. 만약 현재의 애인이나 배우자가 이닌 다른 사람을 사랑하게 됐다면? 당신의 일부는 이 새로운 가능성이 주는 흥분과 색다름, 관심을 열렬히 원한다. 당신은 상대에게 진정 매력을 느낀다. 사리 분별이나 도덕적 판단은 그저 별개의 문제일 뿐이다. 신은 인간에게 성욕을 주셨다. 이는 자연의 신성한 섭리이자 강력한 본능이지만, 우리는 어느 날 갑자기 큐피드의 화살을 맞았다고 해서 다른 사람의 삶을 파탄 내서는 안 되는 문명의 세계에서 살고 있다. 그럼 어째야 하는가? 새로이 눈길을 사로잡는 사람을 만날 때마다 호감을 표해야 할까? 그런 감정을 부인하고 우울감에 빠져들어야 하나? 이 상황에 분개하고 지금 곁에 있는 사람에게 화풀이를 할까? 사실 인생은 그리 길지 않아서, 사랑에 빠진 모두와 결혼할 수는 없는 노릇이다. 이렇게 실현할 수 없는 열망은 어떻게 다뤄야 할까? 이런 감정은 대체 어디에 숨어 있다가 나타나서 우리를 사로잡는단 말인가?

선택하지 않은 일은 문제를 일으킨다. 제대로 처리하지 않으면 그림자가 되어 무의식의 어딘가를 오염시키고 훗날 복수를 감행할 것이다. '살지 못한 삶'은 방치하거나 제쳐두고 이미 버렸으니 미련을 가져봐야 소용없다고 체념한다고 해서 그냥 '사라지는' 게 아니다. 그 대신, '살지 못한 삶'은 내면 깊숙한 곳으로 들어가 우리가 나이 들면 골칫거리가, 때로는 아주 심각한 골칫거리가 된다. 가능성을 전부 다 실현하며 살 수 있는 사람은 물론 아무도 없지만, 삶으로 끌어들여야 할 존재의 핵심적 측면은 있다.

　인생의 중반에 접어들어 갑자기 직업도 삶도 배우자도 싫어질 때가 바로 '살지 못한 삶'에 주목해야 하는 때라고 확신해도 좋다. 겉으로는 풍요로운 삶을 영위하는데도 왠지 제대로 잠들지 못하거나 지루하거나 공허하다면, '살지 못한 삶'이 우리의 관심을 요구하고 있는 것이다. 이를 해결하지 않으면 우리는 끊임없는 권태와 낭패감에 시달리며 의기소침해지고 실의에 빠지고 말 것이다. 이미 알아차렸겠지만, 뭔가 더 하거나 얻는다고 해서 불안감이나 불만이 누그러지지는 않는다. 부정적인 감정을 억누르거나 성실히 생활하는 것만으로는 충분치 않다. '빛에 대한 명상' 또는 세속적 존재의 고통을 초월하려는 노력도 마찬가지다. 방황하는 어두운 면에 알맞은 자리를 찾아주어 더 만족스러운 경험을 창조하는 유일한 방법은 오직 내면의 그림자를 자각하는 것뿐이다. 이를 무시할 때, 우리는 더욱 고귀한 소명을 깨닫지 못한 채 제한된 삶이 안기는 지루함, 외로움, 불안감, 실망감에 갇혀버리고 만다.

인간에게 주어진 삶의 과제는 그 무엇보다도 모순적이다. 문명화한 존재로서 해야 할 일과 하지 말아야 할 일의 목록이 정해져 있는데, 격식·예의·공정성·효율성 등 문화마다 다른 덕목도 부지기수다. 가족과 문화와 시간의 압박으로 우리는 선택의 전문가가 되어 결국 한쪽으로 치우친 삶을 살게 된다. 그러나 동시에, 세상은 우리에게 진실한 모습 그대로 온전하게 살기를, 즉 굳세고 건실하며 성스럽게 살기를 요구한다. '더 높은 자기'를 이루는 것이 우리의 의무라는 것이다. 하지만 이런 모순을 제대로 인지하는 사람은 거의 없다. 이러한 두 가지 가치의 충돌로 인해 삶은 혼란스럽고 고통스러워질 수 있다. 그것이 너무나 두렵기에, 우리는 내재하는 갈등을 애써 외면한다.

현대인은 자기 관리에 능하다. 시계 알람을 맞춰두고 아침 일찍 일어나 학교에 다니면서 세상에 존재하는 모든 직업 중 하나를 갖기 위한 노력에 집중한다. 그리고 살면서 뭔가 하기로 결정한 이상, 하지 않기로 정한 것에는 관심을 두지 않는다. 하늘은 평생을 바쳐 선한 존재가 되고자 하는 이를 돕는다. 왜냐하면 그 반대편에는 그림자 세계의 지하에 숨어 있는 악한 기운이 반드시 있기 때문이다. 이것이 현대인이 처한 상황이다. 우리는 고된 일주일을 보내고서 이마의 땀을 훔치며 자문

한다. "이렇게 또 내일을 맞이해야 하나? 내 인생은 모순으로 가득 차 있어. 그 긴장감을 어떻게 견뎌내지?"

이미 지난 세월을 되돌릴 수는 없지만, '살지 못한 삶'으로 들어가 다른 선택의 결과를 알아볼 수는 있다. 자신이나 남에게 해를 끼치지 않고도 '가지 않은 길'을 탐색하는 지적인 방법이 있다. 삶의 목적과 진정성을 이룬다는 보상도 따른다.

자신의 그림자를 자각할 때, 우리는 현재의 한계를 넘어 더 깊고 원대한 자각을 이루는 원동력을 얻게 된다. 자아_{ego}와 '더 높은 자기'가 결합해 새로운 통합체를 이루는 것이다. 자아란 인간 의식의 중심이며, 자아의 상위 개념인 '더 높은 자기'는 총체적 현상으로서 통합된 인격의 중심을 이루는 힘이다.[2]

이것은 인생 후반기에 추구할 가치 있는 목적이자 참된 의미의 성장이다. '살지 못한 삶'을 탐색함으로써 우리는 두려움과 후회와 실망을 극복하고, 일상적인 자각 너머로 시야를 확장하며, 자기 존재를 온전히 받아들여 T. S. 엘리엇Thomas Stearns Eliot 의 시처럼 "시작하였던 곳에 도착하여 비로소 처음으로 그곳을 알게" 된다. 우리가 인지하는 삶과 보이지 않는 힘이 조화를 이루면 '옳다'는 느낌, 여행 중에도 집에 있는 것 같은 기분을 느낄 수 있다.

때로는 내면에만 있던 잠재력을 겉으로 드러낼 알맞은 기회를 만나 우선순위와 생활 방식을 재조정하게 될 수도 있다. 이를테면 자신의 천직을 찾아낸다든지 일이나 관계에서 새로운 방향을 발견하는 식으로 말이다. '살지 못한 삶'을 살펴봄으로써 사실은 기존 방식에 흥미를 잃었고 한때 중요하게 생각했던 것들을 향한 욕구도 넘어섰음을 알게 될 수도 있다. 또한 당신의 발목을 잡는 성가시고 부정적인 생각과 습관적인 행동을 밀어낼 힘이 생길 것이다. '살지 못한 삶'이 무엇인지 알아봄으로써, 당신은 새로운 활력과 에너지 그리고 '있는 그대로의 현실'에 대한 확신을 얻을 것이다.

그리스 로마 신화로 본 인간 내면의 문제

이야기는 통찰력의 풍부한 원천이다. 훌륭한 교훈을 주는 이야기, 본질적으로 신화의 특성을 지닌 이야기는 인간의 심리 상태를 놀랍도록 정확하게 묘사한다. 주변 환경이나 맥락과 상관없이 현상만을 놓고 인과관계를 추측하려 드는 과학적 방식보다 신화적 이야기가 훨씬 더 정밀할 것이다. 신화는 한 개인이 아니라 문화 전체의 상상력과 경험이 만들어내는 특수한 종류의 문학으로, 불후의 총체적 진실을 전한다. 세월이 흐르며 개개인에게 특별한 요소가 더해지거나 빠질 수는 있지만 가장 보편적인 주제는 영원히 남는다. 따라서 신화는 집단적 이미지를 보여주고, 누구에게나 진실인 것을 알려준다고 볼 수 있다. 우리는 집에서, 일터에서, 길거리에서 매일같이 신화 속 이미지와 사상을 마주치고 재현한다.

하지만 현재의 우리는 오히려 합리주의적 관점을 내세워 신화를 허구 또는 가상의 이야기로 치부한다.

그 내용을 조목조목 역사적 사실로 입증할 수는 없어도, 신화에 담긴 본질적이고 근본적인 진리는 보편의 인간성과 깊은 관련이 있다. 위대한 소설가 토마스 만 Thomas Mann 은 자신의 인생사를 진실 그대로 전하며 살다 보면 오래된 신화 속 유형에서 벗어나지 않는다는 사실이 드러난다면서, 이를 인식하고 주목하는 것이 어떤 의미인지를 밝혔다. "신화는 삶을 정당화하며 (…) 오직 신화를 통해서만 그리고 그 안에서만 삶은 자기를 인식하고 인정하며 정화한다."[3] 자기 삶과의 연관성이 보이는 신화의 유형을 발견하면 자신을 더 깊이 파악할 수 있으며, 돌발적이거나 단편적이거나 비극적으로만 보이는 순간들이 더 큰 전체 삶의 일부임을 이해하는 데도 도움이 된다.

우리의 내면은 지금껏 살아온 삶과 '살지 못한 삶' 사이에서 갈팡질팡하기 마련이지만, 이는 얼마든지 극복할 수 있다. 이해를 돕기 위해, 쌍둥이자리 전설인 카스토르와 폴룩스 신화에서 지혜를 끌어오도록 하겠다. 이 이야기는 이 책으로 함께한 우리 여정에 길잡이가 되어, 분투하는 우리 앞에 빛을 비추고 어쩌면 우리가 '시작하였던 곳'이 어디인지도 알려줄 것이다.

카스토르와 폴룩스 신화는 고대 그리스의 영웅시대에 처음으로 기록된 것으로, 시간적 배경은 최소 3천 년 전이라고 알려져 있다. 우리도 곧 알게 되겠지만, 어린 시절 하나였다가 헤어진 카스토르와 폴룩스의 마음은 더없이 헛헛하고 비참하다. 한 명은 지하계로 던져지고 다른 한 명은 천상계에 머무르는데, 둘은 서로가 없으면 그 무엇으로도 슬픔을 달랠 수 없다. 수많은 고난 끝에 둘은 천상에서 만나 얼싸안고 다시 하나가 된다. 별자리로 승화한 쌍둥이 전설은 온전한 존재가 되기 위한 여행에 나선 모든 이에게 원형(원형_{archetype}이란 스위스의 정신의학자 카를 구스타프 융이 붙인 명칭으로, 에너지를 형태화하는 보편적 양식 또는 청사진을 가리킨다. '최초, 근원'을 뜻하는 고대 그리스어 '아르케_{arche}'와 '모형, 양식'을 뜻하는 '티포스_{typos}'를 조합한 단어다)이자 길잡이 별의 역할을 한다.

카스토르와 폴룩스 신화는 우리 시대와도 관련이 있다. 인간의 생태는 3천 년 동안 크게 달라지지 않았고, 인격의 무의식적 심리 특성도 비슷하다. 기본 욕구를 충족시키는 방식은 변했을지언정, 삶과 죽음이 갖는 의미는 전혀 변하지 않았다. 초기 신화를 탐구하는 것이 인간 행동과 인격의 기본 유형을 들여다보는 데 유익한 이유가 바로 여기에 있다. 신화 속 묘사는 꽤 직접적이고 단순해서 우리에게 실로 많은 것을 알려준다. 또한 우리는 우리 시대 특유의 변형을 뚜렷하게 볼 수 있다.

우리는 저마다 '나머지 반쪽', 헤어진 쌍둥이, 살아가는 동안 어쩐지 잃어버린 것만 같은 유무형의 특성을 되찾겠다는 의지 또는 바람을 갖고 있다. 어쩌면 연인이나 새로운 직업, 다른 집에서 자기완성과 행복을 찾으려 할지도 모른다. 삶의 후반기에 이르면 빠진 조각을 향한 갈망이 극심해진다. 시간이 얼마 남지 않았음을 깨닫게 되면서, 많은 경우 외부 요소들을 재정비하기 시작한다. 얼마간은 그러한 변화로 주의를 돌릴 수 있겠지만 정작 필요한 일은 바로 의식의 변화다.

명료한 정신이 있다면 '살지 못한 삶'의 절반 정도를 단 몇 시간 안에도 보거나 성취할 수 있다. 늘 원하던 존재가 된다는 고귀한 목적을 우리가 어떻게 이룰 수 있을지 카스토르와 폴룩스 신화가 알려줄 것이다.

카스토르와 폴룩스 신화

카스토르와 폴룩스는 스파르타 왕비 레다의 쌍둥이 아들이었다(카스토르와 폰룩스가 태어난 경위는 2장에서 좀 더 자세히 다루니 참고하기 바란다). 초기 그리스신화에는 카스토르와 폴리데우케스라는 이름으로 등장하지만 훗날 카스토르와 폴룩스로 불렸으므로 여기서는 후자를 따르도록 하겠다.

트로이 전쟁에 원인을 제공하여 역사적으로 너무나 유명해진 인물, 1천 척 함선을 출범시킬 만큼 출중한 미모를 지녔던 헬레네가 그들의 누이였다. 헬레네가 스파르타에서 처음 납치당했을 때 젊은 영웅이었던 카스토르와 폴룩스는 서둘러 그녀를 구하러 갔다. 카스토르는 말을 길들이고 다루는 데 능했으며 폴룩스는 권투 솜씨가 매우 뛰어났다. 둘은 형제애가 워낙 두터웠고 무슨 일이든 함께했다.

서로 떼려야 뗄 수 없는 관계였으나, 카스토르는 필사의 운명을, 폴룩스는 불사의 운명을 타고났다. 마침내 성인이 된 쌍둥이 형제는 고대 세계의 소년이라면 누구나 동경하는 영웅이 됐다. 즉 필연적인 통과의례를 치르고 하나의 전투조로서 수차례 전쟁에 참가한 것이다. 군사들의 참전 의지를 북돋는 출전의 춤을 그리스 최초로 함께 창안하기도 했다.

전쟁 중에 카스토르와 폴룩스에게 닥친 첫 번째 큰 시험이 바로 아테네의 영웅 테세우스가 그들의 어여쁜 누이 헬레네를 납치해 아티카(그리스 남부)로 데려간 사건이었다. 테세우스는 제우스의 딸과 결혼하겠다 맹세한 터였고, 당시 고작 열두 살이었던 헬레네가 결혼 적령기에 이를 때까지 붙잡아둘 속셈이었다. 쉰 살이었던 테세우스는 헬레네를 가두고서 자신의 어머니인 아이트라에게 돌보게 했다. 격분한 쌍둥이 형제는 당장 누이를 구하러 왔다. 그들은 헬레네를 무사히 스파르타로 데려왔으며, 심지어 테세우스 가문의 자리였던 아테네 왕좌에 다른 이를 앉히기까지 했다. 스파르타는 카스토르와 폴룩스를 정복자 영웅으로 환대하였고, 그들의 영웅적 성과와 무사 귀환을 축하하는 성대한 축제를 열었다. 아이트라는 헬레네의 시중을 드는 노예가 되었다.

그러나 이들 형제의 애정 문제는 전쟁 때만큼 성공적이지 못했다. 그들은 결혼 피로연에 참석했다가 각각 포이베와 힐라에이라라는 두 아가씨에게 반해 그녀들을 데리고 달아났다. 불행히도 두 아가씨는 쌍둥이 형제의 사촌들과 이미 약혼한 사이였다. 당연히 그 사촌들이 분노에 차서 우리의 두 영웅을 스파르타에서부터 뒤쫓았다. 그들과 싸우던 중 카스토르가 죽었고, 필사의 몸인 그는 하데스, 즉 죽은 자들의 세계로 갈 수밖에 없었다. 폴룩스 역시 크게 다쳤지만 아버지 제우스가 번개로 적을 물리쳐 그를 구했다. 결투가 끝난 뒤 카스토르의 시신을 발견한 폴룩스는 자기도 사랑하는 형제와 함께 죽게 해달라고 제우스에게 간청했지만, 불사의 몸인 그는 죽을 수 없었다.

폴룩스는 카스토르의 장례를 치르며 눈물로 작별을 고했다. 그는 애통한 마음을 금할 길이 없었다. 쌍둥이 형가 단 한 번도 떨어져본 적이 없었기에 혼자 남고 보니 너무나 낯설고 힘들었다. 그야말로 외롭고 고통스러운 시간이었다. 엄청난 공허감과 그리움에 시달려야 했다. 결국 폴룩스는 사라져버린 반쪽 없이 더 이상 견딜 수 없는 지경에 이르렀다. 카스토르를 잃은 슬픔을 견디다 못해 그 어떤 위험을 무릅쓰고라도 지하세계로 내려갈 생각까지 할 정도였다.

넘치는 잠재력과 기운을 지녔던 우리의 두 주인공은 이렇듯 서로를 잃은 슬픔을 가누지 못했다. 둘 중 하나는 지상에, 다른 하나는 지하세계에 있었다. 불행에 겨운 그들의 절규가 온 세상에 울려 퍼졌다. 마침내 폴룩스는 괴로움을 이기지 못하고 제우스에게 자기 평생의 절반만이라도 지하세계에서 카스토르와 함께 보내게 해달라고 빌었다.

그들의 형제애와 간절함에 크게 감동한 제우스가 지하세계를 다스리는 하데스와 협상을 벌였다. 그리하여 헤어졌던 쌍둥이는 다시 만날 수 있었으니, 평생의 절반은 지하세계에서, 나머지 시간은 올림포스산에서 신들과 함께 지내게 되었다.

처음에는 이 방법이 합리적인 타협안이요, 해볼 만한 해결책인 것 같았다. 카스토르와 폴룩스는 이렇게 살아보려 했고 한동안은 잘 견뎌내는 듯했다. 그러나 결국 그 둘은 상대방의 영역에서 지내는 데 거북함을 느꼈다. 인간 청년인 카스토르는 불사신들이 거하는 올림포스가 너무나 불편했고, 불사의 존재인 폴룩스는 지하세계에서 도무지 평안을 찾을 수 없었다. 어쩔 수 없이 쌍둥이 형제는 다시 제우스를 찾아가 이런 방법은 그들 존재의 이중성을 해결하기에 역부족이라고 토로했다.

필사와 불사를 가르는 법이 워낙 엄격했던지라, 더 나은 해결책을 찾기란 건 제우스로서도 쉽지 않은 일이었다. 그러나 세월이 지나자 제우스의 마음이 움직였다. 그는 진정한 합일을 위한 단 하나의 해결책이 있다고 선언하고, 인간 청년 카스토르를 위대한 의식을 지닌 존재로 신성화하여 불사의 속성을 부여했다. 그런 후 쌍둥이 형제를 하늘로 올려 둘로 이뤄진 하나의 별자리로 만들었다. 그렇게 카스토르와 폴룩스는 영원히 서로를 껴안은 채 하늘의 길잡이 별로서 빛나게 되었다.

잃어버린 반쪽을 찾아서

나는 이 이야기가 전일성全一性, wholeness 을 이루기 위한 여행에 나선 당신에게 길을 알려주는 원형이나 지표, 지도가 되길 바란다. 우리 모두의 내면 깊숙한 곳에 자리한 아프도록 강렬한 열망을 이해하고 실행 가능한 해결책을 찾는 데 이 이야기가 도움이 될 것이다. 현대를 살아가는 우리도 그 옛날 카스토르와 폴룩스가 경험한 모순과 분리를 마주하니 말이다.

어린 시절 우리는 온전한 존재로서 삶을 시작하며, 신의 은총이 있어 인생 성숙기에 온전한 존재로 되돌아간다. 그러나 그 사이에는 분열과 분투와 괴리로 점철된 고통스러운 세월이 있다. 갓 성인이 되어서는 일자리를 구하고 수입을 늘리고 사회생활의 예의범절을 익히고 인간관계를 구축하는 데 전념한다. 이때는 우리의 성장과 사회 적응력의 발휘를 이끄는 힘이 무르익는 시기, 따라서 밖으로 확장하는 시기다. 그 과정에서 우리의 정체성, 다시 말해 '자아ego'가 발달한다.

이 시대를 살면서 자아 인식이 제대로 작동하게 하는 데만도 우리는 전력을 다해 엄청난 공을 들여야 한다. 자아 인식을 끌어올리려면 전반적인 교육 체계와 사회화 과정이 필요하며, 우리 사회는 이런 노력에 많은 것을 쏟아붓는다. 그러나 성인으로서 개별성을 갖추는 과정에서 불가피하게 분리가 일어나기에, 우리는 살아온 삶과 '살지 못한 삶'을 모두 갖게 된다. 대부분의 심리치료는 상처 입은 사람을 응급처치한 다음 다시 대립의 전장으로 돌려보내는 식이다. 사회에 더 잘 적응하게끔 인도하는 것이 치료의 목적인 셈이다. 더 벌고, 더 절제하고, 더 착실해지고, 경제적 효용성도 더 높이라고 말이다. 그런 치료가 성공을 거두어 무한 경쟁 속으로 되돌아가게 된다 해도, 시간이 흐르면 그 모든 부담에 짓눌려 점점 시들어갈 뿐이다.

인생 후반기에 우리는 진정한 자기 존재의 전부를 살라는,

즉 전일성을 성취하라는 요구에 직면한다. 정작 문제는 내면의 분열인데도, 일단 우리는 외부 환경을 재정비하는 것으로 변화를 이루었다 믿는다. 인생이 오전에서 오후로 넘어가는 시기가 되면, 우리의 내면은 이제껏 믿어왔던 가치들을 재평가하라고 외친다. 인생 전반기에는 인격을 구축하기에만 급급해 그 토대가 변화무쌍한 모래밭에 놓였다는 사실도 잊어버린다.

인간다움의 모든 것은 상대적이다. 모든 것이 내적 양극성이라는 에너지 현상에 기초하기 때문이다. 항상 높음과 낮음, 뜨거움과 차가움이 공존하기에 에너지 평형화가 일어날 수 있다. 의식 있는 인간이 경험하는 모든 것은 대극의 쌍을 이룬다. 인간의 행위나 경험은 반드시 무의식에 묻힌 그림자를 갖는다. 그림자를 견디는 건 어려운 일이다. 하지만 그림자는 엄연히 존재한다.

대개는 갑작스러운 태도의 전환을 계기로 완전한 삶의 균형이 이루어진다. 그림자에서 나오는 근원적 에너지와 의식 차원의 인격이 합일을 이룰 때 가능한 일이다. 이는 중년기를 기회로 만드는 원동력이다. 그동안 우리는 자의식을 차별화하고 특수화하는 데 몰두하다 더는 견딜 수 없는 수준에 이르렀다. 인생 후반기에는 지금껏 믿었던 '진리'를 재고해봐야 하고, 심지어 진리의 정반대인 것들도 진리를 내포한다는 사실을 인정해야 한다. 이진까지 믿있던 진리외 가치가 무의미해질까 봐 두려워할 필요는 없다. 더 이상 보편적인 진리가 아닐 뿐 여전히 상대적인 의미는 있으니 말이다. 그러나 현대인의 삶에 내재하는 분열을 없애는 일은 우리를 혼돈과 상대성의 소용돌이 속으로, 우리가 가장 가치 있게 여겼던 모든 것의 종말로 몰아넣는 것처럼 보일 것이다.

완전한 인간이 되려면, 지상의 의무를 일러주는 자아뿐 아니라 신성의 불씨도 우리 안에 살아 있음을 인식해야 한다. 이 두 가지 특성은 어린 시절처럼 다시 하나가 되고 싶어 하며 서로를 찾아 헤맨다.

자신의 다른 반쪽이 있다고 느끼는 사람들이 점점 늘고 있다. 심지어 신화에서처럼 한쪽은 지상에 묶여 현실에 맞춰 살아가고 나머지 한쪽은 신성에 가까운 다른 영역에 존재한다고 느낀다. 어쩌면 전자는 이른바 물질세계와, 후자는 고귀하고 이상적인 면, 즉 영혼의 집을 향한 인류의 동경과 관계가 있는지도 모른다. 영혼의 짝이 어딘가에 존재한다는 개념은 우리가 잃어버린 반쪽을 찾고자 한다는 증거다.

카스토르와 폴룩스 신화가 답을 보여주는데도, 이 시대 사람들의 삶은 대개 이야기의 전반부에서 끝나고 만다. 경험하지 못했지만 어딘가에 존재함을 직감하는 본질적인 무언가를 찾아 헤매다 결국 허무한 죽음을 맞이하는 이들이 너무나 많다.

내가 '살지 못한 삶'은 무엇일까?

다음의 질문에 대해 잠시 생각해보자.

>> 나의 인생담에 어떤 제목을 붙이겠는가?
>> 내 삶의 결정적인 갈림길 또는 전환점은 무엇이었는가?
>> 언제, 어디서 주요한 상실과 실망을 경험했는가?
>> 놓쳐버린 기회 또는 가지 않은 길은 무엇이었는가?
>> 사람을 어떤 식으로 사귀는가? 나는 좋은 친구인가?
>> 자신과 타인 가운데 어느 한쪽도 소홀히 하지 않고 잘 돌보는가?
>> 아직 써보지 않은 재능과 능력은 무엇인가?

책 앞부분에 있는 검사지를 작성해보았는가? 이 검사지는 지금 이 순간 내가 삶의 어느 지점에 있고 내 안에 어떤 잠재력이 숨어 있는지 밝히는 데 도움이 될 것이다. 이 검사지는 자신과 남을 비교하는 수단도, 무엇을 어떻게 해야만 한다고 제시하는 처방전도 아니다. 각 항목에 대한 답은 각기 다른 네 가지 차원, 즉 외적인 삶, 내적인 삶, 심층의 삶, 영적인 삶에 걸친 각자의 경험을 간단히 되새겨볼 수 있는 정보의 역할을 한다. 아직 작성하지 않았다면 잠시 시간을 내어 검사지의 답을 채우고 결과를 합산한 다음 삶의 경험을 되돌아보라.

이 검사에 응하다 보면 지금까지 묻어뒀으나 이제 실현되길 재촉하는 내면의 요구를 의식하게 된다. 바로 이런 자각이 이에 대한 해결책을 찾고 실천하는 계기일 수 있다.

2장

사랑도 미움도 모두
그림자 투사에서
비롯된다

우리는 낭만적인 사랑을 통해 자신을 완성하는 길을 찾기 시작한다. 가슴 아프게도, 로맨스로 통하는 것의 대부분은 사실 우리 자신의 '살지 못한 삶'이 우리에게 다시 투영된 것이다. 잠시 자신의 연애사를 되짚어보라. 처음 만났을 때 연인의 어떤 점에 끌렸는가? 어째서 그 사람이 특별해 보였던가? 앞으로 연인이 될 사람의 가장 감탄스러운 특성들은 알고 보면 자기 자신의 내면에서 무르익게 될 잠재력이다. 삶의 새로운 가능성에 눈을 뜰 때, 대개는 그것을 타인에게서 먼저 보게 된다.

인간이라면 누구나 특정한 상황에서 태어나 이름을 부여받으며 삶을 시작한다. 인생 초기에는 주변 집단에서 받는 영향으로 삶의 방향이 정해진다. 어린 개인이 자유롭게 할 수 있는 일은 별로 없다. 수많은 결정을 가족, 사회, 전통이 대신 하기 때문이다. 부모와의 관계는 원초적이어서 이후 모든 인간관계의 기초가 되지만, 우리가 속한 문화도 우리가 어떤 사람이 되고 무엇을 지하계로 내려보내 '살지 못한 삶'이 되게 할지 그 정형을 제시한다.

어떤 특성을 살리고 어떤 특성을 억누르는지는 사람마다 다르다. 어느 귀여운 소녀는 학교에서 받는 특별한 관심과 기히를 즐기는데, 한편 소녀가 지닌 다른 능력은 표출되지 않은 채 잠재해 있다. 체격과 체력이 좋은 어느 소년은 운동선수가 되어 사회적 특권을 얻을지 모르나, 다른 재능은 지하에 묻혀버린다. 통통한 체격을 타고난 소녀가 마른 아이들만 가득한 반에 배정되면 유독 눈에 띌 수밖에 없는데, 아마 짓궂은 농담과 손가락질에 상처받은 나머지 성격은 소심해지고 내면엔 분개심이 자랄 것이다. 선천적 기형아, 예민한 동성애자 소년, 여드름 흉터가 있는 청소년, 편협한 동네에 사는 소수인종 아이, 독서를 사랑하는 지적인 아이 등 모두가 자기 인격의 특정한 면을 전면에 내세우는 도전에 직면한다.

세상을 보는 시각, 남들에게 반응하는 방식, 본인 내면의 특성과 부모나 교사가 기대하는 특성 간의 '적합도', 성별, 사회계급 등 이 모든 것이 무엇을 삶에 포함시키고 무엇을 '살지 못한 삶'으로 밀쳐버릴지에 지대한 영향을 미친다.

모든 문화가 그 구성원들을 반쪽짜리 삶으로 은근히 몰아간다. 문화는 우리가 관심 둘 대상과 무시할 대상을 정하는 데도 영향력을 행사한다. 우리는 살면서 수용할 것과 배척할 것을 문화의 틀 안에서 익힌다.

현대사회에서 지성이란 '옳은' 것에 주의를 기울이는 법을 배우는 것이다. 우리도 평생을 그렇게 살아간다. 아이는 문화가 좋아하거나 선하다 일컫는 특성을 받아들이고 그 특성을 의식 차원의 인격에 갖다 붙이는 한편 나머지 특성은 그림자 속으로 묻어버리는데, 그 기준은 상당히 임의적이다.

예의범절을 예로 들겠다. 서양 문화에서는 저녁 식사 자리에서 큰 소리로 트림을 하는 것이 예의에 어긋난다고 여겨진다. 자연적인 생리현상임에도 트림은 사회적으로 거부당하고 인격 시소의 '잘못' 쪽으로 떠밀린다. 반면 몇몇 아시아 국가에서는 식사 후 트림을 하지 않는 것이 음식에 만족하지 못했다는 뜻이다. 아주 많은 관습이 이런 식이다. 어딘가에서는 모자를 쓰는 것이 경의의 표시인 반면, 다른 어딘가에선 모자를 벗는 것이 경의의 표시로 통한다. 어떤 곳에서는 신발을 신지 않은 채 사원이나 성소로 들어가는 것이 금지돼 있다. 로마의 성 베드로 대성당에 맨발로 들어가려 했다간 당장 쫓겨나지만, 인도에서는 어느 마을이건 힌두교 사원에 감히 신발을 신고 들어갈 수 없다.

서구 사회의 동력은 사고력의 발달을 특히 강조하는 '전문화'에 있다. 우리는 묻는다. "무엇을 전공하셨습니까?" 특정 분야에 전문화됐다는 것은 에너지를 끌어모아 인격의 능력에 덧붙여 넣었다는 뜻이다. 자신이 선택한(또는 선택하도록 정해진) 분야의 전문가가 되기 위해 다른 능력에서 에너지를 빼돌리기도 한다. 서양 문화에서는 사고하는 법을 연마하고, 사고를 통해 돈을 벌며, 사고력으로 존경을 받는다. 인간 능력의 위계에서도 사고력은 맨 꼭대기에 위치하고 감정과 정서지능은 덜 중요하게 여겨진다. 반면 인도처럼 전통사회에 속하는 다른 문화권에서는 감정적 특성을 훨씬 더 강조한다.

본디 옳은 것이 있다고 생각하고 싶겠지만, 대부분은 우리에게 영향을 줄 만큼 중요한 다른 사람들이 결정한 결과에 불과하다.

부모가 자녀에게 떠넘기는 가장 무거운 짐

카스토르와 폴룩스가 태어난 경위는 그들의 운명을 이해하는 열쇠다. 전설에 따르면 신들의 제왕인 제우스가 지상에 머무르며 늘 즐겨 하던 대로 아리따운 아가씨를 찾다가, 전지전능한 신의 방식으로 레다라는 미녀에게 접근했다고 한다. 신과 한 몸을 이루고서 레다는 쌍둥이를 품게 되었으니 하나는 딸이요, 다른 하나는 아들이었다. 같은 날 밤 레다는 지상의 남편인 스파르타 왕 틴다레오스와도 사랑을 나누었다. 이 인간끼리의 합일로 레다는 동시에 또 다른 쌍둥이 남매를 잉태했다.

머지않아 레다의 몸에서 네쌍둥이가 세상으로 나왔다. 한 쌍은 아버지가 신이고 어머니가 인간인 반면, 나머지 쌍둥이 남매의 부모는 둘 다 인간이었다. 제우스를 아버지로 두어 불사의 몸으로 태어난 쌍둥이 남매에게는 각각 폴룩스와 헬레네라는 이름이 붙여졌고, 인간 쌍둥이 남매는 각각 카스토르와 클리타임네스트라로 불리게 되었다. 이렇게 레다의 아이들은 천상의 존재와 지상의 존재로 나뉘었다. 쌍둥이 자매의 이야기를 통해서도 차이점은 있을지언정 나란히 성장하는 과정을 엿볼 수 있겠으나, 이 책에서는 쌍둥이 형제인 카스토르와 폴룩스에 초점을 맞추도록 하겠다.

카스토르와 폴룩스가 태어나기도 전에 그들의 핵심적인 문제가 생겨난 까닭은 능히 알 만하다. 한 명은 지상의 현실적 문화 규율에 묶일 수밖에 없었고 다른 한 명은 천상의 이상과 법칙을 따라야 했다. 이는 당연한 결과다. 그들의 인간 어머니 레다가 비슷한 분열을 겪지 않았던가. 그녀의 정조는 제우스와 틴다레오스로 갈렸고, 그녀는 쌍둥이면서 분리된 존재의 씨앗을 품었다.

융은 "자녀가 짊어져야 하는 가장 큰 짐은 부모 내면의 '살지 못한 삶'"이라 썼다. 보호자가 성장과정 중 어디에서 어떻게 고착화했는지가 우리의 내적 기준이 되어 우리도 마찬가지로 같은 부분에서 고착화를 경험하게 된다는 의미다. 부모가 해결하지 못한 문제를 자녀가 이어받는 건 흔한 일이다. 때에 따라 우리는 조상들의 방식을 답습하기도 하고, 그 방식에 저항하여 정반대로 행동하기도 한다. 흥미롭게도, 부모의 영향에 대한 적의는 순종적인 태도 못지않게 강한 구속력을 갖는다. 어느 쪽이건 조상들은 우리를 얽매고 제약한다. 고대 성서에서 "인간의 죄가 자손의 자손, 삼대와 사대에 걸쳐 이어지리라"라고 한 것도 아마 이 사실에 근거한 훈계일 것이다.

예쁘장한 딸아이가 다섯 살이 될 때까지 각종 미인 대회에 내보내면서 자신이 못 이룬 배우에의 꿈을 펼치는 극성 엄마, 본인이 스포츠광이라 아이를 어린이 야구단에 입단시키고 성장을 해칠 정도로 몰아붙이는 열혈 아빠, 누구나 익히 들어봤음직한 사연이다. '살지 못한 삶'의 문제가 무의식적으로 대물림되는 현상의 단순한 사례이기도 하다. 자신도 모르게 부모의 야망이나 계획 또는 한계를 떠안는 한, 우리는 과거의 포로 신세로 살아갈 뿐이다.

대부분의 부모가 최선을 다하지만, 보호자의 역할은 자녀의 삶을 좌지우지하는 수단이자 핑계가 되기 쉽다. 부모의 행동 뒤엔 늘 무의식적인 가정과 동기가 있다. 예를 들어 그들은 본인이 놓친 무언가를 자녀가 이뤄내길 바랄지도 모른다. "내가 옳다고 하는 걸 하면 널 사랑하겠지만, 날 실망시키면 절대 안 돼." 이렇게 암묵적으로 흥정을 하는 것이다.

자녀의 어떤 특성이 못 견디게 못마땅하다면, 그것이야말로 부모에게 내재하는 '살지 못한 삶'의 지표다. 행실이 나쁘다며 툭하면 맞고 자랐는데도 분노를 표출하지 못하는 내담자가 있었다. 그의 어머니는 평생을 기독교 근본주의자로 살았다. 분노와 성욕은 악마가 만들어낸 것이므로 그림자 속에 가둬야 했다. 어머니는 매질을 해서라도 이런 특성들을 몰아내야 아들을 구할 수 있다고 믿었다. 성인이 된 그는 안됐지만 당연히 이런 문제에 골몰하면서 끔찍한 신경증 환자가 되었다. 문란하게 살며 억눌린 분노로 들끓는 가마솥을 내면에 품고 다닌 탓에 결혼 생활도 두 번이나 망가졌다. 그가 부모로부터 물려받은 유산은 본능적 특성들을 억압하는 것이었는데, 그렇게 꾹꾹 눌러 담은 특성들은 부적절한 시기마다 터져 나왔다.

또 다른 사례도 있다. 낸시라는 여성이 가정 문제로 상담실을 찾았다. 남편과 10대 딸이 그들을 뒷바라지하는 자신의 노력을 계속 무시하고 깎아내리기까지 한다는 것이었다. 오랜 세월 그녀는 항상 가족을 위해 자신을 희생해온 좋은 아내이자 엄마라고 자부했다. 그런데 낸시의 표현대로 이 '배은망덕한 두 인간'이 이제는 그녀 때문에 숨이 막힌다고 하니 이게 무슨 조홧속이란 말인가. 그녀는 성격상 매사에 빡빡하고 걱정이 많은 데다 공공연히 사람을 쥐락펴락하려 들었다. 이 중년의 여인은 성적이며 친구며 피아노 연습을 두고 끊임없이 딸에게 잔소리를 늘어놓았다. 다 딸을 위해서 좋은 의도로 그런 것이었다. 상담 중 낸시의 어린 시절을 되돌아보는 과정에서, 그녀는 자기가 열다섯 살 때 중년에 들어선 어머니가 얼마나 방탕

해졌는지를 기억해냈다. 어머니는 집안일을 내팽개쳤고 이혼 도장을 찍더니 연하남들과 줄줄이 사귀어 모두를 당황케 했다. "난 절대 엄마처럼 되지 않겠다고 다짐했어요"라면서, 낸시는 급기야 눈물까지 글썽이며 분개했다. 그렇게 이 내담자는 자신의 인격 시소를 정반대 쪽으로만 기울여왔음을 깨달았다. 완벽한 엄마가 되겠다는 결의가 과한 나머지 그녀는 자신의 삶을 포기했고, 남편과 딸은 이 부조화를 뻔히 알기에 대놓고 화를 냈다. 부모의 모습에 대한 반항심과 적의는 부모를 본받고자 하는 태도만큼이나 강력한 굴레로 작용한다. 옛 인식의 틀은 어느 쪽으로든 현재의 경험을 왜곡하고 제약한다.

불같은 성미에 인정사정없는 아버지와 감정 표현을 삼가는 과민한 어머니를 둔 사람이 있다고 가정해보자. 이렇게 대조적인 부모 밑에서 아이는 양쪽 모두를 동시에 따를 수 없다. 짜증이 나거나 스트레스를 받을 때마다 서로 반대되는 반응에 휘둘리다가, 결국 하나의 선택이 내려지면 그것이 인격에 더 지배적인 영향력을 행사할 것이다. 그 반대의 인격적 특성은 억압되지만 여전히 잠재하여, 끝없이 늘어나는 '살지 못한 삶' 목록에 추가된다. 이런 사람이 힘든 상황에 처하면 180도로 뒤집어지고, 억눌렸던 특성이 어설프고 부적응적인 방식으로 튀어나오기 십상이다.

아이는 본 대로 따라 하기 마련이라, 어른이 부적절한 본보기를 보이면 아이의 선택 범위가 좁아진다. 안타깝게도 아이는 자상하고 자신만만하며 행복한 부모만이 아니라 폭력적이거나 소심하거나 우울한 부모의 성격도 닮는다. 유형화된 원형을 통해 경험을 조직하는 인간 두뇌의 능력은 강점인 동시에 함정이다. 어린 시절에 비슷한 경험을 여러 차례 겪다 보면, 그 한정적인 경험을 일반화하여 고정관념을 갖게 된다. 그 과정에서 분리돼 어딘가에 갇혀버린 것들은 언젠가 자기 안에서 찾아내야 한다. 어린아이는 가족이라는 정서적 소우주에서 끌어낸 도식이 더 큰 세상의 이치에도 맞는지 아닌지 쉽사리 판단하지 못한다. 인생 전반기에는 어쩔 수 없는 일이다. 하지만 정신이 무의식적으로 무분별하게 타인의 야망과 계획, 한계에 종속되는 한, 정작 자신의 잠재력을 펼칠 여력이 없다. 결국엔 이런 내면의 미로를 자세히 살펴 진정한 자신의 길을 찾아내라는 요구에 맞닥뜨리게 될 것이다. 이러한 성찰 과정을 통해 더 크고 넓은 어른의 길로 들어서는 것이야말로 성인이 되어 실천해야 하는 가치 있는 과업이다.

개개인의 기질과 취약성은 여러 조상의 다양한 유형과 상호작용한다. 부모가 구소련 이민자라고 밝힌 론이라는 내담자의 이야기를 들어보자.

"부모님은 내면이 무정부 상태인 러시아인이셨어요. 그런데 서는 독일인인 할아버지의 피도 물려받았죠. 저도 할아버지처럼 매사에 정확성을 기하고 무질서한 것을 못 참는 면이 있어요. 그런 기질 때문에 불만스러울 때도 있는데, 금방 잊으려고 하는 편이에요. 그러면 러시아인의 피가 이깁니다. 노동에 익숙한 농민의 피죠. 우린 노동을 해야 해요."

때로는 '살지 못한 삶'이 불가사의하게 한 세대를 건너뛰기도 하는 듯하다. 내 내담자 중엔 홀로코스트 생존자의 자녀가 여럿 있었다. 부모가 수용소에서 겪은 일을 좀처럼 입에 담지 않으려 했는데도 자녀인 그들은 현재 삶의 환경과 무관해 보이는 절망감, 죄책감, 깊은 우울감에 시달리다 나를 찾아왔다. 한 내담자는 이렇게 털어놓았다. "부모님이 감당하기엔 너무 큰 슬픔이었기에 제가 감당해드려야 할 것만 같아요."

유독 주위 사람들의 불완전한 의식에 대한 보상적 특성을 지닌 듯한 사람들이 있다. 극단적인 경우 그들은 모든 죄를 덮어쓰는 희생양으로서 가족의 골칫거리가 된다. 어느 가정에나 '살지 못한 삶'이 몰리는 자리가 있기 마련이다.

흥미로운 현상이 형제자매 간에 나타날 수도 있다. 한 아이에게 한 가지 특성이 절대적으로 우세한 반면, 또 한 아이에겐 정반대되는 특성이 절대적으로 우세한 경우다. 결과적으로, 형제나 자매가 지닌 특성이 훗날 자신에게 필요해지기도 한다. 보통 서로 못 견디는 사이가 되지만, 어른이 되어 그걸 견뎌낼 수준의 의식을 갖추면, 형제자매에게 특화된 그 특성이 바로 자신의 인격에 필요한 것임을 깨닫게 된다.

지그문트 프로이트 Sigmund Freud 는 자신을 세상에 길들인 사람을 진정으로 용서하는 이는 아무도 없다고 말했다. 이 과정은 지울 수 없는 영향과 상처와 한계를 남기기 때문이다. 그러나 물정 모르는 젊은이를 교화하지 않은 채 세상에 내던져버리면 오히려 더 심한 재앙을 낳는다. 어차피 어느 정도의 거리감과 원망은 불가피하다. 이게 바로 의식의 대가다.

부모로서 아이에게 물려줄 수 있는 최고의 유산은 부모 자신의 '살지 못한 삶'을 자각하는 것이다. 아이에게 가장 좋은 선물을 안겨주고 싶다면, '살지 못한 삶'의 문제를 부모 스스로 처리해야 한다. 무의식의 짐을 남에게 떠넘기는 것이야말로 인간이 다른 인간에게 행할 수 있는 가장 해로운 일인데도, 모두가 이런 식으로 죄를 짓는다. 우리가 할 수 있는 최선은 자기 내면의 이야기에 귀를 더 기울여 의식함으로써 자기 자신과 타인을 더 잘 이해하게 되는 것이다.

우리 내면에서 벌어지는 전쟁

앞에서 보았듯이 카스토르와 폴룩스는 어린 시절 내내 서로 떨어질 수 없는 친구였다. 그러니 의식이 발달하는 과정에서 분리를 피할 길은 없다. 젊고 순진한 시절에는 분리를 경험할 일이 없다. 카스토르와 폴룩스는 의식의 시작만 있어서 심리적으로 힘든 일이 별로 없는 평온한 에덴동산에서 살았다. 그러나 의식이 성숙하면서 더불어 복잡해지면, 곧바로 전쟁이 시작된다.

고대 그리스인들은 전장에 나가는 것이 청년들, 특히 카스토르와 폴룩스 형제 같은 청년들의 숙명이라고 여겼다. 그들은 스파르타 체전 선수로 뛰면서 일생을 바칠 전투에 대비했다. 스파르타 체전은 고대 스파르타에서 가장 성스러운 행사였고, 육체적·정서적 기량이 곧 업적이라는 점에서 올림픽과 유사했다. 고대 사람들에게는 이런 대회에 참가하는 것이 성인기에 겪을 도전에 대비하는 좋은 훈련이었다.

카스토르와 폴룩스에게 본격적인 전쟁은 경쟁국 아테네의 테세우스가 그들의 누이이자 훗날 스파르타 왕 메넬라오스와 결혼할 몸인 헬레네를 납치해 데려갔을 때 시작됐다. 천부적인 전사였던 쌍둥이 형제는 누이를 무사히 고향 스파르타로 데려오는 데 성공했다(결국 헬레네는 스파르타의 왕비가 되는데, 그로부터 몇 년 후 파리스에게 두 번째 납치를 당하면서 이로 인해 트로이 전쟁이 발발한다).

이 이야기가 현대인의 삶과 무슨 관계가 있을까? 정말 의문이다. 의식이 마구 흔들리는 판에 과연 평온이란 게 존재하기나 할까?

심리가 발달하면 자동으로 내적 갈등이 생긴다. 그 갈등이 바로 내면의 전쟁이다. 전쟁의 성격은 제각각이어도, 정의와 불의, 선과 악, 나와 남, '이것'과 '저것' 사이에서 갈등하고 결정을 내려야 한다(절개를 뜻하는 영어 단어 'incision'이 '잘라 넣는다'는 의미를 내포하듯이, 결정을 뜻하는 'de-cision'에도 '잘라낸다'는 함의가 있다). 이러한 갈등은 반드시 분리와 불안을 낳는다. 자아는 서로 반대되는 대극의 개념을 통해서만 현실을 지각할 수 있고, 따라서 언어와 생각의 형태도 이원성을 띤다.

모두가 평생에 걸쳐 무수한 결정의 순간에 맞닥뜨린다. 정하기 쉽고 사소한 사안이 있는가 하면, 어렵고 중대한 사안도 있다. 아침에 눈을 뜨는 그 순간부터 결정의 연속이다. 이 셔츠를 입을까, 저걸 입을까? 오늘은 운동을 할까, 아니면 힘 빼지 말고 일에나 집중할까? 점심 후식을 먹을까, 아니면 계속 다이어트를 할까?

이렇듯 분리를 경험하지 않고 삶을 이어가기란 불가능해 보이는데, 바로 이러한 취사선택의 과정이 이중적인 이 세계에 어울리는 특성을 강화한다. 의식 차원의 모든 인간 경험은 서로 반대되는 짝으로서 나타난다.

우리에게 친숙한 에덴동산의 선악과 이야기가 전하는 바도 그러하다. 이야기는 무척 다양하게 변형되기만, 외식으로부터 자라나는 근본적인 갈등만큼은 항상 똑같다. 세상은 이것과 저것 간의 전쟁터가 되고, 자아는 번번이 중간에 붙들려 한쪽을 선택해야 한다.

우리는 매일 전쟁을 치른다. 일터에서, 집안일과 아이 돌보기를 번갈아 하면서, 끝도 없이 삶을 옭아매는 매듭들을 풀어내려 애쓰면서. 신경증은 대개 의식과 무의식이라는 두 가지 상반된 생각을 동시에 충족하려는 마음가짐에서 비롯된다.

거듭되는 전쟁은 결국 카스토르와 폴룩스를 완전히 갈라놓았다. 우리가 겪는 수많은 문제의 근원에도 바로 이런 분리가 있다. 우리 삶의 모든 대립, 모든 충돌, 모든 가능성은 카스토르와 폴룩스가 겪은 진퇴양난의 상황과 근본적으로 같다.

내가 말하는 '전쟁'이란 평범한 인간의 의식이 지닌 이중성이다. 아이가 자라는 과정을 보면, 자아 중심의 인격이 점진적으로 발달함을 알 수 있다. 자아는 세상을 주체와 객체로 나눈다. "나는 이걸 봐요." 여기서 주체인 '나'는 타인을 보고 모방하면서 성장한다.

영웅을 통해 숨은 잠재력을 발견하다

형이나 누나, 친구, 스승에게서 자신의 숨어 있는 잠재력을 엿보게 될 때, 그 사람은 의미 있는 존재가 된다. 내가 갖고 싶은 모습을 이미 갖춘 사람은 그야말로 영웅이다. 그 사람이 웃어주기만 해도 우리는 하늘 끝까지 날아가고, 그 사람이 찌푸리면 우리는 지옥 바닥으로 떨어진다. 의미 있는 존재의 힘은 이토록 대단하다.

카스토르와 폴룩스 전설은 영웅 숭배의 이야기로, 세상이라는 전쟁터에서 남들을 모방하며 성장한 우리 자신의 젊은 시절을 떠오르게 한다. 어느 여신이 지상으로 보낸 황금빛 양의 털가죽, 이른바 '황금 양털'이 콜키스의 외딴곳에 자리한 신성한 떡갈나무에 있었다고 한다. 이아손이 이 귀한 보물을 찾으러 떠날 계획이라는 소문이 퍼지자, 스파르타에 있던 카스토르와 폴룩스가 멋들어진 백마를 몰고 가장 먼저 달려왔다.

바다를 건너는 원정이기에 커다란 배 한 척이 지어졌고, '아르고'라는 이름이 붙었다. 아르고 원정대가 들렀던 장소를 여기서 일일이 열거할 필요는 없겠고, 어느 외딴 섬 해변에서 불을 피우던 도중 습격을 당했던 일화만 짚고 넘어가자.

베브릭족의 아미쿠스라는 왕은 자기와 대결할 자가 나오지 않으면 원정대원 모두를 죽이겠다고 협박했다. 어릴 적에도 이름난 권투 선수였던 폴룩스로부터 전투 기술을 배운 그리스 최고의 용사 헤라클레스는 전투가 한창일 때 하필 종적을 감췄다. 하여 삼견이 힌 폴룩스가 건고 우람한 아미쿠스와 대결하기 위해 나섰다. 이방의 왕이 까치발로 서서 키를 더 높이더니 폴룩스의 머리를 노리고 그 커다란 주먹을 내리질렀다. 젊은 영웅은 잽싸게 상체를 옆으로 기울여 어깨로 주먹을 받고는 곧바로 반격을 가했다. 폴룩스가 날린 강한 주먹 한 방에 베브릭족의 왕은 비틀거리다 쓰러졌다. 폴룩스가 말했다. "이제 알겠지, 당신네 법을 우리가 어떻게 지키는지."

원정대가 흥분의 함성을 내질렀지만, 바로 다음 순간 몽둥이를 든 베브릭족이 우르르 몰려들었다. 그리스인들은 아르고 쪽으로 후퇴했다. 그런데 그때, 갑자기 헤라클레스가 나타났다. 숲에서 나온 폴룩스의 제자는 가지까지 그대로 붙어 있는 소나무를 통째로 들고서 휘둘렀다. 그의 괴력을 본 이방인 부족은 쓰러진 왕을 데리고 황급히 달아났다.

원정대원들은 폴룩스와 헤라클레스를 에워싸고 그들의 공을 치켜세우며 승리의 월계관을 머리에 씌웠다. 폴룩스는 승리의 영광을 신들에게 돌리는 현명함을 보였다(새로운 능력을 발휘할 때 생기는 기운의 발산과 더불어 겸손의 미덕까지 갖춘 모습이야말로 헤라클레스가 본받을 만했다).

어릴 적에는 누구에게나, 자신에겐 없는 것 같은 능력을 지녔기에 우러러보게 되는 영웅이 있다. 운동선수나 유명인인 경우도 있지만 가까운 주변 사람인 경우도 많다. 열 살짜리 아이에게는 한동네에 사는 열두 살 아이가 영웅처럼 보일 수도 있다. 열 살 아이는 그 열두 살을 흉내 내고 싶어 한다. 형처럼 걷거나 언니처럼 입거나. 패션의 힘이야 다들 알 테고, 특히 사춘기 아이들 세계에서 패션이 얼마나 중요한지 설마 모르는 사람이 있을까. 신발, 머리 모양, 없으면 큰일 나는 소위 '잇템' 등 이런 것도 영웅 숭배의 한 형태다. 젊은 시절엔 우리를 삶으로 이끌어줄 본보기가 필요하다.

열 살 아이는 2년 후 열두 살이 되고, 한때 열두 살 영웅에게서 닮고 싶었던 특징들을 스스로 갖춘 사람이 된다. 그동안 영웅에게 투사했던 자신의 잠재력을 파악하고 현실화한 것이다. 이제 아이는 열네 살 아이를 영웅으로 숭배하고 새로이 오를 사다리를 갖게 된다.

나도 어린 시절의 영웅을 생생히 기억한다. 정말이지 열렬히 숭배했다. 알베르트 슈바이처Albert Schweitzer, 특히 음악가이자 박애주의자로서의 그는 내 위대한 영웅이었다. 난 그의 음반을 들었다. 요한 제바스티안 바흐Johann Sebastian Bach의 작품은 꾸밈을 많이 넣고 세세한 부분에 주의를 기울여서 느리고 신중하게 연주해야 한다고 제안하며 기존 연주 기법의 개선을 꾀한 그의 평론도 읽었다. 알베르트 슈바이처에 관한 것이라면 뭐든 걸신들린 듯 흡수했다. 그러던 어느 날 정말로 그를 먹어치우는 강렬한 꿈을 꿨다. 꿈속에서 나는 슈바이처의 살점을 물어뜯으며 식인종처럼 게걸스럽게 먹었다. 너무나 충격적인 꿈이어서 누구에게 털어놓기조차 부끄러울 정도였다. 당시 스승이 내 꿈 얘기를 듣고서 찬찬히 설명해주었다.

"심란해할 것 없어. 네가 어떤 식으로든 슈바이처처럼 돼야 한다는 뜻이니까. 영웅이란 겉으로 드러나야 하는 존재야. 네 안에서 무르익어가는 잠재력이지."

내 삶은 계속해서 슈바이처를 어설프게 모방했고 그것이 나중에는 나의 능력과 강점이 되었다. 그때 나는 슈바이처 박사로 나타난 나 자신의 위대한 잠재력을 체득하는 법을 익히는 중이었다.

그렇게 나는 실현되지 않은 내 잠재력을 영웅에게 투사하기만 하다가 마침내 나만의 것으로 되찾을 수 있었다. 슈바이처는 바흐 연주로 전율을 자아내고 파이프 오르간 제작을 주제로 영향력 있는 저서를 집필한 탁월한 음악가였다. 나는 그의 영향을 받아 건반악기 제작법을 배웠고 주로 친구와 가족 앞에서만 연주하는 아마추어 음악가가 되었다. 슈바이처는 아프리카에서 의료 선교활동을 한 위대한 박애주의자였다. 그런 그에게서 영감을 받아 나는 나 자신의 내면 연구에 최선을 다했고 그렇게 발견한 것들을 사람들과 공유했다. 또한 19년 동안 인도에서 겨울을 나면서 전혀 다른 두 문화가 지닌 최고의 요소들을 통합하려 노력했다.

물론 자신의 잠재력을 타인에게 투사하고 모방하는 것이 사회적 관점에서 볼 때 무조건 좋다고만 할 수는 없고, 어린 시절을 이상화해서도 안 된다. 손위 또래나 문화 표본, 어른들을 따라 하면서 아이들은 괴롭힘, 거친 언어, 잔인성, 두려움, 탐욕, 그 밖에 여러 가지 '반영웅적'이고 제한적인 특성들도 강화한다. 일부 젊은이들은 경솔하거나 심지어 유해한 행동과 가치관을 서로 알려주고 영웅시하면서 불량배가 되기도 한다. 무의식에 투영된 내용이 전부 다 황금빛인 건 아니다.

사랑해, 그래야 내가 완전해지니까

영웅 숭배가 우리를 성장시키거나 주춤하게도 할 수 있는 또 다른 원형적 경험, 즉 낭만적 사랑의 전조임을 파악하는 것은 중요하다.

10대와 20대 초까지 우리는 낭만적인 사랑을 통해 자신을 완성하는 길을 찾기 시작한다. 영웅 숭배는 자신의 잃어버린 조각을 찾아줄 영혼의 짝 숭배로 진화한다. 가슴 아프게도, 로맨스로 통하는 것의 대부분은 사실 우리 자신의 '살지 못한 삶'이 우리에게 다시 투영된 것이다.

잠시 자신의 연애사를 되짚어보라. 처음 만났을 때 연인의 어떤 점에 끌렸는가? 어째서 그 사람이 특별해 보였던가? 앞으로 연인이 될 사람의 가장 감탄스러운 특성들은 알고 보면 자기 자신의 내면에서 무르익게 될 잠재력이다. 삶의 새로운 가능성에 눈을 뜰 때, 대개는 그것을 타인에게서 먼저 보게 된다. 그동안 감춰졌던 우리의 일부분이 이제 막 모습을 드러낼 참이지만, 무의식에서 의식으로 직행하는 건 아니고 경유지를 거친다. 우리는 자기 안에서 점점 자라나는 잠재력을 타인에게서 보고는 갑자기 그 사람에게 사로잡힌다. 다른 누군가가 내 눈에 유독 빛나 보일 때, 그것은 내 내면의 무언가가 변화를 꾀한다는 최초의 징조다.

우리는 이렇게 또 성장하지만, '살지 못한 삶'을 자각하지 않은 상태에서의 투사는 친밀한 관계를 방해한다. 진전된 관계를 통해 의식의 동반 성장을 도모하기보다 상대방을 통해 자신의 잃어버린 조각이 채워지길 바라는 경우가 너무나 많기 때문이다. 당장은 아무도 알아채지 못하지만, 연애 중에는 상대방의 인간성이 보이지 않는다. 실은 자신의 원초적 잠재력을 보고 있기 때문이다. 그런데 그 잠재력을 나만의 것으로 환원하지 못했다는 바로 그 이유로, 우리는 아직 끝맺지 못한 일을 우리가 사랑한다고 선언한 바로 그 사람과 함께 실행하고 옛 상처를 재현한다. 자신의 '살지 못한 삶'을 연인에게 떠넘기는 부당한 현상이 너무도 자주 벌어진다. 무엇을 연인의 탓 또는 공으로 돌리는지 가만히 관찰해보면, 자기 내면의 깊이와 의미를 알 수 있다.

자아 중심적인 관점에서 행해지는 사랑이란 이용할 사람을 찾는 것이다. "당신이 내게 이롭기 때문에 사랑하는 거야. 당신 덕에 내가 완전해지니까."

남편이 "더 이상 내 요구를 들어주지 않아서" 이혼했다는 내 담자가 있었다. 그녀는 이제 또 다른 누군가를 이용해 자신의 요구를 채우고자 했다. 하지만 사랑은 자신과 연인의 동질성을 이해하는 것이다. 인간이 실현할 수 있는 진정한 결합은 오직 그것뿐이다. 그게 아니라면 사랑은 그저 서로 동의할 만한 거래를 찾아다니는 것에 지나지 않는다. 흔히들 미움이 사랑의 반대말이라고 생각한다. 사실, 사랑의 반대말은 권력이다. 사랑은 자신과 상대방을 동등한 존재로 인식하는 반면, 권력은 자신의 목적에 따라 상대방을 조종하려 든다.

우리 문화에서 상호 투사는 결혼의 전제 조건으로 여겨진다. 우리는 사랑하는 사람과 결혼하는 걸 당연히 여기지만, 시간이 지나면 사정이 달라진다. 사랑에 빠지면 우리는 자신의 내면 깊숙이 자리한 '살지 못한 삶'을 상대방에게 맡기고 한동안, 그러니까 되돌려받을 준비가 될 때까지 상대방이 품게 한다. 그러나 어느 시점에서든 서로에게 투영한 '살지 못한 삶'을 각자 거둬들여 자신만의 것으로 환원하지 않으면 그 관계는 지속될 수 없다.

안타깝게도, 투사를 되돌리는 일은 대개 환멸과 함께 온다. "당신은 내가 생각했던 왕자님이 아니야." "아침에 일어났을 때 보니 당신은 공주님이 아니더라."

얼마 전, 심하게 솔직한 한 청년이 이혼 소송을 제기한 이유를 내게 털어놓았다.

"사랑이 식었어요. 그냥 그 여자가 이제는 제 영혼을 채워주지 못하네요."

나는 묻지 않을 수 없었다.

"흠, 뭘 기대했습니까?"

자신의 '살지 못한 삶'을 다른 누군가가 품어주리란 기대는 일정 기간만 효과가 있을 뿐 언젠가는 반드시 끝이 온다. 그저 그렇게 이해할 수 있다면 좋으련만 이 부분에 있어 현명하지 못하다는 사실이 현대인의 가장 괴로운 문제 중 하나다. 결혼을 하고 6개월이나 1년 또는 30년이 지나 부부 관계가 '삐걱거릴' 때야말로 비로소 투사를 거둬들이고, 있는 그대로의 배우자와 관계 맺을 시기임을 우리는 알아차리지 못한다.

오직 '인간애'만이 참된 관계의 토대가 될 수 있는데, 이 인간애는 낭만적 연애 감정과는 다른 종류의 사랑이다.

낭만주의는 서양 특유의 개념이고, 12세기에야 등장했으니 그 역사도 비교적 길지 않다. 낭만적 사랑 그 자체로 자연히 결혼이 성립하고 유지되는 건 아니다. 인간의 삶과 관계를 풍요롭게 하는 건 인간 대 인간의 사랑이다. 그런데 사랑에 빠질 때 우리는 자신의 '살지 못한 삶'을, 자신의 기대를 상대방에게 씌운다. 정작 상대방은 보이지 않고 참된 관계도 없다.

사랑은 인간적인 능력이다. 우리는 누군가를 그 사람 자체로 사랑한다. 서로 비슷하고 가까움을 제대로 인식하고 느낀다. 반면 연애 감정은 일종의 신성한 중독이다. 상대방을 신격화하고, 그 사람에게 이 세상에 임한 신이 되길 요구하면서 자신이 그런다는 사실조차 모른다. 연애 감정은 신앙생활의 자양분이 되기도 한다. 연애는 심오한 영적 경험이다. 많은 이에게 평생에 유일한 종교적 경험이며, 신의 품으로 들어가기 위해 마지막으로 의지하는 수단이다.

연인이나 배우자에게 자신의 '살지 못한 삶'을 대신 짊어져 달라고 청할 때는, 자기가 무슨 일을 하고 있는지 의식하려 노력해야 한다. 어둠 속에서 빛나는 그 신비한 특성을 누군가에게 씌우고자 한다면, 그렇게 함으로써 그 사람의 본모습을 가리게 될 거란 사실도 알아야 한다. 그 과정을 하나하나 따져보는 것이 도움이 된다. 그게 시작이다. 나는 왜 이러이러한 사람을 보고 이런 감정을 느낄까? 진실로 그 사람을 보는 것인가? 그 사람을 진정 사랑하는 걸까, 아니면 그 사람의 진짜 모습을 가리는 유리 덮개를 씌우는 걸까?

'살지 못한 삶'이 만든 그림자는 시야에서 벗어나 걷잡을 수 없이 마구 튀어 다니는데 우리는 이를 거의 의식하지 않는다. 특히 연애 관계에서 투사의 정도는 심각한 문제다. 우리는 있는 그대로의 상대방이나 세상이 아니라 그들을 거울삼아 비춘 자신의 잠재력을 본다. 이러한 상호 투사는 스스로 아는 수준보다 훨씬 자주 일어나므로, 반드시 이를 의식하여 자신의 것으로 환원하기 위해 할 수 있는 노력을 다해야 한다.

인생의 전반기에 우리는 투사를 통해 성장한다. 그렇게 무의식을 의식화하는 것이다. 이는 황금 양털을 찾아 나서는 여정과 비슷하다. 이상과 사랑을 어딘가에 투사하지 않는다면 굳이 고향을 떠나지도 않을 테니 말이다. 하지만 그 여정이 중반을 넘어가면 우리가 투사한 가치, 희망, 꿈 들은 그 마력을 잃어버리고 환상은 환멸로 바뀐다. 잃어버린 조각들을 모아 더 온전한 존재가 되려면 반드시 그래야만 한다.

내가 떠안은 타인의 그림자 탐색하기

이번 장에서 다루었듯이, 우리가 어떻게 성장했고 누구와 사랑에 빠지는지를 살펴보면 우리 내면의 그림자를 자각하는 데 필요한 통찰력을 얻을 수 있다. 이어지는 훈련은 자신의 '다른 측면' 즉 '잃어버린 쌍둥이'가 자라고 있다는 단서를 발견하는 한편 부모가 이루지 못한 삶을 탐색하는 데 그 목적이 있다. 오로지 훈련에만 집중할 수 있는 시간을 마련하라. 자기만의 조용한 공간, 외부의 방해가 없는 장소에서 실행해야 한다.

당신이 나고 자란 가족이 출발점이다. 잠시 다음 질문에 답해보라.

> ≫ 당신의 출생이 어떠했다고 알려져 있는가?
> ≫ 당신의 출생은 계획된 일이어서 환영을 받았는가, 아니면 사고였는가?

≫ 영유아인 당신을 키우는 데 영향을 끼칠 만한 가족 내 스트
레스 상황이 있었는가?

≫ 당시 부모의 희망과 계획은 무엇이었나?

≫ 부모의 꿈이 당신의 출생으로 미뤄지진 않았나?

부모의 '살지 못한 삶'을 대할 때, 원망은 아무런 도움도 되
지 못한다. 반항은 가족의 옛 관행이라는 올가미를 더 세게 옥
죌 뿐이다. 부모의 '살지 못한 삶'이 당신에게 영향을 주었다
하더라도 반발하지 말고 공감하며 받아들이도록 애써보자. 그
들은 그저 자신이 처한 현실을 더 잘 다루는 데 필요한 의식이
부족했을 뿐이다. 어릴 적 가정환경을 되돌아보는 이유는 누군
가에게 비난의 화살을 돌리자는 게 아니라 그것이 현재의 경
험을 형성하기까지 계속된 관행을 자각하는 첫 단계이기 때문
이다. 그러한 심리 반사적 관행은 당연히 달라졌을 것이며 여
전히 변화할 가능성이 있다.

우리는 자라면서 부모로부터 인정받지 못해 여러 번 깊이 상
처받는 경험을 한다. 사람이라면 누구나 있는 그대로의 자기가
이해받고 받아들여지길 갈망한다. 그러나 부모가 그 갈망을 해
결해주지 않는다면, 앞으로도 그러하리라는 사실을 받아들여

야만 한다. 솔직히 자문해보라. 부모에게 인정받으면 뭐가 대단히 달라지는가? 물론 인정을 받으면 좋겠지만, 정말로 꼭 필요한 건 아니다.

이어지는 다음 질문에 답하는 데는 시간이 좀 걸릴 것이다. 컴퓨터나 종이에 답을 적어보자.

>> 내가 아이였을 때 지켜본 부모의 모습은 어떠했던가?(부모의 현재 모습이나 현재의 내가 성인의 시각으로 그때의 부모를 어떻게 보는지가 아니다) '멀다' '바쁘다' '상냥하다' '화났다' '애정을 쏟는다' '폭력적이다' '늘 술을 마신다' 같은 표현을 사용하라.

>> 내가 아이였을 때 어머니(새어머니, 할머니, 기타 여성 주 양육자)의 좋은 점은 무엇이었나?

>> 내가 아이였을 때 어머니(새어머니, 할머니, 기타 여성 주 양육자)의 나쁜 점은 무엇이었나?

>> 내가 아이였을 때 아버지(새아버지, 할아버지, 기타 남성 주 양육자)의 좋은 점은 무엇이었나?

>> 내가 아이였을 때 아버지(새아버지, 할아버지, 기타 남성 주 양육자)의 나쁜 점은 무엇이었나?

>> 부모나 조부모가 이루지 못한 꿈은 무엇이었나? 그들의 '살

지 못한 삶'이 내 삶에 어떤 부담을 안겼는가? 부모의 삶과는 정반대로 살기 위해 애쓰면서 오히려 그들의 '살지 못한 삶'에 얽매인 건 아닐까?

≫ 어린 시절에 이런 어려움을 해결하려 실천했던 방법을 현재의 내 삶에 적용하기엔 어떠한 한계가 있는가?

이번엔 현재 당신이 진정으로 우러러보는 사람이나 어린 시절에 영웅으로 여겼던 사람을 떠올려보라.

≫ 당신의 정신적 지주는 누구였는가?
≫ 그 사람의 어떤 점이 감탄스러웠나?
≫ 당신에게 내재한 그런 특성들의 본질은 무엇이었으며 어떻게 드러났는가?
≫ 당신이 숭배했던 사람들에게서 당신 자신의 일부를 엿볼 수 있는가?

마지막으로, 당신의 연애사를 되짚어보라. 그동안 알지 못했던 자신의 '살지 못한 삶'에 대한 엄청난 정보가 드러날 것이다.

≫ 첫사랑을 떠올려보라. 처음엔 무엇 때문에 그 사람에게 이

끌렸던가?

 » 당신이 반했던 사람들은 어떤 사람들인가?

 » 최근 또는 현재의 연애를 떠올려보자. 당신의 '살지 못한
   삶'을 그 사람이 대신 살아주리라는 무의식적인 기대가 있
   지는 않은가?

한번 이렇게 해보라. 하루 동안 당신의 짝에게 느끼는 실망감
과 불만을 적어보자. 그런 다음 자신에게 그와 일치하는 점이
있는지 확인해보라. 장담하건대 흥미진진한 결과가 나오리라!

이번 훈련을 마치고 나면 그 결과가 살며시 당신을 일깨울
것이다. 답안은 얼마든지 추가돼도 좋다. 효과를 더 높이고 싶
다면 며칠에 걸쳐 훈련을 쭉 되풀이해보라.

더는 일상생활 도중에 부모의 '살지 못한 삶'을 곱씹지 마라.
직장의 첫 상사나 학교의 특별한 교수를 얼마나 우상화했는지
기억하라. 자신의 삶을 언제나 실험 중인 연구소로 만들어라.
그 연구소는 현실에 대한 추측이 당신의 경험을 얼마나 제한
하는지 발견하는 장소이다.

3장 　온전한 존재로 살라는
　　　내면의 목소리

서른다섯에서 쉰 살까지는 심리적으로 중요한 변화가 일어나는 시기다. 나이가 들면서 사라졌던 어릴 적 특성들이 되살아나기 시작한다. 늘 소중히 여겨온 신념, 도덕관념, 삶의 원칙들이 갑자기 미심쩍어진다. '살지 못한 삶'이 만든 그림자의 에너지가 기승을 부리는 것이다. 낯선 의심, 불안, 감정에 취약해지고, 갑자기 사랑에 빠지거나 결혼을 깨거나 자포자기의 심정으로 사표를 내던지기도 한다. 이렇듯 '위험한' 순간순간은, 그러나 완전히 새로운 차원의 발전을 위한 발판이 될 수도 있다. 주의를 기울이면, 뭔가 더 필요하다는 깨달음이 다가온다.

지금까지 우리는 쌍둥이자리 전설의 주인공 카스토르와 폴룩스가 죽었다 살아난 과정을 살펴보았다. 신부를 훔친 사건에서 비롯된 전투에서 카스토르가 죽임을 당하자, 두 형제는 폴룩스의 영생을 나눠 가질 방법을 찾아 나섰다.

카스토르가 죽자 폴룩스는 슬픔을 가눌 길이 없었다. 하여 자기도 죽게 해달라고 기도했고, 이를 가엾게 여긴 제우스는 폴룩스의 영생을 형제와 나누도록 허락했다.

타협이 잘 이뤄져 두 형제는 평생의 절반은 하데스에서, 나머지 절반은 올림포스에서 함께 지낼 수 있게 되었다(그리스신화에서 올림포스산은 그리스의 만신 중 열두 으뜸 신의 거처로 여겨진다)

두 세계로 나뉜 존재가 되겠다는 이 이상한 요청에 제우스의 아들 아폴론은 형제인 헤르메스에게 넌지시 물었다.

"그런데 말이야, 카스토르와 폴룩스를 동시에 본 적이 없어. 왜지?"

헤르메스가 대꾸했다.

"그야 둘이 워낙 죽고 못 사는 사이인데 운명이 하나는 필사고 다른 하나는 불사라 명하니 어쩌겠어. 불사를 둘이서 나누기로 한 거지."

"아주 현명하지 못하군. 그런 식으로 하면 어디엔들 제대로 속할 수 있겠어?"[5]

맞는 말이다. 카스토르와 폴룩스에게 견딜 수 없는 이별을 해결할 가능성이 보였던(제우스도 그렇게 생각했던) 방식은 우리의 삶에도 나타난다. 각 특성에 맞는 시간을 설정하고, 이런 방식으로 둘 다 구제될 수 있는지 한번 보자. 초기에는 그럭저럭 효과가 있다. 주중에는 지상의 현실적인 면에 헌신하고 주말이면 즐기고 놀면서 아울러 이상과 천상의 계획을 좇는다. 그러나 곧 'TGIF(Thanks God, It's Friday: 주말을 앞두고 금요일에 느끼는 해방감을 나타내는 표현_옮긴이)' 증상과 '월요병'이 생긴다. 일단 의식하기 시작하면 상황은 더 나빠진다. 자유롭고 천국 같은 주말에 대한 환상이 주중 근무시간을 망치고, 정작 주말은 죄의식과 권태감에 갈수록 괴로워진다. 머지않아 그 이중성의 모순이 우리를 옭아매려 든다. 그리고 우리는 어느새 '중년의 위기' 한복판에 서 있음을 깨닫는다. 하지만 나는 이렇게 말하겠다. 중년의 위기가 아닌 '기회'라고.

삼십대 중반부터 일어나는 마음의 변화

중년에 이르면 분리된 시각에서부터 갈망이 생긴다. 우리는 각자의 잃어버린 쌍둥이, 즉 의식 아래 어딘가에 묻힌 '살지 못한 삶'과 만날 준비를 한다. 예민한 사람은 중년에 접어들면서 자신의 삶이 무미건조해지고 있음을 감지한다. 통찰력이 있다면, 인격에는 한 가지 층위만 있는 게 아니라는 사실을 언젠가는 알아차리기 마련이다. 예컨대 한 사람의 인격에 현실적이고 본능적이며 실용적인 측면과 숭고하고 이상주의적인 측면이 모두 존재할 수 있다. 우리는 어쩐지 근본적인 뭔가로부터 갈라져 나온 듯한 기분을 느낀다. 인격의 한 면은 안전성과 예측 가능성, 세상과의 융화에 매달리는 반면 또 다른 면은 황홀경과 초월성, 영적 귀의를 갈망하는 것이다.

서른다섯에서 쉰 살까지는 심리적으로 중요한 변화가 일어나는 시기다. 나이가 들면서 사라졌던 어릴 적 특성들이 되살아나기 시작한다. 늘 수중히 여겨온 신념, 두덕관념, 삶의 원칙들이 갑자기 (스스로 용납할 수 있는 경우라면) 미심쩍어진다. 노화의 문턱이 가까워지는 시점이면 이제껏 내면에 쌓아온 그림자가 너무 비대해져서 우리는 풀지 못한 욕구와 미련에 압도당하고 만다.

이런 변화에 대해 융은 이렇게 썼다.

중년에 가까워질수록, 그리고 개인적 태도와 사회적 지위를 견고히 다져온 사람일수록, 자신이 올바른 길과 올바른 이상, 올바른 행위 원칙을 발견했다는 믿음이 강해진다. 그런 까닭에 그것들이 영원히 유효하리라 생각하고 그것들에 변함없이 집착하는 것을 미덕으로 삼는다. 사회적 성공은 '인격의 축소'라는 대가를 치러야만 이룰 수 있다는 사실을 우리는 간과한다. 경험되었어야 하는 삶의 많은 면, 너무나 많은 면면이 창고의 먼지 쌓인 기억들 틈에 박혀 있다.[6]

나이가 들면 누구나, 의도한 결과를 이끌어내는 능력이 예전 같지 않다는 위기감에 직면한다. 아마 뜻대로 되지 않는 일이 하나둘 생기기 시작하는 탓이리라. 전과는 달리 머리가 시키는 족족 몸이 재깍 따라주지 않고, 부모의 죽음, 심지어 친구의 죽음을 경험하기도 하며, 젊은 날의 꿈은 허황되게만 느껴진다. 이 모든 일로 인해 중년은 '출생 이후의 시간'에서 '죽음을 앞둔 시간'으로 정신적 이동을 한다. 시간이 얼마 남지 않았는데 자기 삶에는 여전히 뭔가 근본적인 것이 빠져 있는 듯한 느낌이 들기 시작한다.

지상에서 맡은 책임이 있는 한 우리는 시간의 영향에서 자유로울 수 없다. 예를 들어, 결혼을 하면 자기 삶의 일부는 통째로 치워버리게 된다. 아침에 일어나 일터로 가야 돈을 벌어 가족을 먹여 살릴 수 있다. 아이가 태어나면 새벽 4시에도 수유를 해야 하며, 아이를 학교, 병원, 운동 연습, 놀이 약속에 데려다주고 데려오는 일에 시간을 할애해야 한다. 그러다 중년이 되면 (의도한 건 아니지만 스스로 열심히 지어온) 이 시간의 감옥에서 탈출하고픈 생각이 들기 시작하고, 주된 문제는 전부 자유시간이 부족한 탓으로 귀결된다.

균형을 되찾기 위한 시도

융은 고대 그리스어 단어 '에난티오드로미아enantiodromia'를 빌려 중년의 역행을 설명했다. 단어를 풀면 '반대로enantio' '달린다dromia'는 뜻이다. 철학자 헤라클레이토스Heraclitus는 이 단어를 사용해 대극의 원리를 설명하면서,[7] 결국 모든 것은 그 반대가 된다고 설파했다. 삶은 죽음으로, 죽음은 삶으로 이어진다. 젊음은 늙음으로 바뀌고, 늙음은 젊음을 낳는다. 깸에서 잠이 오고, 잠에서 깸이 온다. 이것이 창조와 소멸의 흐름이다. 에난티오드로미아는 극도로 편향된 성향이 의식 차원의 삶을 지배할 때 일어난다. 그리하여 언젠가는 똑같이 강력한 정반대 성향이 그림자 속에 자리를 잡는다. 처음에는 그것이 의식의 작용을 방해하는 정도지만, 나중에는 의식의 통제를 돌파해 전면에 나선다. 중국 철학은 이 과정을 '음양의 상호작용'이라 표현했다.

말하자면, 중년에 이르기까지 인격 시소가 너무 한쪽으로만 기울어져(그림자가 일촉즉발의 상태에 이르면) 마침내 인격이 균형을 되찾기 위한 교정을 시도하는 것 아닐까.

인간의 생애는 태양의 하루 경로와 비슷하다. 아침에 우리 삶은 기운을 얻어 한낮의 열기에 정점을 찍은 다음 정반대로 향한다. 융은 "인생의 오후는 오전과 다름없이 의미로 가득하나, 다만 그 의미와 목적이 다르다"고 했다.[8]

학계는 중년의 위기가 현대인의 삶에 보편적으로 나타나는 현상인지 아닌지를 두고 논쟁을 벌이지만, 중년에 들어서면 마치 자신의 성격에서 에너지를 죄다 쥐어짜낸 듯 문화화한 인간으로서의 열정이 차갑게 식어버린다는 사실을 우리는 너무도 잘 안다. 삶이 실망스럽고 지금껏 이뤄낸 것들이 기대에 미치지 못할 때는 물론이고 상당한 성공을 거두며 살아왔다 해도 이는 진실이다. 그러는 동안, '살지 못한 삶'이 만든 그림자의 에너지는 더욱 기승을 부린다.

중년기에는 낯선 의심, 불안, 감정에 취약해진다. 그래서인지 갑자기 사랑에 빠지거나 결혼을 깨거나 자포자기의 심정으로 사표를 내던지기도 한다. 삶의 주체가 아닌 객체가 되어 갇혀버린 것 같고, 모든 게 허무해지기 시작할지도 모른다. 이렇듯 '위험한' 순간순간은, 그러나 완전히 새로운 차원의 발전을 위한 발판이 될 수도 있다. 주의를 기울이면, 뭔가 더 필요하다는 깨달음이 다가온다.

부부간에 각자의 '살지 못한 삶'을 서로 품어주자는 무의식 차원의 동의가 중년기에 깨져 비난과 오해, 오랫동안 삭였던 분과 억눌린 감정의 폭발로 이어지는 경우가 많다. 불균형한 성장을 초래한 게 자신이라 해도, 비난의 화살을 남에게 돌리기는 아주 쉽다. 이혼, 더 젊고 더 매력적으로 보이는 사람과의 불륜, 갑작스러운 전직까지, 전부 이 시기에 흔히 벌어지는 일이다. 하지만 이런 일들이 균형을 찾고자 하는 영혼의 암시임을 우리는 알아채지 못한다.

적어도 표면적으로는, 의식하지 않은 채 살아가는 편이 더 안전한 선택인 것처럼 보인다. 인생 전반기에 정해진 행복의 공식에 따라 부와 직업적 성취와 자아 증진에 계속 힘쓰되 두 배의 노력을 기울이는 식으로 말이다. 한편 새롭거나 더 나은 것을 선택하면 불만과 욕구가 가라앉으리라 기대할지도 모른다. 하지만 한시적인 인격의 단편에 갇혀 지내다 보면 심각한 손상을 피할 수 없고, 우리는 어느 쪽으로든 고통받게 될 것이다. 현대 문화에서 건전함이란 흔히 '사회가 승인한 정상 또는 평균의 상태로 사회화됨'과 같은 뜻으로 통하는데, 이런 환상의 이면에는 '진정성을 희생하여 안정성을 지킨다'는 진실이 숨어 있다.

철학자 프리드리히 니체Friedrich Nietzsche도 '살지 못한 삶'이라는 마음의 짐을 탐색한 바 있다.

차라투스트라는 젊은 날의 꿈을 이루지 못한 채 무덤으로 간다. 그는 마치 그 꿈들이 자신을 쓰라리게 배반한 유령이라도 되는 듯 원망한다. 꿈들은 춤을 추기 시작하더니 음악을 망쳐 버렸다. 과거가 그의 길을 그토록 무겁게 만들었던가? '살지 못한 삶'이 그의 발목을 붙잡고 살아서는 안 될 듯한 삶에 붙잡아두었던가?

실패와 후회를 새로운 의미로

중년에는 실패와 상실에 직면하게 된다. 나이가 들면서 저마다 이런저런 한계에 부딪히고, 마음먹은 대로 되지 않는 일도 생기며, 하늘을 찌르던 자신감도 떨어진다. 우리는 겉핥기식 삶에 머무를 수도 있고, 아니면 삶이란 이전까지 알던 것보다 훨씬 더 깊고 통제하기 어려우며 신비롭고 경이롭다는 사실을 깨달을 수도 있다.

스페인의 시인 안토니오 마차도Antonio Machado는 인생 전반기의 실패가 이후 삶에서는 의미로 바뀐다고 썼다.

지난밤, 잠자는 동안에
나는 꿈을 꾸었네, 축복의 환상을!
샘물이 내 심장에서 솟아났다네.
나는 물었네, 오 물이여,
어떤 비밀의 물길을 따라 내게 오는가?
지금껏 마셔본 적 없는
새 생명의 물이여.

지난밤, 잠자는 동안에
나는 꿈을 꾸었네, 축복의 환상을!
벌집이 여기 내 심장에 있었다네.
황금빛 벌들이
나의 옛 실패로부터
흰 육가 방과 달콤한 꿀을

만들고 있었네.

지난밤, 잠자는 동안에
나는 꿈을 꾸었네, 축복의 환상을!
불타는 태양이 내 심장에 빛을 쏘았다네.
화롯불 같은 열기를 내가 느꼈으니
그것은 불타고 있었고
그 빛에 내가 눈물을 지었으니
그것은 태양이었네.

지난밤, 잠자는 동안에
나는 꿈을 꾸었네, 축복의 환상을!
여기 내 심장 안에
신이 계셨다네.[9]

과거의 사고방식에서 벗어나야 할 때

'동창회' 하면 대개 졸업 후 동창들이 모여 각자의 성공을 과
시하고 삶을 되돌아보는 자리로 기억한다. 동창회에서 만나는
옛 학교 친구들은 한때 앞날이 창창한 젊은이였으나 오랜 세

월 사춘기 인격의 껍데기 안에서 비좁게 자란 듯한 인상을 주기도 한다. 이는 성년 초기에 획득한 정체성에 매달린 결과다.

제닌이라는 내담자는 최근 서른 번째 고등학교 동창회에 다녀왔다고 했다.

"정말 우울했어요. 필사적으로 자기 삶을 바꾸려 드는 애들이 너무 많은 거 있죠. 학교 다닐 때 잘나가는 운동선수였던 애가 있는데요, 가업인 인쇄 사업을 이어받았는데 마흔여덟 살이 된 지금에야 인쇄가 싫은 걸 깨달았대요. 아내하고 이혼 절차를 밟는 중이고, 자기는 산림청에 들어가기로 마음먹었다더라고요. 또 어떤 애는 소싯적에 그야말로 파티의 꽃이었는데 지금은 그저 술고래에 헤픈 여자로만 보였어요. 가슴 쪽이 깊이 파인 스웨터 차림으로 술을 그렇게 퍼마시더니 화장실에서 토하더라고요. 걔가 어떤 동창한테 울먹이며 그러더라고요. '넌 나처럼 실수투성이 인생을 살진 않았지.' 그러니까 동창이 그러더군요. '아, 나야 실수를 다 바로잡았지. 그 남자들하고 결혼하지 않았잖아!'"

제닌 자신은 꽤 운이 좋았다고 자평했다. 30대에 진로를 바꿔 성공을 거뒀고 그 후에 한 결혼도 만족스럽다는 것이었다.

"서른다섯에 술을 끊고 철이 들기 시작한 게 얼마나 다행인지 몰라요. 동창들 다수가 아직도 고등학생 때의 사고방식에 갇혀 있으니까요."

그렇지만 제닌도 삶에 대한 불만을 어렴풋이 느끼고 있었다.

"생활은 참 여유로운데, 아직도 그 옛날 노래 〈그게 전부야? Is that all there is?〉의 가사가 꼭 내 얘기 같단 말이죠."

또 다른 내담자 잭은 자기가 세운 회사에서 은퇴한 백만장자였다. 은퇴 후에도 이사회 고문으로서 계속해서 막대한 연봉을 받았지만, 얼마 지나지 않아 신임 CEO가 자신의 조언을 딱히 반기지 않는다는 걸 알았다. 사실상 잭은 진즉 해고당한 셈이었다. 그는 따분하고 외로웠으며 목적의식도 잃었다. 은퇴와 함께 다가오는 현실에 실망하고 환멸을 느끼는 많은 이들처럼 말이다. 나와 몇 차례 상담하는 동안 그는 자신의 재정적 성공과 고위직 친구들, 소유하고 있는 휴가지 별장들, 값을 따질 수 없는 골동 수집품들을 자랑하기에 바빴다. 그에겐 청중이 필요한 것 같았다. 간신히 끼어들 기회가 생길 때마다 나는 지금까지 그를 지배해온 특성이 삶의 다음 단계에는 적합하지 않다는 점을 알려주려 애썼다.

"그래요, 그래. 맞는 말씀이오."

그는 곧바로 수긍하고는 또 곧바로 내 조언을 잊기 일쑤였다. 반농담조이긴 했지만, 초대형 지진해일로 초토화된 동남아시아의 여러 지역에서 재건 사업을 벌일 거라고도 했다. 안타깝게도, 그 거창한 몽상을 실현에 이르게 하는 길을 그는 한 발짝도 내딛지 않을 터였다. 하물며 자기 내면의 무엇이 개발과 실현에 이르지 못했는지 숙고해볼 리도 없었다. 그는 '거물' 노릇에 심하게 몰입했고, 과거의 이야기 속에서 살았다.

잭에 맞먹는 여성 내담자도 여럿 있었다. 그녀들은 잭 같은 남자를 유혹하는 무기로 썼던 미모와 몸매를 유지하는 데 거의 목숨을 걸었다. 젊은 시절의 자기 모습에 집착하는 사람에게는 슬픔과 쓰라림, 부적절함이 내재해 있다(이에 대해선 8장에서 자세히 논할 텐데, 젊은 패기와 새로운 가능성에 대한 감각은 나이와 상관없이 필수적이지만, 확장된 의식으로 진화하라는 요구를 회피하면 진정성을 깨달을 수 없다). 애정과 보호를 갈구하는 마음은 이해할 만하지만, 의존성에 굴복한다면 성장을 거부하고 최대치의 잠재력을 폐기하는 것이나 다름없다.

우리 대부분은 하나의 정체성을 얻기 위해 너무 열심히 노력하므로 그것을 좀처럼 놓아주지 못한다. 몇 년 후 젊은이 특유의 환상과 억측과 아집이 얼마나 완강하고 끈질기게 지속되는지를 보면, 그런 특성들을 형성하는 데 필요했던 에너지에 대해 어떤 감이 생긴다. 우리를 고되고 괴로운 삶으로 인도했던 신념과 태도는 우리 자신의 일부가 돼버리고, 그래서 우리는 그것들을 무한정으로 지키고자 한다.

그러나 인생 전반기에 유효했던 것이 중년 이후의 과제를 해결하기에도 알맞은 경우는 거의 없다. 다섯 살이나 스물다섯 살의 분별력은 마흔다섯이나 일흔다섯에 이르면 상당한 한계가 있고 심지어 원시적이기까지 하다. 삶의 한 단계에 충분했던 태도와 반응이 이후 단계의 과제들에도 들어맞으리라 믿어야 할 까닭이 무어란 말인가?

고대 그리스인들은 이를 '휴브리스hybris'라고 칭했는데, 이 단어는 때로 '자만' 또는 '교만'으로 해석할 수 있다. 휴브리스는 한정적인 지식, 자신이 모든 걸 다 안다는 가정에서 생기는 편협한 관점을 의미한다. 정신분석가 제임스 홀리스James Hollis가 지적했듯 이는 자기기만이다.[10] 현재 벌어지는 일을 전부 다 안다는 생각은 콤플렉스complex(한쪽으로 치우친 내면의 틀)의 표출인 경우가 대부분이다. 우리의 의식이 아는 이야기 또는 안다고 믿는 이야기는 우리 안팎에서 펼쳐지는 장대한 서사의 일부에 불과하다. 많은 사람이 인생 전반기에 휴브리스를 경험한다. 고대 그리스 비극이 보여주듯, 시간이 지나면서 인간은 삶이 안기는 고통을 통해 자신의 잘못을 뉘우치고 변화한다.

정신적 사춘기에 갇히고 싶지 않다면

형제와 헤어지지 않겠다는 절박한 심산으로 폴룩스는 카스토르를 따라 지하세계로 내려가고, 그곳에서 하데스와의 거래가 이루어진다.

고대 그리스 신 하데스의 이름은 '보이지 않는다'는 뜻이다. 그가 지하세계의 통치자이므로 그의 영토 또한 하데스로 알려지게 되었다. 지표면 아래에 있는 하데스는 죽은 자들의 영혼이 지상에서의 삶을 기억하며 머무르는 곳이다. 그리스인들은 이들 영혼을 그림자로 알고 있었다. 현대인은 하데스에 대해 명확한 개념을 갖고 있지 않다. 우리는 대충 '지옥'이라 칭하지만, 고대인에게 그곳은 암흑의 땅도 처벌의 장소도 아니었다.

하데스는 지하세계의 질서를 담당한다. 제우스가 올림피아의 제왕이 되고 포세이돈이 바다의 패권을 쥐었을 때 하데스는 지하세계를 맡게 되었다(제우스와 하데스가 형제지간임에 주목하라). 지금까지 전해져오는 고대 그리스 조각상과 화병에 하데스가 거의 보이지 않는 것은 우연이 아니다. 하데스의 원래 이름인 '아이도네우스'도 '보이지 않는 자'라는 뜻이다. 지하세계의 군주인 그는 자연히 공포와 매혹을 동시에 불러일으킨다. 고대인들은 그의 이름을 입 밖에 내기조차 저어해서, '트로포니오스(키우는 자)', '폴리데그몬(많은 손님을 받는 자)', '유불로스(훌륭한 상담자)', '플루톤(부를 주는 자, 그래서 로마식 이름이 플루토다)' 같은 별칭으로 돌려서 표현했다. 극작가 소포클레스Sophocles는 하데스를 '부유한 자'라고 칭했다.

별칭이 암시하듯 하데스와 지하세계는 상실과 종말뿐 아니라 부를 상징하기도 한다. 이 지하세계의 군주는 창의적인 변화의 신으로, 지상의 곡식과 과일을 생산하는 풍요의 여신 데메테르의 남성 판이라 할 수 있다. 확실히, 이 영역에 깊이 빠지면 내면이 풍부한 결실을 거둔다. 심리학적으로 말하면, 우리는 부유함을 회복하기 위해 반드시 지하세계로 내려가야, 즉 자신의 그림자를 대면해야 한다.

수많은 그리스 영웅이 그림자를 탐구하러 또는 탈출시키러 심연으로 내려가는 위험천만한 여행을 감행했다. 카스토르와 폴룩스 신화에서도 이들이 결정적인 시기에 지하세계에서 평생의 반을 보낸다는 것이 중요하다. 비슷한 식으로, 나이를 먹을수록 우리를 괴롭히는 내면의 분열을 해결하는 방법은 오로지 '살지 못한 삶'을 탐색하는 것뿐이다. 삶의 경험이 충분히 쌓였을 때, 많은 경우 그와 동시에 실망과 불만과 절망에 사로잡혀 대안을 고려하게 되는데, 바로 그때가 하데스로 향하는 여정의 출발점이다. 성찰하는 삶을 회피하면 영혼과의 진정한 연대를 막는 정신적 사춘기의 틀에 갇히고 만다.

지하세계에 머무르는 그림자 같은 존재를 현대 심리학 용어로 '콤플렉스'라 한다. 이는 특색 없고 반복적이며 삶의 역동적인 흐름과는 동떨어진 무의식의 모습을 일컫는다. 콤플렉스는 우리가 의식하지 못하지만 지배력을 행사하여 컴퓨터 프로그램처럼 짜인 버릇을 도구 삼아 우리의 선택에 영향을 미치고 경험을 제한한다.

고대 그리스인들에게 하데스는 영혼들이 변함없고 과다하며 실체가 없는 과거의 무게에 짓눌려 '죽을' 듯이 꿈틀대는 곳이었다. 유령을 달래어 내쫓는 것은 고대의 희생 및 정화 개념에서 중요한 요소였다. 현대에도 마찬가지다. 우리 역시, 지하세계를 탐색하다 보면 고인 채로 썩어가는 인격의 침전물과 마주치게 된다. 그러나 가능성도 만난다. 우리 역시, 성가시기 짝이 없는 과거의 유령을 달래야 한다.

낡은 무의식의 프로그램, 콤플렉스

의식은 자기가 주인인 줄 알지만, 행동의 대부분은 의식 아래에서 이미 결정한 바를 수용하거나 거부하는 과정을 수반한다. 심리학 연구에 따르면 결정은 보통 우리가 의식하기 직전에 무의식이 작용하여 이루어진다. 이렇게 눈에 보이지 않는 내면의 과정을 융은 거의 100년 전에 확인하여 콤플렉스라 명명했다(이후 발달심리학자 장 피아제Jean Piaget가 '스키마schema'라 칭했고, 요즘 신경과학계에서는 '신경망'이라는 용어로 통한다. 표현은 달라져도 이 지하세계의 원형적 실체는 항상 존재한다).[11]

콤플렉스는 우리의 현실을 훤히 드러내고 기분에 영향을 미치며 우리를 불안하게, 우울하게, 후회하게, 심지어 아프게도 한다. 무엇보다 최악은, 변화에 창의적으로 대응하는 우리의 타고난 능력을 방해한다는 점이다. 그래서 우리가 어떠한 변화에도 항상 같은 식으로 대응하게 되는 것이다.

콤플렉스는 이제 일상에서도 흔히 쓰이는 단어로 자리 잡았다. 요즘은 누구나 인간이 '콤플렉스를 가졌음'을 안다. 융은 콤플렉스를 "강한 감정을 불러일으키는, 긍정적일 수도 부정적일 수도 있는 심리 유형의 집합체"라고 정의했다.

반복적인 생각과 감정의 핵심을 이루는 관념은 어디에서 비롯된 것일까? 바로 과거의 경험에서다. 우리에게 역사가 있기에 콤플렉스가 있는 것이다. 우리는 경험을 통해 확립된 양식에 기초해 현재의 현실을 해석하는데, 그 양식이 전부 적응성이 있고 적절하지는 않은데도 내면에 붙박이로 뿌리박혀 세상과 상호작용하고 세상을 이해하는 방식이 된다. 우리는 낡은 무의식의 프로그램을 따르고 있음을 인지하지 못한 채 계속해서 지겹거나 자멸적이거나 제한적인 선택을 하고는 애꿎게도 불운이나 운명을 저주한다.

콤플렉스는 병이 아니다. 그러나 한쪽으로 치우친 콤플렉스는 고쳐야 할 게 있을 때마다 공구함에서 꼭 망치만 꺼내어 사용하는 것과 같다. 때로는 스크루드라이버가 더 유용할 수도 있는데 말이다. 바라건대 중년에는 자신의 역사를 되돌아보기에 충분한 인생 경험과 객관적인 자아비판이 가능할 만큼 강한 정신력을 갖고 있을 것이다. 약간의 도움만 있다면 얼마든지 숨은 동기와 낡은 행동 지침을 파악하고 교정 작업이 필요한 '살지 못한 삶'의 면면을 확인할 수 있다. 아주 깊이 파고들 필요도 없다. 콤플렉스는 심란한 꿈, 감정의 폭발, 기분 변화, 온갖 자기 제한적 행위로 존재감을 드러낸다.

늘 똑같은 현실에 부딪히는가? 애인이 바뀌어도 연애의 주기나 패턴은 항상 비슷한가? 직장이 바뀌어도 다 거기서 거기인 듯한가? 삶을 대하는 평소의 방식을 너무 고집하는 까닭에 실제 가능한 일조차 미리 차단하는 버릇이 들진 않았는가? 소설가 플랜 오브라이언Flann O'Brien의 표현처럼 "지옥은 돌고 돈다. 원을 그리며 빙빙, 원체 끝도 없이 반복되고 도무지 견뎌내기 어렵다". 이것이 바로 콤플렉스에 휘둘리고 있는 우리의 기분이다.

콤플렉스는 우리를 어떻게 지배하는가

융이 콤플렉스 이론을 소개한 지 거의 100년이 지난 지금에야 신경학계는 이 심리현상의 작동 원리를 명확히 이해하기 시작했다. 인간 두뇌는 뉴런이라는 약 1천억 개의 미세한 신경 세포로 이뤄져 있다. 뉴런은 세포 간 신호를 전달하고 다른 뉴런과 접촉하여 신경망을 형성한다. 신경계의 신호 패턴은 사고의 토대를 이룬다. 신경망이 동시에 점화하는 뉴런들을 연결해 패턴을 만들면 그것이 기억이 되며, 자주 발생하는 패턴은 인격을 구성하는 재료가 된다.

동시에 점화하는 뉴런은 결속력이 생기므로 다시 동시에 점화할 가능성이 크다. 본질적으로 우리는 이러한 패턴에 기초해 외부 세계를 인식한다. 주위 환경으로부터 들어오는 정보에 기존 경험과 당시의 정서적 반응을 덧칠하는 식이다.[12]

이렇게 우리가 과거에 무엇을 '보고 느꼈는지'가 현재 무엇을 '보고 느낄 수 있는지'를 좌우한다.

줄리라는 내담자는 마흔셋의 나이에 나를 찾아왔다. 간호사인 그녀는 잘나가는 지붕 전문업체의 소유주인 배리와 얼마 전에 약혼했다고 했다.

"제가 결혼 생활을 망칠까 봐 겁이 나요."

그녀는 실패에 대한 두려움과 실수를 용납하지 않는 완벽주의에 휘둘리며 수십 년을 살아왔다고 털어놓았다. 줄리는 남부 캘리포니아에서 여덟 남매의 맏이로 자랐다. 어머니는 성공한 목사로 늘 바빴고, 아버지는 '무직의 지식인'으로 줄리와 그녀의 일곱 동생을 도맡아 키웠다. 맏이로서 줄리는 어린 나이에 사실상 집안의 어머니 역할을 하며 막대한 책임을 떠안아야 했다. 특히 여덟 살에 겪은 사고 이후로 더 그랬다. 해변에서 가족 휴가를 보내던 중 네 살배기 여동생이 물에 빠진 것이다. 물속에 얼굴을 처박은 채 떠 있는 동생을 발견한 줄리가 놀라 비명을 지르며 도움을 청했지만 아무도 오지 않았다. 늘 그랬듯 부모는 각자 일로 바빠 두 자매가 알아서 놀게 두고 신경도 쓰지 않았다. 공황에 빠진 채 줄리는 동생을 뭍으로 끌고 나왔고 도와줄 어른을 찾아 인공호흡을 부탁했다.

"그날 일로 방심은 금물임을 알았죠. 세상이 안전하지 않더라고요."

그날 해변에서 여덟 살 줄리가 느꼈던 공포, 부모가 안전을 보장해주지 않는다는 깨달음에서 오는 충격, 동생을 지켜야 한다는 책임감이 뒤엉킨 압도적인 감정은 이후 세상을 인식하는 기본 틀이 되었다. 그 영향으로 줄리는 간호사라는 직업을 택했고, 매일 병원에서 사람들의 트라우마를 적절히 잘 다루었다. 그녀는 완벽주의자로, 사소한 일 하나까지 관심을 기울이는 자칭 '통제광'이었다. 직장에 있을 때는 괜찮았으나, 집에 오면 바짝 곤두서는 경계심을 어찌할 수 없었다. 그녀는 어린 소녀가 들판에서 즐겁게 뛰어다니는 꿈을 반복해서 꿨다.

"그런데 애가 조심성 없이 너무 빨리 뛰다가 절벽에서 떨어져요."

연애 관계에도 항상 문제가 있었다. 남자들은 그녀가 너무 감정적이고 뭐든 통제하려 든다고 불평했다. 20년간 짧은 연애만 거듭한 끝에 배리를 만났고, 그와의 진지한 관계를 원했지만 그 관계에 전념하기는 두려웠다. '이 사람을 믿어도 될까?' 단순히 공휴일을 함께 보내는 일조차 그가 제대로 준비하지 못할까 봐 불안해서 자신이 모든 걸 다 챙겨야 했고 그 때문에 다툼이 생겼다. '세상은 안전하지 않으니 방심은 금물'이라는 생각을 대변하는 내적 회로가 줄리의 머릿속에서 작용하여 매일의 경험을 형성하고 있었다.

이런 반사적 패턴을 고치는 작업을 통해, 줄리는 차츰 타인을 더 신뢰하게 되었고 그녀의 콤플렉스는 문제해결 방식을 바꾸는 식으로 조정되었다. 그녀는 결혼식을 치렀으며, 급기야 간호사 일을 그만두고 매일같이 생사가 오가는 상황에 파묻히지 않아도 되는 새 직업을 찾았다.

한편 피터라는 내담자는 '알그렌 선생님 꿈' 문제로 최근 내게 상담을 청했다. 고등학교 때 수학 선생이었던 알그렌으로부터 낙제점을 받는 꿈을 자꾸만 꾼다는 것이었다. 성인이 되어 박사학위를 따고 직업적 성공까지 거뒀음에도, 피터는 여전히 특정한 상황에 처할 때마다 알그렌 선생과 대면하는 꿈속의 불안에 시달렸다. 고등학교를 졸업한 지 수십 년이 지났고 더는 낙제점을 받을 일도 없었지만, 실패에 대한 두려움을 중심으로 조직된 콤플렉스는 아직도 현재 진행 상태로 그의 삶을 방해하고 있었다. 이런 습관적 패턴은 치유와 회복, 재활이 필요하다. 내면 작업을 통해, 알그렌 선생의 독재는 마침내 막을 내렸다. 그러자 꿈도 멎었다.

처음에는 대개 자신의 삶이 콤플렉스에 심히 휘둘린다는 사실을 부인한다. 알아야 할 건 다 알고 자기가 자신을 다스린다고 하겠지만 그건 자아의 착각일 뿐이다. 융은 이렇게 썼다. "의식의 행위는 다락에서 수상한 소리를 들은 사람이 도둑은 들지 않았고 소리도 그저 환청이었음을 확인하겠답시고 냅다 지하창고로 뛰어 내려가는 것과 같다. 사실 그는 다락으로 올라가볼 엄두가 나지 않았을 뿐이다."

사실상 우리가 콤플렉스를 가진 게 아니다. 콤플렉스가 우리를 가진다는 표현이 더 정확하다. 이 고정된 반응 패턴은 어느 정도 자율성이 있어서, 의식이 바라지 않는데도 제멋대로 끼어들 수 있다.

어제의 해결책은 오늘의 장애물

콤플렉스는 적응전략에서 비롯된다는 사실을 기억해야 한다. 처음에는 핵심적 관념과 전제에 근거해 논리적인 결과를 생산해낼 목적으로 형성된다. 그러나 어제는 효과적인 해결책이었던 것이 오늘은 종종 문젯거리가 되는 까닭은 단순히 그것이 한쪽으로만 기울어져 있기 때문이다. 인생 전반기에 받아들였던 양식은 경험을 체계화하는 기준으로서 유용하지만, 이후에는 더 이상의 발전을 가로막는 장애물이 되는 경우가 너무나 많다.

콤플렉스 치료의 목표는 패턴화된 사고와 행위의 '제거'가 아닌 '완화'다. 비좁게 갇힌 의식을 풀어주어 우리에게 선택의 자유를 더 주는 것이며, 조금 더 만족스러운 삶에 꼭 필요하지만 잃어버린 자원에 대한 접근성을 되찾는 것이다.

의식의 빛을 받아 정체를 드러낸 콤플렉스는 진화를 시작할 수 있다. 특정한 반사 반응 패턴을 인지하고 나면, 속도를 늦추고 충분히 생각하여 자신을 다잡는 것이 가능해진다. 연습이 필요하고 처음엔 좌절감을 느낄 수도 있다. 겸손한 자세가 필요한 일이다. 콤플렉스를 완화하려면 자신이 전능하다는 환상을 버리고 자아를 관찰자 위치로 옮길 줄 알아야 한다. 마음의 잡음을 잠재우면 정신의 작용 과정을 지켜볼 수 있게 된다. 그 방법을 다음 장에서 설명할 예정이다.

정체성의 역설

자아 자체가 콤플렉스라는 사실에 어쩌면 놀랄 수도 있겠다.

자아는 우리 삶에 축적된 모든 패턴을 지휘하는 최상위 패턴이다. 우리는 자신과 이러한 '나'를 면밀히 동일시하여 그것이 진짜 자기라고 생각하기에 이른다.

우리의 정신은 우리 안팎을 휘저으며 흐르는 과정을 고정된 기준점을 이용해 파악한다. 각각의 지각은 실제 현상을 편집한 하나의 관념이다. 움직이는 장면을 너무 오래 생각하다 보면 방향감이 사라진다. 빙글빙글 도는 무용수나 회전목마를 탄 아이처럼 시선을 한곳에 고정해야 어지러워지거나 넘어지지 않을 수 있다. 경험에 일관성을 부여하는 데는 양식에 기대는 것이 유용하지만, 보편과 상식에 따른 확신과 가정은 우리를 제한하기도 한다.

여기서 우리는 역설에 부딪힌다. 자기를 만들어가다 보면 삶은 반드시 특정한 구조와 형식으로 명백히 규정되고 규정하는 조직적 양식으로 이동한다. 일관된 삶에는 구조와 만족감이 필요하다. 그래서 경로와 습관이 발달하는데, 시간이 지나면 그것들은 경계선이 되어 우리의 자유를 제한하고 경험의 폭을 좁힌다. 익숙한 것에 의존하고 기존의 자신 또는 남들이 기대하는 자신에 만족하려 애쓰면서, 우리는 점점 선택의 자유를 잃어간다. 생각과 행동은 자기 정체성, 즉 자아를 참고하기 때문이다.

우리는 마치 삶이 안정적이며 불변한다는 듯 행동하며 정말로 최선을 다해 붙잡으려 한다. 애써 삶의 구조와 형식, 의미를 찾지만 막상 그 구조와 형식, 의미에 갇히고 만다. 사실 우리가 동일시하는 자아는 과거 경험이 빚어낸 습관들을 기억이라는 클립과 껌으로 붙여놓은 축적물이다. 우리의 경험을 안전하고 예측 가능하게 만들어주지만, 동시에 우리를 제약할 수도 있다. 바로 이것이 정체성의 역설이다.

조직문화도 정체성의 역설과 충돌할 수 있다. 사업체, 정부 기관, 대학교, 종교 단체 등 정체성에 갇혀 변화를 거부하는 조직이 얼마나 많은가. 조직이 형성되는 초기에 당신도 이런 각본을 경험했을지 모른다. 초창기 구성원들은 '뭐든 된다'는 식의 개방적인 태도를 보인다. 처음에는 끊임없이 변화하는 환경에 굉장히 자유롭고 유연하게 대응하지만, 시간이 흐르고 조직이 성공하면 규칙과 규제, 절차, 역할이 따라온다. 자발성, 위험성, 흥분은 결국 사라진다. 잠정적이었던 정체성은 제도로 굳어진다. 이제 조직의 구성원은 가능성을 탐색하는 실험적인 방법에 도전하는 대신 그것(정체성)이 진짜 진리인 것처럼 굴기 시작한다.[13] 자연히 자리 잡은 습관들이 그렇게 구조화되는 것이다. 이것이 모든 정체성의 처지다.

사탄이 등장하는 농담이 있다. 그가 지상에 사는 인간들의 약점을 지켜보며 한 추락 천사와 대화를 나누는 장면이다. 사탄의 부하가 도움을 청한다.

"어쩌면 좋죠? 보세요, 한 인간이 진실의 조각을 손에 넣었어요!"

어둠의 왕자는 태연하게 대꾸한다.

"걱정 마라, 이들 인간이 그걸 관습화하려 들 거야. 그럼 다시 우리 것이 되겠지."

중년의 정체성은 자신의 과거를 관습화한 것이다. 정체성에 애착을 갖는 것은 당연하지만 그것이 진정한 자기의 전부는 아니라는 사실도 알아야 한다. 과거를 답습하며 살면 현재를 완전하게 살 수 없다. 에너지의 구조화(자아를 갖는 것)는 일관적인 삶의 필수 요소다. 형식도 필요하지만, 의식 차원의 인격이 역동적인 무의식과 대화하며 끊임없이 진로를 교정할 수 있게 될 때 우리는 가장 바람직한 삶을 이어갈 수 있다.

내면의 요구에 귀를 기울여라

앞서 살펴봤듯이 인생 전반기의 선택은 유전 및 문화의 영향 아래서, 특히 부모, 스승, 영웅, 연애 상대라는 본보기를 통해 이루어진다. 우리는 정체성을 확립하고 양식화한 방식들을 습득하여 세상을 이해하고 세상에 반응하고자 한다.

하지만 어느 날 아침 잠에서 깨서는 사는 동안 내내 중요한 뭔가가 빠져 있었던 것만 같은 느낌에 사로잡힌다. 그리고 지금껏 진리라 믿었던 것을 점검해보라는, 심지어 정반대의 것에도 진리가 있음을 알라는 내면의 요구가 들린다. 융이 당부했듯 성년 초기에 의지했던 진리와 가치가 무의미해질까 봐 두려워해서는 안 된다. 보편의 진리가 아니기에 그저 상대적인 의미로 변할 뿐이다. 그러나 자각의 과정에서 일어나는 내적 분리를 그냥 두는 건 자신을 혼돈과 상대성의 소용돌이로 내몰고 가장 가치 있었던 모든 것을 끝장내버리는 일로 보일 것이다.

'살지 못한 삶'을 탐색할 여유도 없을 만큼 바쁘게 지내기 위해 현대인이 과연 어디까지 갈지 궁금하다. 약물, 음식, 텔레비전, 쇼핑, 부, 권력, 기타 온갖 오락거리……. 유흥과 중독을 탐하는 이 시대 사람들의 욕구는 도무지 만족을 모르는 듯하다. 오랫동안 나는 우리가 무언가에 혼을 쏟길 피하는 까닭이 '미개한' 무의식적 특성들에 압도당할지 모른다는 두려움 때문이라고 믿었다. 그러나 알고 보면 우리는 소위 '원시 에너지'를 거부하는 것 이상으로 고집스럽게 최고의 잠재력에 저항한다.

개발되지 않은 채 우리 안에 남아 있는 것의 대부분은, 심리학적으로 말해 부담스러울 정도로 좋아서 그런 것이다. 무슨 헛소리냐 할 수도 있겠지만, 자신의 삶을 솔직히 들여다보면 그게 진실임을 깨달을 것이다. 우리는 종종 자신의 가장 고귀한 특성을 인정하지 않고 대신에 그것을 대체할 허깨비를 찾아낸다. 예를 들어, 영혼이 담긴 삶 대신 술병에 담긴 영혼에 만족한다. 신이 내리는 황홀경 대신 뭔가를 소비하거나 누군가를 소유하는 데서 오는 일시적인 고양감에 취한다. 언뜻, 자신의 최고 잠재력을 왜 다른 물건이나 사람에서 찾는지 의아해지기도 한다.

자아의 입장에서 볼 때, 숭고한 특성이 드러나면 인격 구조가 통째로 흔들릴 수 있기 때문에 자기 존재의 신성이 드러나는 일만큼은 막으려 아마 신경증적인 힘을 발휘해 그 힘이 다할 때까지 싸울 것이다. 고무적인 사실을 귀띔하자면, 중년기의 내면 작업은 구제 불능의 어두움만이 아니라 최상의 가치를 이끌어내기도 한다. 하데스에는 그저 상실과 비탄, 암울함만 있는 게 아니다. 그곳은 풍요로 가득한 변화의 땅, 삶의 새로운 가능성을 수확하는 약속의 땅이다.[14]

나의 콤플렉스는 무엇인가?

우리 안에는 습관이나 두려움, 게으름 때문에 어쩌면 흥미진진하고 성취감을 줄지도 모를 경험을 스스로 차단하는 자리가 있다. 자신의 콤플렉스(다시 말해 무의식)를 포착하는 간단한 방법은 지난주를 돌아보고 어떤 상황이 불편했는지 알아보는 것이다.

어디에서 누군가와 다퉜는가? 언제 어떻게 뭔가를 미루거나 피했는가? 자기변호에 실패했거나 누군가를 깔아뭉갰을 수도 있다(권력 콤플렉스). 남들을 기분 좋게 해주려다 정작 자신에게 필요한 것을 계속 희생했는가? 자신을 과시하거나 남들을 비하하는 식으로 과잉 보상을 꾀했는가(열등감 콤플렉스)? 어쩌면 지출과 관련된 일이었을지도 모른다(돈 콤플렉스). 친구와 주위 사람들의 잠재적 응원을 스스로 마다하는 일을 반복했는가(외톨이 콤플렉스)? 어떤 면에서 삶에 충실히 임하지 못했나? 이는 때로 어머니 콤플렉스라 불리는데, 유아기를 벗어나지 않고 덜 깬 상태에 머무르고 싶은 심리를 말한다. 성별에 얽매일 수도 그렇지 않을 수도 있으나, 주로 부모가 자녀의 발달을 지나치게 쥐고 흔들 때 어머니 콤플렉스가 나타난다. 남에게 좀처럼 털어놓지 않는 이야기는 무엇인가? 그 이유는? 창피해서? 갈등을 피하고 싶어서? 불편하거나 긴장되거나 예민해지는 때는 언제인가?

자각하지 않는 한 우리는 '살지 못한 삶'을 계속해서 남에게 투사할 것이다. 스스로 평가절하하고 거부하는 자기 안의 무엇, 그것으로 남을 비난하고 헐뜯을 것이다. 자신이 두려워하는 것, 그것 때문에 남과 싸우거나 도망칠 것이다. 자신에게 부족한 무엇, 그것을 채우려 남에게 의존할 것이다.

삶에서 일어나는 전형적인 상황의 수만큼 콤플렉스도 다양하다. 이러한 경험적 에너지의 집체는 과거 경험을 끄집어내어 우리를 보호하고 선택을 단순화하려 노력하지만, 또한 우리의 자유를 제한하고 우리를 과거에 묶어두기도 한다. 콤플렉스는 과잉 일반화의 오류다. 콤플렉스를 없앨 수는 없지만, 콤플렉스를 완화하여 반응 양식의 폭을 넓힐 수는 있다.

이렇게 반복되는 핵심적 관념을 바꾸려면 더 나은 자각이 필요하다. 먼저 노트를 마련하고, 막다른 길에 이른 기분이 들거나 한계를 느끼거나 위축감에 사로잡힐 때마다 언제, 어디에서, 어떤 일이 있었는지 적어보라.[15] 콤플렉스의 영향력을 자각하면서 자책하거나 좌절감에 빠지는 건 도움이 안 된다. 이 지하세계의 현상을 그저 담백하게 의식의 세계로 끌어올리기만 해도 삶이 바뀌기 시작할 것이다. 낡고 제한적인 프로그램을 하나씩 버릴 때마다, 우리 안에 억눌려 있던 잠재력은 점점 더 완전하게 모습을 드러낸다.

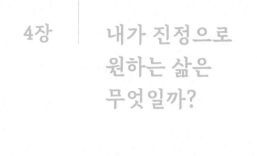

4장 | 내가 진정으로
원하는 삶은
무엇일까?

중년기에는 융이 절묘하게 표현했듯 "품위 있게 무의식으로 가는" 길을 찾아내야 한다. 언제나 의식의 긴장과 부담에 매여 살아가는 현실에서 대안을 찾는 건 자연스러운 일이다. 품위 있게 무의식으로 간다는 것은 내면으로 쏟아지는 온갖 정보의 잡음을 의도적으로 멎게 함을 의미한다. 단, 과도하고 무감각하게 일하거나 먹거나 취하거나 소비하거나 섹스에 몰두하거나 텔레비전에 빠지는 등 강박적이고 반복적인 행위를 통해 의식을 몰아내려 해서는 안 된다. 주의력을 발휘하면 습관적 패턴에서 벗어나 더 위대하고 완전한 무엇과 조화를 이룰 수 있다.

현대인이 콤플렉스라 칭하는 하데스의 그림자를 다스리려
면 지하세계의 에너지를 지켜볼 수 있는 조용한 전망대를 세
워야 한다. 그러지 않으면 오히려 그 그림자가 우리를 조종하
려 들 것이다. 자기도 모르게 자꾸만 비이성적인 행동을 일삼
는다면, 과거가 만든 행동 패턴이 우리를 쥐락펴락한다는 뜻이
다. 언제나 변함없는 존재의 기술을 배우고 익혀야만 편향적인
콤플렉스를 자기와 구분하고 변화시켜 더 깊고 원대한 자각을
이룰 수 있다.

　쌍둥이자리 신화의 카스토르와 폴룩스는 우리 안에 공존하
는 세속적 본성과 신성한 본성의 상징으로 해석되기도 한다.

카스토르가 상징하는 지상의 영역은 '행함_{doing}'으로 규정된다. 돈 쓰는 일부터 토요일 밤에 친구를 불러 놀러 가는 일까지 우리는 매일 온갖 일을 행한다. 특히 행해져야 마땅한 일들이 있다. 설거지, 청소, 가계부 정리 등은 분명 행위의 영역이다. 그러나 우리는 삶의 또 다른 면, 즉 '존재함_{being}'에도 똑같이 시간을 들여야 한다. 인간관계와 사랑이, 일상에 깃든 신성을 감지하는 것이, 한 줄기 햇살이나 새의 지저귐, 인간이 베푸는 친절에서 기적을 발견하는 것이 바로 '존재함의 영역'이다.

중년기는 재평가의 시간이다. 나이가 들면 존재함의 영역이 우위에 있어야 하기 때문이다. 중년쯤 되면 행함의 영역은 충분히 숙달했을 테니, 이제 일상적 행위의 일부는 자동으로 이뤄지게 두고 존재의 힘을 배우는 데 에너지를 투입할 수 있을 것이다.

현대인의 삶에 필요한 것

바쁘게 살아가는 우리는 자신의 자아보다 더 위대하고 오래 지속되는, 즉 생사와 시간을 초월한 실체 또는 힘과 연결될 시간과 장소를 마련해야 한다(폴룩스와 이어지길 간절히 원했던 카스토르처럼). 여기엔 일종의 연습이 필요하다. 현대인의 삶은 행함과 존재함이 완전히 분리된 상태이기 때문이다. 반성과 사색, 현존에 집중하는 시간을 따로 내는 수밖에 없다. 분별없이 백일몽을 꾸거나 그냥 멍하니 있거나 정신줄을 놓는 것과는 다르다. 어떠한 상황에서든 지고한 잠재력을 깨닫는 능력은 활기차게 존재하는 상태에서 출발한다.

때로 중년기에는 사춘기를 그대로 다시 겪는 것처럼 느껴지기도 한다. 정체성에 혼란이 오면 마음이 쉽게 흔들리고 겁먹는다. 나는 누구이며 내 삶의 목적은 무엇인지 새삼 의문스러워질 수도 있다. 나는 중년인 친구들에게 이런 농담을 자주 했다.

"아무래도 자동응답기 인사말을 다시 녹음해야겠어. '신호음이 울리면 당신이 누구이고 뭘 원하는지 말씀하십시오. (잠깐 뜸을 들였다가) 이런 질문에 정확히 답할 수 있다면 당신은 인생 후반전의 달인이십니다.'"[16]

우리 외부에 있는 세속의 영역에서 목적을 찾아 이루는 것(정시 출근, 프로젝트 완수, 세금 납부)과 내면, 즉 영원의 영역에 있는 더 높은 목적을 섬기는 것(아름다움, 사랑, 영성 추구) 중 어느 쪽이 더 중요할까? 인간의 의무를 이루는 두 가지 측면 중 하나에만 집중하고 다른 하나를 배제하면 카스토르와 폴룩스의 이별처럼 고통스러운 분리가 일어난다.

인간은 살면서 수많은 세속적 목적을 달성해야 한다. 업무상의 요구 처리, 가족 부양, 재정적 안정 달성 등 지상의 목적은 우리 삶에 중요하고 필요하지만, 또한 한시적이고 상대적이며 끊임없이 변한다.

중년 이후의 삶에서는 무엇을 행하는지가 그다지 중요하지 않다. 중요한 것은 자신의 행동에 끌어들이는 의식의 수준이다. 이는 올림포스의 신들과 시간을 공유하는 것이다.

우리는 '존재함'을 삶으로 초대할 수 있다. 존재함이 일어날 공간을 마련할 수 있다. 일정한 주기마다 원점으로 돌아가는 것이 중요하다. 베네딕트 수도사의 의식에 그런 숨은 뜻이 있다. 그들은 무슨 일이든 일곱 번을 행하면 거기서 멈추고 고요한 예배당으로 들어가 다시 원점에 선다. 그런 다음 밖으로 도로 나가 세상일에 헌신한다. 그러면 외적인 목적이 더 큰 내적 부름과 긴밀히 손잡을 수 있다. 평온한 마음가짐과 존재함의 초점을 행함의 영역인 실천으로 옮겨올 수 있다면 그야말로 최고의 성취다. 앞으로 나아가는 데 필요한 큰 그림을 갖추면 진전은 저절로 이루어진다. 이는 마치 외국어를 배우는 것 같다. 단번에 전부를 이해할 수는 없지만, 이 장에서 설명하는 방법을 반복하다 보면 차츰 숙달되면서 경이로운 새 힘을 얻을 것이다.

혼란스럽거나 슬프거나 외롭거나 심란할 때는 다 잊기 위해 더 활발히 움직이기보다 오히려 멈추는 것이 최선의 방책이다. 그저 가만히 앉아 자신의 숨소리를 들어보라. 가슴 꼭대기에서

밭게 올라오는 숨인가 아니면 깊고 느긋한 숨인가?

몸이 고요해지면 머릿속에서 끊임없이 지껄여대는 무의미한 잡음이 들릴 것이다. 자신을 향해 "조용히 해!"라고 호통을 친다고 해서 원점으로 돌릴 수 있는 건 아니다. 스님들은 쉼 없이 돌아가는 생각의 바퀴를 멈추려 하면 할수록 더 빨리 돌아갈 뿐이라고 말한다. 그러니 멈추려 하지 말고 가만히 지켜보라. 마음의 바퀴가 기력을 다해 저절로 느려질 때까지.

'가자, 가자, 가자'를 외치는 시대

지금은 무한경쟁의 시대다. 하던 일을 멈추거나 단지 속도만 줄여도 다른 누군가에게 따라잡히거나 추월당할 거라는 두려움이 현대인의 내면에 깊숙이 뿌리를 내렸다. 밤낮 없는 업무를 가리키는 '주7일 24시간'이라는 표현이 광고에 등장하고 대화에서도 부쩍 자주 쓰인다. "이 탈취제는 주7일 24시간 효과가 지속됩니다." "난 365일 주7일 24시간 일해." 이게 오늘날의 집단적 사고방식이다. 멈추면 안 된다. 가만히 있는 건 허용되지 않는다.

나는 동네 YMCA에서 수영하길 즐긴다. 자주 가는 터라 나를 아는 사람도 많다. 얼마 전에는 한 안전 요원이 나를 보고 다가왔다. 매니저에게서 내가 책 쓰는 사람이라는 얘기를 들었다면서, 회원들에게 격려가 될 만한 명언을 알려달라고 부탁했다. 잠시 곰곰 생각해보니 《우파니샤드》의 경구가 떠올랐다. "멈추어 섬으로써 우리는 달리는 이들을 앞지른다." 그 10대 소녀는 내 말을 잠시 곱씹어보더니 "말도 안 돼요!"라고 소리쳤다. 그러고는 회원용 칠판에 대신 이렇게 썼다. "가자, 가자, 가자!"

우리는 '가자, 가자, 가자!'를 외치는 사회에 살고 있다. 잠시 간의 휴식조차 갈수록 어려운 일이 되어간다. 공항에 가면 곳곳에 설치된 텔레비전 모니터가 끊임없이 뉴스를 전한다. 상점과 식당에서는 음악과 번쩍이는 영상기기가 감각을 폭격한다. 최근에 고립 탱크(흔히 감각 차단 탱크로도 칭한다)를 체험할 기회가 있었다. 고립 탱크는 빛과 소리를 차단하는 탱크에 피부와 온도는 같되 인체보다 농도가 높은 소금물을 채운 장치로, 그 안에 사람이 들어가면 자연히 둥둥 뜬다. 감각 차단의 효과를 시험하는 데 사용되며 명상과 기도, 휴식이나 대안의학에도 사용된다.

한 친구가 마음이 편해지고 평온해지는 경험이 될 거라며 나를 부추겼고, 내가 생각해도 삶의 분주함에서 벗어나기에 아주 좋은 장소인 듯했다. 금속 문이 닫히자 마치 관에 들어가 누운 것 같은 기분이었지만, 혼자 있기를 좋아하는 나는 그 적막감이 기대되었다. 그런데 몇 초 후, 탱크에 내장된 작은 스피커에서 쓸데없이 감상적인 음악이 흘러나오기 시작했다. 난 그 음악을 거의 20분 동안이나 억지로 들어야 했다. 마침내 문이 열렸고, 난 작동 기사에게 성질부리지 않으려 내게 있는 자제력을 모조리 끌어모았다. 도대체 음악은 왜 트는 거냐고 묻자, 그는 요즘 사람들 대부분이 완전히 조용한 상태를 못 견뎌하고 스스로 긴장을 놓는 법을 몰라 잔잔한 음악으로 유도하는 거라고 답했다.

삶의 속도를 늦추기는 어려워도, 우리에겐 삶의 긴장과 모순을 한데 모아 합칠 조용한 장소가 필요하다. 계속 행하기만 하면 안 그래도 복잡한 문제에 더 많은 에너지를 쏟는 꼴이다. 부부나 연인 관계가 원만치 않을 때 대개는 일단 여행을 떠올린다. '휴가를 내고 여행을 다녀오면 나아지겠지.' 글쎄다, 이 시대의 여행이란 보통 체력을 요하고 먼 거리를 오가며 아침부터 밤까지 부지런히 움직이고 돈을 써야 하는 일이다. 과연 도움이 되겠는가? 오히려 불화의 골이 더 깊어지기 십상이다. 여행이 갈등으로 이어지는 경우가 어디 한두 번이던가?

중년기에는 융이 절묘하게 표현했듯 "품위 있게 무의식으로 가는" 길을 찾아내야 한다. 언제나 의식의 긴장과 부담에 매여 살아가는 현실에서 대안을 찾는 건 자연스러운 일이다. 품위 있게 무의식으로 간다는 것은 내면으로 쏟아지는 온갖 정보의 잡음을 의도적으로 멎게 함을 의미한다. 단, 과도하고 무감각하게 일하거나 먹거나 취하거나 소비하거나 섹스에 몰두하거나 텔레비전에 빠지는 등 강박적이고 반복적인 행위를 통해 의식을 몰아내려 해서는 안 된다.

레이첼은 사는 게 엉망진창이고 삶의 속도를 스스로 제어할 수 없다며 상담을 청했다. 그런데 상담 시간마다 휴대전화를 들고 와서 전화를 받는 통에 정작 나와의 대화는 끊어지기 일쑤였다. 하루는 왈칵 짜증이 나서, 그녀에게 시간당 얼마를 버느냐고 물었다.

그녀가 자랑스레 대답했다.

"보통 한 시간에 120달러를 청구하죠."

"그럼 제가 한 시간만 당신을 고용할 수 있을까요?"

그녀는 내 제안을 받아들였다. 나는 그녀에게 한 시간 동안 의자에 앉아 아무 데도 가지 말고 아무것도 하지 말라고 했고, 그녀는 고용주인 내가 시키는 대로 따랐다. 그녀에게 필요한 일이라고 했다면 따르지 않았을 텐데, 120달러를 벌기 위해 내 말을 들었던 것이다. 레이첼로 하여금 행함을 멈추고 존재함을 깊이 생각하게 만드는 방법은 그것밖에 없었다.

주의력을 발휘하면 습관적 패턴에서 벗어나 더 위대하고 완전한 무엇과 조화를 이룰 수 있다. 우리에겐 기도와 명상으로 초월의 경지에 이르는 오래된 영적 전통이 있다. 그런 경지에 이르면 삶이 다시 흐르기 시작한다. 그리고 우주만큼 광대한 잠재력과 가능성이 열린다.

살기에 바쁜 나머지 우리는 삶을 경험하는 방식에 의문을 가질 틈조차 없고, 그래서 언제든 감지하거나 느끼거나 생각할 수 있는 것의 대부분을 무시해버린다. 그러나 엄연히 존재하는 것들이다. 의식을 확장하려면 반드시 관심을 기울여야 한다.

생각과 마음의 흐름 관찰하기

존재함이라는 집중적 자각을 일상의 행위로 끌어들이는 데 도움이 되는 훈련법이 있다. 일명 '행함과 존재함 뒤섞기 법'이다. 이 방법은 서서, 앉아서, 누워서, 뛰면서, 일하면서도 실행할 수 있다. 자동차 운전처럼 위험할 수 있는 상황만 아니면 된다.

> 누군가가 하는 말, 내 머릿속에 드는 생각, 명확히 보이는 주변 풍경 등 그 순간에 경험하는 내용을 자각하라. 자각은 세상의 내용물로 채워진다. 모든 것이 대상 항상성(object constancy, 대상에 대한 고정된 이미지_옮긴이)이란 걸 지녔으므로 정상적이고 견고한 진짜로 보인다. 이런 식의 경험은 일련의 고정된 인상이라는 현실의 순간순간을 사진 찍는 것과 같다. 이를 약 30초간 실행하라.

> 이제 자신의 자각을 존재함과 뒤섞어라. 마음이 가는 대로

뒤라. 존재함의 자각을 의도할 수는 없다. 자꾸 내용과 형식에 얽매이게 하는 예리한 관심의 매듭을 부드럽게 풀어주기만 하면 된다. 내면과 주위를 흘러 다니는 생의 기운을 감지하라. 몸속에서 변하는 감각에 집중하는 것부터 시작하라. 편안한가, 불안한가? 저도 모르게 조금씩 움직이고 있는가?

» 더 깊이 들어가자. 생각들 사이의 틈을 인식하라. 다음 생각이 일기 전에 예견할 수 있는지 보고, 그 틈새에 잠시 머물러라. 튀어나오려 하는 습관화된 생각을 관찰하라. 어떤 기분이고 무엇이 떠오르는지 주목하라. 판단하지 말고 그저 지켜보라. 여러 가지 사소한 생각과 이미지가 머릿속에 떠다닌다. 그 움직임을 주시하라. 세상을 견고한 진짜로 경험하게 하는 '마음' 자체가 끊임없이 변하고 움직인다. 이것은 사진보다는 동영상에 가깝다. 흐르는 화면을 그냥 보기만 하라. 이를 약 30초간 실행하라.

» 이제 다시 행함을 자각하라. 행하는 내용은 외적 자각일 수도 내적 자각일 수도 있다. 외부 세계를 보고 듣고 냄새 맡는 것일 수도 있고, 머리로 말하거나 생각하는 것일 수도 있다. 존재함에 빠져 방향을 잃었다면, 질문을 통해 행함으로 돌아와라. '열쇠를 어디에 뒀더라?' '지갑은?' 이 두 가지 질

문은 현대인을 행함에 집중하게 하는 효과적인 신호다. 열쇠와 지갑은 자신의 정체성과 밀접한 관계가 있기 때문에, 이런 질문을 통해 행함으로 돌아오면 현실의 윤곽이 더욱 선명해진다. 순식간에 자아가 바짝 각성하는 것이다.

행함과 존재함 뒤섞기를 하루에 한두 번씩 실행해보라. 단 몇 분이면 된다. 몇 분의 짬도 없을 만큼 바쁘다면, 어딘가에서 줄을 서는 동안 초조해하거나 분통을 터뜨리는 대신 이 훈련을 해보라. 잠자리에 누워 잠들기 전까지 실행하는 것도 좋은 방법이다. 적극적으로 이끌다가도 다음 순간 그저 따라가기도 하는 사교춤처럼, 행함과 존재함 뒤섞기 과정에서 의도적으로 관심의 대상을 바꿔라. 행함…… 존재함…… 행함…… 존재함……. 자각의 속성을 변화시키는 법을 익히도록 하라.

2장에서 밝혔듯이, 인생 전반기에는 실현되지 않은 잠재력을 영웅과 스승, 나아가 연인에게 투사함으로써 성장한다. 인생 성숙기에 들어선 우리는 지금껏 무의식이었던 것을 의식화하고 아직 실현하지 않았지만 우리 안에서 무르익은 잠재력을 되찾아 성장기에 분리된 에너지의 점진적인 통합을 이뤄내야 한다.

언젠가 융은 심리치료에 대해 촌철살인의 평을 남겼다. 심리

치료는 본질적으로 두 가지 문제를 안고 있는데, 인생 전반기에는 사람들을 삶의 흐름 속으로 밀어넣고는 후반기에는 다시 끄집어낸다는 것이었다.

나이가 들면 투사를 그만두고 삶으로 들어갈 수 있고 또 그것이 바람직하다. 습관적이고 제한적인 사고 및 행위 양식, 즉 콤플렉스도 고칠 수 있다. 삶의 소용돌이 중심에 있는 고요한 지점을 존중함으로써 우리는 새로운 방식으로 경험할 수 있는 능력을 얻는다. 우리는 상징을 통해 강력하지만 보이지 않는 무의식의 에너지와 직접적으로 연결될 수 있다. 그래서 인생 후반기로 갈수록 상징이 점점 더 중요해진다. 세상을 오직 보이는 대로만 읽으며 삶의 껍데기를 붙잡고 존재하는 대신, 똑같은 세상을 상징적으로 이해하면 아마 매일의 경험에 새로운 깊이와 의미가 생길 것이다. 이에 대해선 이어지는 5장에서 설명하겠다.

나는 어떤 존재인가?

이번 훈련에는 함께할 짝이 필요하다. 방해받지 않을 조용하고 편안한 장소를 마련하라. 짝과 마주 보고 앉는다. 짝이 먼저 묻는다.

"당신은 누구입니까?"

머릿속에 떠오르는 대로 대답하라.

"나는 작가이자 좋은 친구, 아내, 딸, 어머니입니다."

그러면 짝이 들은 대로 다시 말한다.

"난 당신이 작가이자 좋은 친구, 아내, 딸, 어머니임을 압니다."

대부분 사람들은 우선 외적 역할과 사회적 정체성을 반영해 자신을 정의한다. 그리고 직업, 명함, 취미, 소유물이 자신의 개성을 드러낸다고 여긴다.

다음으로 짝이 다시 묻는다.

"당신은 누구입니까?"

이번에는 다른 식으로 답해보자. 더 깊이 생각하면 자신의 내적 특성이 떠오르기 시작할 것이다.

"자주 화가 납니다. 외로움을 느끼고, 슬프기도 해요."

같은 내용을 현재형, 능동형으로 바꿔 표현해보라.

"난 자주 화를 냅니다."

"난 외롭습니다."

"나를 관통하는 슬픔이 있습니다."

다시 한번, 짝이 들은 대로 되풀이해 들려준 다음 또 묻는다.

"당신은 누구입니까?"

훈련을 진행하는 동안 최선을 다해 자기 정체감의 깊이를 더하도록 애써보자. 나라는 존재의 보편적인 면면을 고찰하라.

"난 언젠가 반드시 죽습니다."

"나는 고통받는 존재입니다."

"나는 사랑합니다."

여기서 예로 든 대답을 모방하지 마라. 자연스럽게 떠오르는 대로 답하면 된다. 가장 먼저 생각나는 답이 가장 좋은 답이다. 짝은 다시 들은 대로 되받아넘기고 나서 똑같이 묻는다.

"당신은 누구입니까?"

이 대화를 약 30분간, 또는 내가 누구인가에 대한 이분적 개념이 바닥날 때까지 이어간다. "나는……" 이후로 더 답할 것이 없는 지점에 이르면, 가만히 눈을 감고 존재함의 영역에 머무른다.

5장 │ '상징'을 통해
편향된 삶을
바로잡다

삶을 조정하여 잠재력을 표출하면서 '살지 못한 삶'을 현실화하는 방법이 유용할 수도 있다. 하지만 이 방법은 현실성이 없거나 불가능한 경우가 많다. 지금껏 열심히 만들어놓은 삶을 뒤엎을 필요는 없다. 가지 않은 길을 향한 허기는 상징적 경험을 통해 채울 수 있다. 많은 경우 '살지 못한 삶'이 현재의 삶보다 딱히 멋지거나 굉장하지도 않고 그저 다를 뿐임을 깨닫게 될 것이다. 여기서 중요한 건 상징을 통해 '경험'한다는 것이다. 참된 존재함에 꼭 필요한 에너지는 어떤 식으로든 표출되어야 하기 때문이다.

레다가 남편인 스파르타 왕 틴다레오스와 올림포스의 제왕 제우스의 아이를 동시에 가진 사건은 카스토르와 폴룩스가 짊어질 운명의 모태가 되었다.

　그런데 이 신화에는 다른 설이 있다. 제우스는 밤의 여신인 닉스의 딸 네메시스에게 반했다. 제우스와 엮이기 싫었던 네메시스는 수치심과 의분에 치를 떨며 달아났다. 대지를 가로지르고 흑해를 건너기까지 했는데도 어딜 가나 제우스가 쫓아왔다. 네메시스는 동물로 모습을 바꾸어가며 제우스를 피해 다녔다. 그렇지만 그녀가 백조로 변신했을 때 하필 제우스도 백조가 되어 둘은 관계를 맺게 되었다. 이후 네메시스는 헬레네와 폴룩스를 품은 알을 낳았다. 레다가 그 알을 발견하여 궤에 숨겼다. 레다의 친자식인 카스토르와 클리타임네스트라가 태어나던 날, 헬레네와 폴룩스도 알을 깨고 세상에 나왔다. 레다는 그 아이들도 자신의 자녀로 삼았다.

어떤 설이 맞을까? 카스토르와 폴룩스가 둘도 없는 친구로 자라지만 결국 고통스러운 이별을 겪어야만 한다는 측면에서는 두 가지 설이 일치한다. 그렇다면 신화의 세부 내용은 무시해도 될까? 고대의 이야기를 역사적 사실로만이 아니라 인간 심리에 관한 시대 불문의 진실로도 읽어내려면, 그것이 내면의 이야기임을 명심해야 한다. 신화는 기능도 형태도 다양하다. 다시 말해 문화와 시대에 따라 의미가 달라질 수 있다는 얘기다. 한 사람의 삶 안에서도 그 시점에 따라 신화의 의의가 변하기 마련이다. 관념적 진실 자체가 아직도 밝혀지지 않은 신화는 없지만, 그 의미와 의의는 정교하고 복잡하게 표현된다.

고대의 다양한 이야기에 우리 삶의 매우 중요한 경험이 녹아 있다는 점에서 그리스신화는 정말이지 감탄스럽다. 인간 심리와 삶의 복잡성과 궁극적 신비를 이해하는 방법은 다양한 이야기를 많이 읽고 깊이 생각하는 것뿐이다.

이 이야기를 비롯해 진실을 상징하는 전 세계의 이야기는 깨달음으로 향하는 영혼의 모험에 지도와 같은 역할을 한다. 삶에 관한 모든 것은 상징으로 읽힐 수 있다(살면서 맞닥뜨리는 온갖 사건에 자아를 끌어들여 의미를 재구성함으로써 우리 존재의 틀을 다시 짜는 식으로 말이다). 사실, 상징적 삶을 통해 우리는 '살지 못한 삶'으로 인한 후회와 낙담, 한계를 넘어 의미와 성취감을 얻을 수 있다. 신화적 감수성은 영적 경험을 가능하게 한다. 예수가 말한 대로 천국은 온 땅에 퍼져 있으며, 다만 우리가 보지 않을 뿐이다. 자신이 아닌 것과의 만남을 통해 우리는 더 큰 자각을 경험한다. 직관적으로 파악할 수 있는 신비는 신비라 할 수 없을 것이다.

가지 않은 길을 상징으로 경험하기

언어를 통해 인간은 사물과 현상을 지칭하여 의미를 전달하고자 한다. 때로는 상세히 표기하지 않은 용어나 이미지가 사용되기도 한다. 예를 들어 현대인은 UN, UPS, LAPD 같은 약어를 자주 사용한다. 이들 약어를 아는 사람들은 각각 United Nations(국제 연합), United Parcel Service(미국의 운송회사), Los Angeles Police Department(로스앤젤레스 경찰서)라는 고유의 뜻으로 이해한다. 이런 용어들은 기호다.

반면 상징은 하나가 아닌 여러 가지 의미와 요지를 내포한다. 어떤 용어나 명칭, 이미지가 그 자체로 우리에게 익숙한 뜻만을 전달하는 것이 아니라 거기에 함축되고 적용된 모호하거나 잘 알려지지 않은 의미를 가리키기도 할 때 그것은 상징이 된다. 대표적인 예로 십자가가 있다. 기독교인에게 십자가는 두 직선을 가로질러놓은 모양 이상의 의미를 지닌다. 십자가는 엄밀히 정의하거나 확실히 설명할 수 없는 광범위한 무의식적 특성을 담고 있다. 융은 상징을 탐구할 때 우리의 정신이 이성과 논리를 넘어선다고 밝혔다. 합리적 이해의 범위 밖에도 헤아릴 수 없이 많은 것들이 존재한다.

상징이라는 통합 능력은 인간의 삶에서 가장 심오하고 강력한 비밀에 속한다. 그 능력은 전 세계의 위대한 종교, 미술, 시, 음악, 과학, 문화에서 구현된다. 우리에겐 상징의 삶이라는 유서 깊고 풍부한 유산이 있지만, 문화적 전통에 담긴 여러 상징과 우리의 관계는 언제부턴가 틀어지고 말았다. 현대사회는 여전히 상징의 삶이라는 능력을 요함에도 불구하고 그 능력을 잃어버렸다.

삶을 조정하여 잠재력을 표출하면서 '살지 못한 삶'을 현실화하는 방법이 유용할 수도 있다. 하지만 이 방법은 현실성이 없거나 불가능한 경우가 많다. 가령 죽은 부모나 배우자를 통해 오래된 상처를 치유하거나 내적 경험을 통해 신과 대화를 하는 정도만 가능할 뿐이다. 건드리지 않은 잠재력을 내면에서 즉 상징의 삶 차원에서 경험할 때, 그 경험은 보다 깊어지고 강렬해지며 개인을 더욱 발전하게 한다. 수많은 현실이 상상 차원에만 머무른다. 상징적 삶을 탐험하기로 마음먹는다면, 가지 않은 어떠한 길이 내면에 자리해 있건 그 길을 걸어볼 기회는 여전히 열려 있는 셈이다.

실행할 수 없지만 꼭 해보고 싶은 몇 가지 일을 떠올려보라. 키가 작아서 항상 큰 키를 동경했을지도 모른다. 열대 낙원에서 살기를 언제나 꿈꿨지만 도무지 실현 가능성이 없었을 수도 있다. 또는 날씬하거나 예쁘길, 머리가 더 좋거나 운동을 더 잘하길 늘 바랐을 수도 있다.

상징적 삶은 이러한 딜레마를 해결할 유일한 방법이다. 상상이라는 특별한 형식 안에서 우리는 '살지 못한 삶'을 살아보고 택하지 않은 길을 택했을 때의 느낌을 알아낼 수 있다. 그 길의 장점과 단점을 모두 경험하게 될 것이다. 여기서 핵심 단어는 '경험'이다. 상상력을 통한 경험도 엄연히 경험이며 그 경험이 우리를 변화시키기 때문이다. 의지와 진정성을 갖고 적극적으로 임한다면, 내적 경험은 심리적으로 진짜가 될 수 있다. 이 기술은 백일몽이나 소극적인 환상, 과대망상과는 거리가 멀다. 진정으로 노력을 기울여야 한다. 시간을 들여야 하고, 집중력과 열린 마음가짐이 필요하며, 의식 차원의 관점을 희생할 각오도 있어야 한다. 그리하여 부지불식간에 자동적으로 벌어지는 내면의 작동 과정을 늦출 수 있어야 한다.

'적극적 상상active imagination'이라는 매우 효과적인 이 기술은 꿈의 내용을 말로 옮기는 것과 비슷한데, 6장에서 단계별로 자세히 다룰 예정이다.

내면에서, 나아가 상상 속에서 상징적 이미지들이 떠오르면, 그 형상들과의 대화와 교류가 시작된다. 그리고 자신에 대해 전혀 알지 못했던 것들이 밝혀질 것이다.

지금껏 열심히 만들어놓은 삶을 뒤엎을 필요는 없다. 가지 않은 길을 향한 허기는 상징적 경험을 통해 채울 수 있다. 많은 경우 '살지 못한 삶'이 현재의 삶보다 딱히 멋지거나 굉장하지도 않고 그저 다를 뿐임을 깨닫게 될 것이다. 그러나 경험한다는 것이 중요하다. 참된 존재함에 꼭 필요한 에너지는 어떤 식으로든 표출되어야 하기 때문이다.

분열된 것을 하나로 합치는 상징의 힘

상징은 거의 영혼만큼 강력하고 그 개념을 정의하기 어렵다. 다만 서로 이어진 상징symbol과 심벌cymbal의 어원에서 이해의 실마리를 찾을 수 있다. 상징의 사전 풀이는 '특히 비가시적인 것을 경험하게 하기 위해' 연상으로써 다른 것을 나타내는 단어나 이미지다. 심벌의 뜻은 '맞부딪치다'인데, 두 개의 놋쇠를 맞부딪쳐 소리를 내는 오케스트라 타악기를 떠올리면 되겠다. 다시 한번 우리의 길잡이인 고대 그리스로 돌아가자. 상징과 심벌이라는 단어의 뿌리가 '만나게 하다'를 뜻하는 '숨발레인 sumballein'이니만큼, 해체되거나 따로 떨어지거나 제쳐진 부분을 다시 합치는 것이 상징의 과정이라 해석해도 좋겠다.

상징의 힘은 자아의식의 대극을 치유한다는 데 있다. 단어는 현실을 고정된 실체로 규정한다. 그러나 상징은 인간의 언어에 매우 특수한 기능을 제공한다. 상징적으로 쓰이지 않은 언어 행위는 확인, 구별, 서술의 의미가 있고 한 단어는 하나의 특정한 대상을 가리킨다. 반면 상징은 의미에 제한이 없다. 상징 언어는 각각의 대상을 구별하기보다 한데 섞는다. 가령 시에 등장하는 꽃의 의미는 다양한 가능성에 열려 있다. 의식화한 정신이 상징을 탐구하다 보면 이성의 이해력 너머에 있는 관념들을 만나게 된다. 그러므로 상상의 내용과 관계를 맺을 때는 비합리적이고 평소 자신의 심적 경향에 맞지 않는 것들도 받아들여야만 한다.

앞에서 언급했듯이, 인간이 무의식중에 상징을 만들어낸다는 사실은 특히나 흥미롭다. 손에 펜이나 붓을 들고 앉아 의도적으로 상징을 만들기는 쉽지 않다. 광고나 선전물처럼 상징을 의도한 시도의 결과물은 대개 기호다. 운전하는 사람이라면 빨간색이 정지 신호이고 브레이크를 밟아 차를 멈추라는 뜻임을 안다. 이처럼 기호는 의식적 사고로 연결되는 액면 그대로의 뜻을 갖는다. 기호는 단일한 본뜻만을 전달하지만, 상징은 다양한 해석이 가능한 여러 가지 의미를 담는다. 상징은 무의식 안에서 산다(심지어 무의식이라는 개념조차 상징에 속한다).

매일 밤 꿈에서도 상징은 자연스럽게 생겨난다. 꿈은 일부러 꾸는 게 아니라 저절로 나타나는 것이기 때문이다. 꿈은 무의식에서 끌어왔음직한 상징을 활용해 우리 존재의 각기 다른 에너지를 통합한다. 저녁에 먹었던 과일 샐러드가 꿈에 나온다면, 꿈속의 그 과일 샐러드는 단순히 본인이 아는 대로 그날 저녁 메뉴만을 뜻하는 게 아니라 무언가를 상징하는 것일 수 있다. 상징은 의식이 별개로 여기거나 심지어 대립한다고 보는 여러 특성이나 관념, 경험 들을 하나로 합친다.

상징적 삶을 잃어버린 대가

우리는 합리성과 욕망과 물질주의에 잠식당해 예로부터 이어져온 수많은 상징의 능력을 잃어버렸다. 어쩌면 시대가 변했으니 상징의 필요성에서도 벗어났다는 착각에 빠졌는지도 모른다. 지식을 얻기 위한 비합리적인 방식이 사라지자, 진공이 생겼다. 그 공간은 우리의 허기를 알고 거기서 이득을 취하기도 하는 현실 세계의 제물들 또는 우리 자신이 만들어낸 신경증적 습관들을 빨아들인다. 상징적 행위를 선택하거나 안 함에 있어 우리는 생각보다 자유롭지 않다.

주기적 금식은 수많은 전통에서 의미 있고 상징적인 행위로 계승해온 반면, 끝없는 다이어트는 무의식 속의 심오한 뭔가와는 아무 상관도 없는 저급한 습관이다. 하지만 우리는 경건한 단식을 실천하는 대신 다이어트의 노예가 되었다. 삶의 문턱을 넘을 때면 신의 가호를 비는 대신 거울에 비친 자신의 모습을 몇 번이고 확인하거나 머리카락을 꼬거나 담배를 피우거나 커피를 마신다.

상징의 깊이와 연결되는 끈은 대부분 끊어졌지만 상징의 능력과 상징에 대한 감수성은 여전히 존재한다. 저절로 떠오르는 상징을 관찰하고 자신의 상황에 맞는 간단한 의식ritual을 만들어 그 상징과 연결하면, 상징의 삶이라는 옛 능력을 대부분 다시 경험할 수 있다.

아픈 두 다리와 대화를 나누다

여기서 상징적 삶의 원칙을 정하는 데 도움이 되는 구체적인 사례를 들어볼까 한다. 내게는 어릴 적 사고로 생긴 신체장애가 있다. 몸이 손쓸 수 없게 망가지면 한계가 생기고 어떤 잠재력은 없어져버리기도 한다. 내 경우, 달릴 수 없다는 제약이 있다. 어떤 능력을 잃거나 개발하지 않으면, '살지 못한 삶'이 잔뜩 생겨난다. 누구나 달리는 능력을 타고나지만, 그 능력을 빼앗기고 나면 사실상 되돌릴 방법이 없다. 어둠에 묻혀버리고 만다.

달리기라는 내 '살지 못한 삶'은 그대로 두면 신경증의 형태로 나타난다. 어린 시절 내내 나는 바다로 나가는 배와 운동선수를 몹시 좋아했지만, 결코 선원이나 운동선수가 될 수 없었다. 그렇게 되고 싶은 갈망은 마음속에 시끄럽게 존재하면서 언젠가 의식을 침입하여 어떤 증상으로 나타날지 모른다며 나를 위협했다.

상징적 삶은 갈라진 두 조각을 모아 다시 합치는 과정을 요한다는 사실을 상기하자. 내 경우 그 두 조각은 무엇일까? 하나는 인간의 타고난 달리기 능력과 그 능력을 표출하면서 얻는 자유라는 감각이요, 다른 하나는 달리는 능력을 상실한 현실이다. 그야말로 모순이다. 나는 음악과 글쓰기 같은 다른 재능을 개발하기로 했고, 결국 할 수 없었던 항해와 달리기, 운동은 나의 '살지 못한 삶'이 되었다.

상징은 분리된 두 조각을 양쪽 모두에 효과적인 수준으로 통합한다는 점에서 특히 신통하다. 아주 간단히 설명하자면, 상징적 행위란 뭔가를 하는 동시에 하지 않는 것이다. 상반된 두 힘을 한데 합칠 수 있게 된다면, 우리는 중요한 길 안으로 자유롭게 놓여날 것이다.

그렇다면 내 경우처럼 달리지 못하는 갈증을 상징적 행위로 어떻게 해결할 수 있을까? 달리기를 대체할 다른 활동으로 그 욕망을 승화시킬 수는 있겠다. 선원이 되는 대신 배편을 예약해 여행하는 것도 좋고, 바다가 내다보이는 집을 사거나 바다 생활에 관한 이야기를 즐겨 읽을 수도 있다. 내가 다 해본 방법이다. 운동선수가 되는 대신 야구 카드를 수집하고 경기를 관람하는 것도 괜찮다. 역시 나는 다 해봤다. 그러나 대체 활동을 아무리 열심히 해도 어쩐 일인지 달리기를 향한 내적 욕구는 좀처럼 채워지지 않았다. 나는 얼굴에 바람을 맞으며 1,500미터를 4분 만에 주파하는 기분에 대한 환상에 젖어들었다.

내게 필요한 건 상징적 행위였다. 대극의 충돌을 다른 형태로 바꾸려면, '살지 못한 삶'에 속하는 행위를 하는 동시에 하지 말아야 한다. 다시 말해, 있는 그대로가 아니라 상징적으로 생각해야 한다.

나는 상상 훈련을 개발해 불편한 두 다리와 대화를 나누었다. 이 의식을 만들던 중에 누군가에게 내 모습을 들켰다면 조금 창피했을지도 모르겠다. 하지만 개인 공간인 집에서 상징적 행위를 실천하는 동안 나는 상당한 해방감을 느꼈다. 내가 상징적 삶의 힘을 비로소 이해하게 된 계기이기도 했다. 내 욕망을 실현해주고자 아주 오랫동안 두 다리가 애쓴 이야기에 난 적잖이 놀랐고 결국은 감동의 눈물까지 흘렸다.

나 왜, 도대체 왜 나한테 이런 일이 생긴 거지?

다리 그럼 누구한테 생겨야 하는 일인데?

나 아무한테도 생기면 안 되지! 너무 불공평하잖아.

다리 맞아. 삶은 공평하지 않아.

나 내 잘못이 아니잖아. 난 그냥 어린애였어. 잘못된 때에 잘못된 곳에 있었을 뿐이지.

다리 그것도 맞아. 그런데 넌 왜 이렇게 날 미워해?

나 너 때문에 사람들이 날 깔보고 비웃잖아. 내 삶의 중요한 부분이 사라졌다고. 어릴 적에 애들하고 편 갈라 놀 때마다 맨 마지막에 뽑히거나 아예 안 뽑혀서 늘 창피했단 말이야. 다른 사람들과 친해질 수 있었는데 어색해지거나 그럴 기회가 그냥 사라져버리기도 했지. 네가 제 기능을 못하는 바람에 난 숱하게 거부당해야 했어.

다리 난 네가 평생토록 열정을 불사를 수 있게 최선을 다했는걸.

나 그건 알지만……. (분노가 무너져내리고 슬픔이 북받쳐 눈물이 난다.)

다리 쉬는 시간에 뛰놀 수 없었기 때문에 넌 삶의 다른 부분에
    서 달리는 법을 배웠어. 남을 동정하고 다름을 받아들일
    줄도 알게 됐지. 달리지 못하게 되면서 처음으로 네 천상
    의 영역을, 내면의 황금빛 세상을 경험할 수 있었던 거야.

나 그래, 하지만 내 안의 갈증은 사라지지 않았어. 여전히 4분
    에 1,500미터를 달리고 싶다고.

다리 실제로 해보지도 않으면서 어떻게 4분에 1,500미터를
    달리겠다는 거야?

나 뭐라고???

대화는 여기서 끊겼다. 몇 번을 되풀이해도 마찬가지였다.
그런데 어느 순간 이미지 하나가 떠올랐다. 우스꽝스러워 보였
지만 정말 그랬다. 두 개의 이쑤시개가 널빤지를 가로질러 가
는 광경이었다. 난 이 아이디어를 현실로 옮겨 실제로 이쑤시
개를 달리게 하면서, 머릿속으로는 어릴 적 집 근처에 있었던
들판을 내달리는 상상을 했다. 얼굴엔 바람이 스치고 발치에선
메뚜기들이 톡톡 튀어 달아났다. 난 현실에서는 결코 경험할
수 없을 달리기의 자유를 상징적 차원에서 맛보았다. 상징 행
위를 개발하려 한 나의 첫 번째 빈약한 시도였다.

또 다른 사례가 있다. 한 친구가 최근 아버지라는 신분의 부
담감을 토로했다. 친구 부부는 10년이 넘도록 자유롭게 여행

을 다녔다. 파리 같은 문화 중심지로 가서 미술관과 박물관을 섭렵했고, 고급 식당에서 느긋하게 저녁 식사를 즐기며 부부 간 애정의 깊이를 더하기도 했다. 그런데 2년 전 첫 아이가 태어나면서 삶이 180도 달라졌다. 게다가 이제는 곧 둘째가 태어날 예정이라고 했다.

"다시는 예전의 삶으로 돌아갈 수 없어"라고 친구는 단정하듯 말했다. 때로는 혼자 있고 싶고, 문화를 향유하고 싶고, 아내와 조용히 오붓한 시간을 보내고 싶다고 했다. 우리는 그의 이런 갈증에 대해 이야기를 나누었고, 상징 행위를 통해 이를 해소할 방법을 함께 궁리했다. 몇 주 후 그 친구로부터 기쁜 소식이 들려왔다. 추수감사절이면 '의무적으로' 처가에 들러야 하는데, 이번에는 그 참에 두 번의 짬을 낼 수 있었다는 것이다. 장인과 장모가 아기를 돌봐주시는 동안 아내와 단둘이 근처 숲길을 45분 동안 산책했고, 집으로 돌아오는 길에도 몇 군데 화랑과 골동품점에 들렀다고 했다. 친구가 말했다. "숨통이 좀 트이더라. 그러니까 마음도 한결 너그러워지고."

자, 평생 이룰 수 없겠지만 꼭 이뤄야 한다고 느끼는 몇 가지를 떠올려보자. 배가 불룩 나왔다면 아마 날씬한 몸매를 원할 것이다. 어쩌면 결혼 생활이 지루하게 느껴질 수도 있다. 아니, 결혼 생활은 핑계일 뿐 정작 바라는 건 다른 무언가인지도 모른다. 혹은 홀가분하게 떠나 세상 구경을 하고 싶지만 노쇠하거나 편찮으신 부모님을 돌보느라 다른 건 신경 쓸 겨를이 없을 수도 있다. 현실에서 실천해본 적 없는데 마음속에서 자꾸만 충동이 이는 것은 무엇인가? 그것은 당신의 삶에서 어떠한 신경증적 증상으로 나타나는가?

엉뚱한 사랑에 빠져들지 않으려면

또 다른 예를 들어보자. 지금 사귀는 애인이나 함께 사는 배우자가 아닌 다른 누군가를 사랑하게 됐다고 가정해보자. 옳건 그르건, 도덕적이건 아니건 간에 당신은 어딘가에서 비롯된 매력에 진정으로 빠져든다. 앞에서 언급했듯이, 신은 인간을 성욕이 있는 생명체로 만드셨다. 성욕은 자연스러운 것이자 강한 본능이지만, 우리가 사는 문명의 세계에는 타인의 삶을 함부로 망가뜨리면 안 된다는 규범이 있다. 그럼 어떡해야 할까?

진짜 경험을 가능하게 하는 건전한 대안이 있다. 자신의 삶에 이 욕망의 자리를 마련하는 것이다. 바람을 피워서 무의식중에 욕망을 행동으로 드러내지는 마라. '살지 못한 삶'의 피해자가 되고 싶지 않다면 말이다. 그 대신, 어째서 이런 열정이 삶에서 빠져 있는지, 그 이면에 어떤 허기가 숨어 있는지 깊이 생각해보라.

코트니도 그런 딜레마에 맞닥뜨린 사람이었다. 그녀는 이럴 수도 저럴 수도 없는 상황에 처해 나를 찾아왔다. 언제나 착하고 성실하게, 전통의 관점에서 반듯하게 살아온 그녀였지만 마음속 어딘가에는 깊은 분노가 자리해 있었다. 코트니는 딱히 흠은 없지만 왠지 따분하고 뻔한 집안의 남자와 결혼하여 작은 동네에 살림을 차렸다. 그러던 중 동네 이웃인, 인도에서 해외 유학 프로그램을 운영하는 대학교수가 그녀의 눈길을 끌었다. 그는 세상 경험이 많고 열정적이며 활력과 기품이 넘쳤다. 하나같이 코트니의 삶에는 없는 것들이었다.

앞서 말했듯이, 하나를 선택하면 다른 무언가는 반드시 선택에서 '제외'된다. 선택에서 제외된 것은 문제의 씨앗이 된다. 그냥 내버려두면, 바이러스처럼 무의식의 어딘가에 잠복해 있다가 언젠가 큰 화를 일으키고야 말 것이다. 코트니는 관습에 순응하는 삶을 선택했지만, 한 동네로 이사 온 남자에게서 보이는 특성들을 향한 동경은 사라지지 않았다.

너무 단순화한 감은 있지만 아주 유용한 보편적 원칙을 적용해보자. 어떻게 하면 '살지 못한 삶'을 표출하는 동시에 표출하지 않을 수 있을까?

유부남인 이웃을 사랑하게 되어 열렬한 관계로 빠져든다면, 주변 사람들에게 치명적인 상처를 안길 수밖에 없다. 어쩌면 욕망을 억누르고 그런 감정이 없는 척하는 것이 현명한 대안

인지도 모른다. 그러나 어느 쪽도 만족스럽진 않을 것이다. 결국 불행한 결말이 예정된 두 가지 선택 사이에 갇히는 셈이다.

심리적 갈림길에서 무의식적으로 반응하는 대신 그 딜레마를 찬찬히 짚어볼 수 있다면, 그것을 더 온전한 존재가 되는 데 사용할 수도 있다. 가장 먼저 할 일은 그 남자가 당신의 눈에 유독 빛나 보이는 이유를 밝혀내는 것이다. 그의 어떤 점이 그토록 특별한지 하나하나 적어보라. 목록에는 자신감, 섹시함, 세계를 경험한 이력, 기품 등이 적힐 수도 있고, 어쩌면 '나쁜 남자'라는 표현이 등장할지도 모른다. 목록을 이어가다 보면, 이런 특징이 어느 정도 자기 자신의 것임을, 즉 자신의 내면에 있지만 아직 발견되지 않았거나 실현할 기회가 없었던 가능성임을 깨치게 된다.

우리는 이러한 자기 안의 가능성과 연결될 방법을 기필코 찾아내야만 한다. 그런 특징을 연인에게서 보길 바라거나 엉뚱한 차원에서 실현하고자 한다면 그 자체로 비극일 뿐 아니라 엄청난 상처와 고통을 낳을 수도 있다. 타인의 빛나는 특징은 사실 자기 자신 안에서 무르익을 대로 익은 잠재력이다. 그렇게 '살지 못한 삶'을 상징적 방식으로 존중하고 성장시킬 방법을 찾아내야 한다.

예를 들어, '나쁜 남자'에게 끌린다면 아마 그건 당신이 너무 성실차고 순종적으로 산다는 신호일 것이다. 착하게만 살려고 너무 애쓰다 보니 다른 면이 삶의 균형을 맞추라고 외치는 소리일 수도 있다(이는 성직자, 정치가, 유명인의 가족 등 무조건 '착해' 보여야 한다고 여기는 사람들이 흔히 안고 있는 문제점이다. 언젠가는 그들의 '나쁜' 면이 어떤 무의식적 태도로 드러나기 마련이다).

어떻게 하면 규칙을 살짝 비틀 줄 알고, 더 능동적으로 사고하고 행동하며, 자기 안의 '나쁜' 면을 인정하고 받아들일 수 있을까? 애초에 어째서 이 특성을 키우지 않게 되었는가? 그런 면을 드러내지 못하게 하는 강한 신념이 있는가? 어중간한 사람으로 삶을 끝마치기 싫다면, 인격의 빠진 조각을 채워서 더 깨어 있고 더 온전한 존재가 되어야 한다. 융 심리학 용어인 '그림자'를 이 책의 목적에 맞게 이해하자면 '개인 내면의 무의식적인 모든 것'을 일컫는다. 그리고 '살지 못한 삶'이란 그림자 중에서 인격에 통합될 수 있고 통합되어야 하는 부분이라 할 수 있다. 우리 안에 잠재한 특성과 에너지는 언제든 실현될 기회만을 노리고 있다.

의식 차원의 입장에 매달리는 데 힘을 쏟으며 완고해질수록 그림자의 습격에 더 쉽게 무너지게 된다. 그러면 억눌렸던 에너지가 갑작스러운 불륜이나 당황스러운 분노 발작 등의 경솔한 행위로 발산된다. '살지 못한 삶'은 현실로 나아갈 나름의 길을 찾아낼 것이다. 그리하여 무의식적 행동이나 타인에게 얹는 투사, 불안이나 우울 같은 심리 장애, 또는 신체적 질병으로 기어이 나타날 것이다.

그렇다면 우리는 창조적인 만큼 파괴적이어야 하고, 밝은 만큼 어두워야 한다는 뜻인가? 그렇다. 하지만 우리에겐 어둠의 대가를 어떻게 또는 어디에서 치를지를 단속할 힘이 있다.

금지된 욕망을 해소하는 상징 의식

어린 시절에 배우는 도덕률이 무색하게도, '안 하겠다'는 다짐만으로는 금지된 것에 대한 생각을 떨쳐내기에 역부족인 때가 있다. 그럴 때면 내적 갈등이 생긴다. 그림자가 일으키는 내면의 전쟁이 얼마나 많은 신체 질병으로 나타나는지 아는가? 도덕적 원칙에 따라 '무조건 안 돼' 지침을 실천하려 애쓰다 보면 신경성 복통이나 요통, 두통 같은 질병을 얻기 딱 좋다.

그림자에는 훌륭하거나 세련되지 않은 속성도 있는 게 사실이다. 가령 누구나 그렇듯이 내게도 파괴적인 구석이 있다. 인간의 파괴적 특성은 스포츠 행사에서 여실히 드러난다. 군중은 축구장이나 권투장, 아이스하키장이 난장판이 되길 기대하고 심지어 그런 상황에 환호하기도 한다. 또, 사람들은 고층 건물을 폭파해 무너뜨리는 장면을 구경하려 줄을 선다. 해일과 태풍의 가공할 파괴력에 두려움과 감탄을 동시에 느끼며 그 끔찍한 뉴스 보도에서 눈을 떼지 못한다.

나는 내 파괴적 특성을 의식하여 행동으로 옮기지 않으려 노력한다. 파괴성은 내 그림자의 일부로, 내 것이 아니라고 여기며 살고 싶은데도 가끔씩 무작정 의식 안으로 쳐들어온다. 특히 스트레스를 받을 때면 어김없이 그런다. 이러한 파괴적 기운을 표출할 수 있는 상징적인 뭔가를 찾아내야만 그것을 절제할 수 있다.

다행히, 우리는 그림자의 충동을 어느 수준까지 실현할지 선택할 수 있다. 작은 실험부터 시작하라. 예를 들어, 파괴적 충동이 일렁일 때면 나는 빈 우유갑이 납작해지도록 꽉꽉 치거나, 사나운 기세로 낙엽을 긁어모으거나, 벽돌 벽에 얼음을 힘껏 던지거나, 운동 삼아 샌드백을 마구 두들긴다. 아마 보잘것없고 우스워 보이겠지만, 천 리 길도 한 걸음부터라 하지 않던가. 맥없는 글을 무자비하게 베어버리고픈 마음을 표출하기 위해 원고를 갈기갈기 찢어버릴 수도 있다. 또는 더 선명히 보기 위해, 내가 좀처럼 놓아주지 못하는 환상을 가차 없이 잘라내야 할 수도 있겠다.

한번은 스스로 문란하다고 고백한 여성을 상담한 적이 있다. 그녀는 권력을 얻기 위해 남자들을 유혹했다. 그러나 어떤 남자와도 정서적 친밀감을 느낀 적 없고 오르가슴에 오르는 일도 드물며 섹스가 끝나자마자 구역질이 난다고 눈물로 하소연

했다. "남자와 단둘이 있게 되면 기회가 보여요. 적절한 말 한 마디나 몸짓 하나면 관심을 끌 수 있어요. 그러면 유혹이 시작되는 거죠. 어떻게 보면 마치 멈출 수 없는 게임 같아요."

그녀를 위한 해결책은 무엇일까? 상징 행위를 생각하는 것만으로는 부족하다. 그것으로 충동이나 '살지 못한 삶'을 대체할 수는 없다. 상징 행위가 효력을 발휘하려면 실제 행동이 필요하다. 이 여성에게 나는 지금까지 유혹한 남자들 한 명 한 명에게 '부치지 않을 편지'를 쓰라고, 편지에 그녀의 감정과 동기와 의도를 의식적으로 설명하라고 조언했다. 그녀는 편지 쓰기를 소박한 참회 의식으로 삼았고, 상담 시간마다 한 통씩 가져와 감정을 듬뿍 실은 목소리로 읽었다. 몇 번은 울기도 했다. 또 몇 번은 격렬히 분노했다. 그렇게 상징적 의식을 만들어냈다. 그러던 중 그녀는 지금껏 진정으로 친밀함을 경험한 적 없었던 까닭이 나약해질 것을 두려워했기 때문임을 깨달았다. 그날 이후 그녀는 유혹의 충동이 솟구칠 때마다 먼저 편지를 써서 무의식을 의식화하는 습관을 들였다.

몇 가지 사례를 들긴 했지만, 모두에게 통하는 간단한 비결 같은 건 없다. 상징 의식은 개개인의 상황에 알맞게 만들어져야 한다. 잭이라는 친구는 몇 년 전부터 매일 아침 밖으로 나가 뒤뜰에 있는 나무 한 그루 주위를 맴돌며 이런저런 이야기를 한다. 잭에게 어떤 고민이 있건 그 나무가 현명한 주언을 해주는 것 같은가 보다. 하지만 다른 사람에게는 나무와 대화하는 상징 의식이 무의미할 수도 있다. 그러니 누구나 자신만의 의미 있는 행동을 고안해내야 한다.

종교 전통에는 관례와 의례가 풍부해서, 개인의 삶에 어떠한 일이 닥치건 적절히 대응하는 데 도움이 된다. 출생, 성년으로의 진입, 결혼, 죽음 같은 삶의 전환기마다 그 문턱을 무사히 넘도록 돕는 의식이 있다. 어떤 사람들은 이렇게 미리 주어진 처방만으로도 효과를 본다. 하지만 때로는 개인의 필요에 따라 종교의식을 수정하여 특정한 문제에 딱 들어맞는 약(의식)을 지을 수도 있다. 이것이야말로 가장 높은 수준으로 나타나는 인간의 창의성이다.

상징적 삶을 향한 영혼의 욕구

1950년대에 쓴 글에서 융은 서구인들이 점점 상징적 삶을 잃어가는 현실을 꼬집었다.

오직 상징적 삶만이 영혼의 욕구를 표현할 수 있다. 상징적 삶은 일상에 녹아 있어야 한다! 상징적 삶을 알지 못하기에 사람들은 이 끔찍하고 고달프고 시시한 삶에 꼼짝없이 갇혀 '한정된' 존재가 되고 만다.

융은 우리 시대의 물질주의에 넘어간 동료 학자들이 인간이란 조건반응적 존재 또는 사회 구성원에 불과하다거나 인생이란 우연의 연속이자 적자생존에 지나지 않는다고 주장하는 데 분노했다.

가능한 경우 융은 내담자에게 성장기 심리 형성의 토대가 되었던 종교로 되돌아갈 것을 지시하여 현재의 신경증적 문제를 치유하는 데 활용했다. 그는 현대인의 영혼에 막연한 불쾌감이 깃들어 있음을 간파했고, 오래전부터 종교가 인간의 상징적 감수성을 지탱해줄 이미지와 공동체를 제공해왔다는 사실 또한 알고 있었다. 그러나 종교마저 속 시원한 해답을 안겨주지 못할 때, 우리는 무의식에서 떠오르는 상징을 활용해 '탐구'의 길을 나서는 수밖에 없다.

탐구라 하면 순례 또는 일종의 영적 여행이 떠오르는데, 이는 한때 종교적 위기라 알려졌던 것과 관련이 있다. 내면의 지성에 귀를 기울이고 진지하게 받아들여 충실히 대하는 것, 즉 종교적 태도로 접근하는 것이 바로 탐구다. 융 심리학에서는 이러한 탐구를 개성화individuation라 일컫는데, '자신의 유일무이함을 발견하고 자신만의 목적과 의미를 찾는 것'을 말한다. 개성화는 온전함과 연결된다. 단, 무차별적인 온전함이 아니라 자신이 다른 모든 것과 맺는 특수한 관계라 보는 것이 옳다. 각자 삶의 특수성을 외면하거나 초연해지려 애쓰기보다 그것을 꿰뚫어 보게 될 때 우리는 온전한 존재로 한 걸음 더 다가선다. 융은 이렇게 썼다.

> 사람들 대부분이 인체에 소금이 왜 필요한지 모른다는 사실에도 불구하고, 모든 이가 본능적으로 소금을 필요로 한다. 정신의 문제도 마찬가지다.

태곳적부터 사람들은 모든 삶이 각각의 목적을 향해 가며 죽음은 그 중간에 있는 하나의 관문일 뿐이라는 믿음에 기대야만 했다. 이러한 종교적 진리는 절대 입증될 수 없는데, 그럼에도 상징적 표현을 통해 모든 시대와 모든 문화를 넘나들며 널리 퍼진다.

자신의 삶을 보이는 대로가 아니라 상징적으로 읽어낼 줄 알게 되면, 새로운 시야가 트인다. 보통의 삶이 속한 이 세상은 다시 한번, 영혼이 있고 신비롭게 서로 연결되며 유의미하고 매혹적인 세상이 된다.

성적 충동을 창조력의 원천으로 바꾸다

섹스는 그림자 중에서도 상당히 방대하고 비옥한 영역이다 (포르노그래피 산업은 인터넷상에서 최대 규모에 속한다). 섹스란 우리 존재의 모든 면, 즉 육체와 정서, 영성 모두에 영향을 미치기에 아마 우리는 이 에너지장과 힘겨운 싸움을 벌이고 있을 것이다.

내 상담실을 찾은 스튜어트는 한마디로 늙은 돈 후안이었다. 그가 내게 자랑스레 고백하길, 자기는 평생 단 하루도 일한 적이 없으며 가능한 한 많은 사람과 가능한 한 자주 섹스하는 것이 인생 최대의 목표라고 했다. 하지만 그게 부질없는 행위라는 것도 알고 실은 거기에서 아무런 만족도 얻지 못한다며 헛웃음을 지었다. 스튜어트는 마흔여섯 살이 되도록 사춘기 소년에게나 어울릴 법한 세계에 갇혀 있었다. 매일 몇 시간씩이나 인터넷으로 음란물을 샅샅이 훑고 여자들과 메시지를 주고받았다. 자신의 섹스 경험담을 무용담처럼 내게 들려줄 때는 진짜 얼굴색이 달라졌다. 뭔가를 훔쳐 달아나는 말썽쟁이 반항아의 표정이었다. 그는 신탁 계좌에서 나오는 돈으로 자유에 취해 살았다. 어떠한 구속도 거부하고 자유의지를 마음껏 펼치며 살았지만, 그러면서도 극한의 자유가 삶에 행복이나 의미를 더하지는 않는다는 사실을 알고는 있었다. 사실 그는 전혀 자유롭지 않았다. 오히려 끊임없이 충동이 시키는 대로 행동하는 강박에 시달리고 있었다. 섹스 상대가 수없이 많았음에도 그는 단 한 명에도 만족하지 못했다. 그는 섹스 상대를 무작정 이상화하고, 그녀가 완벽하지 않음을 깨달으면 재빨리 다른 여자를 찾아 정복하는데, 결국 누구와도 진정한 친밀함을 경험하지 못한 채 똑같은 과정을 한없이 반복할 뿐이었다.

스튜어트에게 도덕적 설교는 먹히지 않을 게 뻔했다. 이미 '무조건 안 돼' 지침과 다양한 형태의 종교적 설교를 귀 따갑게 들었지만 죄다 귓등으로 흘려 넘긴 그였다. 나는 그의 반항심을 부추기는 또 다른 부모가 되고 싶지 않았다.

"당신의 성적 에너지는 구원을 받아야 해요. 어떻게 하면 실제로 '하지' 않고 이 에너지를 표출할 수 있을까요?"

그의 얼굴에서 잠시 웃음기가 사라졌다.

나는 그에게 평균적으로 미국인 남성의 정액 1밀리리터당 최소 2천만 개의 정자 세포가 있으며 이들 세포가 끊임없이 생산되는 걸 아느냐고 물었다.

"그거 내 얘기네요"라면서 스튜어트는 이마로 흘러내린 머리를 쓸어 넘겼다. 적어도 그의 관심은 끌었다.

"세포 하나하나가 다 세상으로 나오고 싶어 해요. 끽해야 그 세포들의 주인은 아이를 다섯쯤 낳기로 마음먹을지도 모르죠. 하지만 나머지 세포들은 계속해서 지옥의 합창단처럼 비명을 질러댈 겁니다."

제법 설득력 있는 비유였다. 이어서 나는 어떻게 하면 이 창조적 충동, 스튜어트 자신의 표현대로 '혼이 쏙 빠지는 섹스'에의 충동을 존중하되 행동으로 옮기지 않을 수 있을지 물었다.

뭔가를 실제가 아닌 상징으로 실천하는 방법을 물으면 사람들 대부분이 멍해진다. 스튜어트도 머릿속이 하얘진 듯했다. 몇 주가 걸렸지만 나는 꿋꿋했다. 답을 찾을 때까지 이 질문의 늪에서 그를 꺼내주지 않을 셈이었다.

"어떻게 하면 '하는' 동시에 '하지 않을' 수 있을까요?"

마침내 어느 날 스튜어트가 공책을 가져왔다. 그 안에는 음란한 그림이 가득했는데, 그 솜씨가 꽤나 놀라웠다. 그에게 화가의 재능이 숨어 있었던 것이다. 처음엔 소묘 몇 점이었던 그의 그림은 이내 간단한 초상화로, 그다음엔 정물 소묘로, 나아가 사람과 동식물을 그린 유화로 발전했다. 그는 예술 분야에서 자신의 자리를 발견했다. 요즘 스튜어트는 미술 강사이자 화랑에 작품을 파는 작가로 성공 가도를 달린다. 그의 삶은 의미를 찾았고, 이제 그는 창조적 충동을 무의식적으로 단 한 가지 영역에서만 표출하지 않아도 된다.

정신 안에 있는 것은 전부 다 알맞은 자리가 있지만, 골치 아픈 방식으로 또는 부적절한 때에 불쑥 튀어나오기도 한다. 해결의 열쇠는 수위를 조절하는 것이다. 자신의 잠재력을 어떤 식으로든 존중할수록 삶이 더 완전해지고 만족스러워진다. '내 안의 이 잘못된 것을 어떻게 없애지?'라는 질문으로는 그림자를 구원할 수 없다. 제대로 된 질문은 '어째서 옳은 것이 잘못된 자리에 있지?'다.

예를 들어, 내 안에 있는 파괴적인 면은 상당한 에너지를 끌어모은다는 점에서 매우 유용하다. 뭐든 좋은 것과 나쁜 것으로 가르는 버릇은 '살지 못한 삶'의 잠재력을 인정하고 활용하지 못하게 막는다. 억압된 특징을 열린 마음으로 바라볼 용기를 내보자. 적절한 수준으로 쓰인다면, 그동안 억눌러왔던 면도 얼마든지 긍정적인 힘이 될 수 있다.

'나쁜' 쪽을 살피고 그것도 자신의 일부이며 삶에서 맡은 역할이 있으리라 여기는 데는 용기가 필요하다. 또, 욕망과 충동의 붕괴를 직시하려면 정직함과 겸손함이 필요하다. 한쪽은 '그래'라고 하는 것 같아도 다른 한쪽은 '안 돼'라며 격렬히 저항하기 마련이다.

비키라는 내담자는 굉장히 이성적인 엔지니어였다. 그녀는 사는 게 허무해져 괴롭다고 하면서도 종교를 무시했다. 그 누구도, 또는 무엇도 그녀에겐 권위를 발휘할 수 없을 게 분명했다. 개신교 가정에서 자랐다고 하기에 어린 시절에 익힌 종교 의식에 관해 물었더니 그녀는 코웃음을 쳤다. 나는 그녀에게 종교를 거부하는 건 이해하지만, 뭔가 의미 있는 것을 찾아내지 않으면 삶이 당신을 집어삼킬 거라고 얘기했다. 아닌 게 아니라, 개인의 의지보다 더 거룩한 무언가와 이어지지 않은 채로는 때때로 삶이 너무나 가혹해진다.

"직접 새로운 종교를 만들어보는 건 어떨까요?"

내 제안이 솔깃했는지 그녀는 몇 주에 걸쳐 상상의 나래를 폈다. 우리는 그녀에게 진실된 것이 무엇인지 찾으려 함께 공을 들였다.

비키는 자신에게 익숙한 과학적 훈련법을 어휘에 적용했다. 그러던 어느 날 약속된 시간에 상담실로 들어서는 그녀의 표정이 심상치 않았다. 그녀는 몹시 충격을 받은 듯했다.

"뭔가 발견하긴 했는데요, 그게 용어만 싹 갈아치운 기독교인 거 있죠."

그녀에겐 위대한 순간이었다. 비키는 생명을 과학적으로 분석하는 진화론이 자연의 창조성에 바탕을 두었다고 보았다. '하나님'이라는 단어를 용납할 수 없어서, '에너지'로 대체해 창조를 생각했다. 그녀가 양자 물리학에 관해 읽는데 금세 신비주의자의 이야기처럼 들리기 시작했다.

비키는 자신이 만든 '신세계'가 기존 세계와 이어져 있음을 깨달았다. 어떤 사람들에겐 진화가 신비주의적인 단어로 들린다. 의미와 구조가 있고 신비를 논하는 하나의 방식이기 때문이다. 인간의 삶이 원대하고 불가사의한 무언가와 연결돼 있음을 알게 되자, 비키의 삶은 의미와 목적이 있는 일관성을 띠기 시작했다. 그녀는 상징적 삶으로 들어가는 길을 찾아냈다.

나만의 상징 의식을 만드는 법

차마 겉으로 드러낼 수 없어 안으로 삭이기만 하는 자신의 기질적 특징은 무엇인가? 단순하지만 아주 쓸모 있는 질문을 활용하자.

'그것을 하면서('살지 못한 삶'을 표출하면서) 동시에 하지 않을 방법은 무엇일까?'

다음의 네 단계를 따라 자신만의 상징 의식을 만들어보자.

> ≫ 삶 속의 갈등이나 긴장을 의식적으로 인식한다.
> ≫ 하는 동시에 하지 않는 긴장이 내면에 쌓이게 둔다. 그 긴장은 행동이 아닌 꿈, 상상, 창의력 안에서 키워야 한다.
> ≫ 자신에게 묻는다. '이 상황에 진짜 필요한 것은 무엇인가? 이제껏 숨기며 살았지만 어떻게든 표출해야 삶이 더 완전해질 내 안의 기질은 무엇인가? 그것을 다르게, 새롭게, 뻗

하지 않게 표출할 방법이 있을까?'

≫ 나만의 은밀하고 긍정적인 상징 의식에 몰입한다. 그것과 하나가 될 때까지, 자의식이 사라질 때까지 행한다.

해결될 기미가 보이지 않는 모순에 시달릴 때, 상징의 옛 의미가 '맞부딪치다'임을 상기하라. 양립할 수 없는 두 가지의 충돌이 삶에서 어떻게 나타나는지 파악하라. 무작정 한쪽이 '좋다'고 결론 내리지 말고 두 가지를 다 품도록 하라. 참을성 있게 기다리면 놀라운 일이 벌어질 것이다. 이 질문이 핵심이다. '어떻게 하면 그것을 하는 동시에 하지 않을 수 있을까?' 상징적 삶에 마음을 열면 해답이 나타날 것이다.

6장 | '적극적 상상'을 통해
그림자에게 말을 걸다

'적극적 상상'이란 자기 자신에게 의도적으로 말을 거는 것이다. 더 정확히는 자신의 그림자에 말을 걸어서, 경험을 형성하는 무의식적인 패턴을 바꾸는 것이다. 적극적 상상 안에서 우리는 무의식에서 나오는 이미지와 목소리를 감지하고 대화를 유도하여 그 전제와 의도를 살핀다. 자신의 내적 패턴을 들여다볼 수 있게 되면, 그래서 그 패턴이 반사적으로 삶에 끼어들지 않게 되면, 우리는 그것과의 대화를 통해 변화를 이끌어낼 수 있다.

나는 나와 모순인가?

그래 좋다, 나는 나와 모순이고,

나는 크며, 많은 것을 품는다.[17]

_ 월트 휘트먼 Walt Whitman, 〈나 자신의 노래〉 중에서

보이지 않는 내면의 일부를 고의로 드러내는 일에는 고결한 역사가 있다. 예로부터 그것은 시인, 성직자, 예술가, 현자의 소명이었다. '적극적 상상'이란 자기 자신에게 의도적으로 말을 거는 것이다. 더 정확히는 자신의 그림자에 말을 걸어서, 경험을 형성하는 무의식적인 패턴을 바꾸는 것이다.

적극적 상상 안에서 우리는 무의식에서 나오는 이미지와 목소리를 감지하고 대화를 유도하여 그 전제와 의도를 살핀다. 적극적 상상은 3장에서 다룬 콤플렉스를 가장 효과적으로 다스리는 기술이다. 자신의 내적 패턴을 들여다볼 수 있게 되면, 그래서 그 패턴이 반사적으로 삶에 끼어들지 않게 되면, 우리는 그것과의 대화를 통해 변화를 이끌어낼 수 있다. 반드시 스스로에게 던져야 할 질문이 있다. '내 안의 누구 또는 무엇이 이 대화에서 목소리를 내는가?' 콤플렉스를 인격화하여 논쟁을 벌이는 것이다. 인지하지 못하면 덧없이 흘러가버리는 꿈이나 수동적 환상에서와 달리, 적극적 상상에서는 자아가 실제로 대화에 참여한다. 자아의 의식적 참여로 이 기술은 한층 더 유효하고 강력해진다.

사람들은 기도나 명상 같은 영적 수련을 통해 삶의 균형을 유지하고자 한다. 적극적 상상은, 보이지 않지만 삶에 영향을 끼치는 힘과 연결되기 위한 현대식 수련법이다. 사실 이 수련법에 대해 운을 떼기에 적당한 방법은 딱 하나뿐인데, 바로 성경 구절을 살짝 비트는 것이다. '네가 곧 내디딜 곳은 거룩한 땅이니 네 발에서 신을 벗으라.' 적극적 상상은 종교와 밀접한 관계가 있다. 내가 아는 한, 적극적 상상과 꿈을 통해 자신의 그림자를 보살피는 것보다 더 신과 가까이 소통하는 방법은 없다. 수많은 성경 구절이 이 사실을 증명하지만, 최근까지 우리는 성경에 담긴 진리를 잊어버린 듯하다.

적극적 상상은 신령한 힘을 신중히 헤아리는 새로운 형식의 기도다. 신령함이란 영적인 정신 상태나 신비감과 경외감을 불러일으키는 신성한 체험을 의미한다. 인류는 역사가 시작된 이래로 각자의 신을 알아가는 하나의 방법으로서 적극적 상상과 비슷한 명상을 사용했다. 시인 콜먼 바크스_{Coleman Barks}가 알려주듯, 수피_{Sufi}(이슬람교의 한 종파로 신비주의 성향이 강하다_옮긴이) 전통에는 신비에 이르는 세 가지 방법이 있다. 기도가 있고, 그다음 단계인 명상이 있다. 그보다 더 가까이 다가가는 방법은 바로 대화다. 수피 용어인 '소베트_{sobbet}'는 '주고받다'를 뜻하는데, 이는 우정의 한 형태로도 볼 수 있다고 한다.[18]

고대 그리스인들은 신의 인도를 구하고자 할 때, 신을 형상화한 물체 앞에서 기도를 올리면 신이 듣는다고 믿었다. 기도를 마치고 나서는 신상이 고개를 끄덕이거나 눈을 뜨거나 감거나 어떤 식으로든 응답할 때까지 지그시 응시했다. 신상 앞에 인간의 양식을 공물로 놓아두기도 했다. 천상의 신들에게는 빵과 케이크, 과일, 포도주를 바쳤고, 지하의 신들에게는 꿀 케이크와 함께 우유와 꿀과 물을 섞은 음료를 바쳤다. 염소나 닭, 소 같은 동물을 희생하여 바칠 때는 향을 함께 피웠다. 고대 그리스 문화에는 신을 기리는 연회가 널리 퍼져 있었다.

이러한 고대의 풍습은 적극적 상상의 훌륭한 본보기다. 고대인들은 자신의 내면과 대화할 줄 알았지만, 스스로 지적 수준이 더 높다고 믿는 현대인은 내면과 소통하는 대신 콤플렉스와 신경증에 시달린다. 고대의 신상과 신탁, 성물과 성소는 길잡이를 간구하는 이의 무의식적 에너지에 기준점 역할을 했다. 우리의 기준점은 무엇인가? 적극적 상상은 '미지의 존재'를 탐색하는 방법이다. 여기서 미지의 존재란 바깥 세계의 신령한 무엇일 수도 있고 자기 내면의 심리적 경험일 수도 있다.

현대인은 상징적 삶에 관심이 없다. 우리가 업신여기는 상징적 삶은, 오히려 귀 기울여 경청해야 마땅한 무한한 가치를 지니고 있다. 심리적 문제로 힘들어하는 내담자에게 나는 하루 30분씩 의식적으로 내면과 대화하는 연습을 해보라고 권한다. 풍부한 상담 경험을 근거로 자신하는데, 그대로 실천하기만 해도 고통스러운 마음의 병이 눈에 띄게 호전될 것이다.

적극적 상상은 '살지 못한 삶'에 생명을 불어넣는 가장 좋은 과제로, 대부분은 혼자서도 할 수 있다. 실은 대체로 혼자 해야 하는 작업인데, 훈련이 필요하다. 과학보다 예술에 가까운 이 기술을 연마해 주기적으로 실행해보라. 우리의 내면에는 실로 많은 보물이 묻혀 있다. 적극적 상상을 올바로 실천할 때, 우리는 깨져 흩어졌거나 서로 충돌하는 내면의 조각들을 그러모아 합칠 수 있다.

내면의 대화를 시작하기에 앞서 반드시 거쳐야 할 과정이 있다. 우리 안에 뿌리를 내리고 갈수록 힘을 더해가는 현대의 이단적 사고방식, 즉 '나는 유일하다'는 기본적 오류를 재고해야 한다. 사실상 모두에게 '나'라는 존재는 통일된 인격체, 소왕국의 왕, 이것 또는 저것을 소유한 사람, 이러저러한 일에 관계된 자를 의미한다. 실용성 면에서도 '나'는 1인칭 단수로, 단일한 존재로 칭하는 것이 편리하다. 내가 만일 "내가 점심시간에 그리로 갈게"라고 말한다면, 유일한 '나'가 책임을 지고 점심시간까지 자기 자신을 데리고 약속한 자리에 나타날 것이다. 책임 있는 행동이지만, 사실과는 거리가 멀다. '나'는, 적어도 참된 완전체인 신의 눈으로 보는 '나'는 본래 다중적이다.[19]

'나'는 필요한 것이 너무나 많다. 수많은 기운과 성격이 있어야 나를 만들 수 있다. 모두가 거의 항상 머릿속 독백의 형태로 목소리를, 더 정확히는 여러 목소리를 듣는다. 실제로 입 밖에 내는 경우는 드물지만, 내면의 목소리는 끊임없이 평가하고 추측하고 판단하고 불평하고 참견한다. 과거와 현재를 비교하거나 미래의 가상 시나리오를 미리 연습할 때도 많다. 그게 잘되면 과거에서 교훈을 얻고 다양한 관점을 갖는 데 도움이 된다. 그러나 한계에 갇힌 내면의 목소리는 최악의 적이 되어 공격과 처벌을 서슴지 않고 우리를 불안하게, 기운 빠지게, 소모적인 악순환에서 빠져나오지 못하게 한다. 다행히도 우리는 적극적 상상을 통해 내면의 목소리에 대꾸할 수 있다. 그리하여 그림자 속에 갇힌 것들에 도전할 수도, 나아가 구제할 수도 있다.

이 대화를 유익하게 이끌기 위해 우리는 혼잣말에 대한 선입견을 벗어던져야 한다. 아이가 상상으로 만든 친구와 노는 걸 발견하고 걱정하는 부모들이 있다. 괜한 걱정이다. 상상 친구는 남자아이들의 공격성을 낮추는 긍정적인 효과가 있고 성별에 상관없이 아이들이 불안감을 덜고 끈기를 키우는 데도 도움이 된다. 상상 친구를 둔 아이들이 분노, 공포, 슬픔을 덜 느낀다는 점은 연구를 통해 밝혀진 사실이기도 하다.[20]

외부 지향적이며 물질 중심적인 사회에서, 상상은 비현실적이라는 이유로 걸핏하면 무시당한다. 상상이라는 단어를 쓸 때는 현실과 비현실의 경계를 지우고 상상적 현실을 인정하는 폭넓은 개념으로 이해하면 좋겠다. 우리 내면의 모습은 정말로 물리적인 영향력이 있다. 사실상 우리는 평생에 걸쳐 상상의 대화를 나눈다. 어린 시절에는 인형이나 상상 친구와 놀면서 대화하고, 어른이 되면 꿈과 환상 속에서, 기도를 하면서, 남몰래 말하거나 생각하면서, 문학과 미술을 감상하면서 상상의 대화에 빠져든다. 하지만 정신의학에서는 그런 대화를 장려하지 않는다. 상상과 이성을 서로 어울릴 수 없는 사이로 간주하기 때문이다. 성인기에도 상상의 대화를 멈추지 않는 사람은 심지어 정신질환자 취급을 당할 수도 있다.

행동 패턴을 바꾸는 상징적 경험의 힘

현대사회에는 상상에 대한 집단적 선입견이 팽배하다. 사람들이 하는 말에서도 이러한 선입견이 드러난다. "그건 그냥 네 상상일 뿐이야." "이건 진짜가 아니야. 다 내가 지어내는 거지." 상상은 허구라는 통념이 있어서, 사람들은 내면의 경험을 '그냥 혼잣말인걸' 또는 '어차피 상상인데 뭐, 의미 없어'라고 생각하며 무작정 떨쳐내려고만 한다. 사실, 누구도 상상으로 뭔가를 만들어낼 수는 없다. 상상 속에 떠오르는 이미지는 무의식에서 나온 것이다. 물론 내적 경험은 확실히 상징적이지만, 그 상징을 통해 우리는 더 깊고 위대한 자신을 체험하게 된다. 제대로 이해하고 실천하는 상징 행위는 보이지 않는 심리 에너지를 의식이 알아볼 수 있는 이미지로 바꾼다. 적극적 상상은 의식 바깥의 재료를 끌어들이기 때문에, 비현실적인 관점을 제공한다.

경험은 늘 생생하다. 설령 그 경험이 외부에서 일어나는 일들에 들어맞지 않는다 해도 맘이다 꿈이나 수동적 환상과 달리,

의식 차원의 자아는 실제로 대화에 참여한다. 내면의 대화를 능동적으로, 또 아주 효과적으로 이끄는 것이 바로 이 의식적 참여다. 의식과 무의식이 상상이라는 한 배를 탈 때 여러 차원의 자각 사이에 진실한 대화가 오갈 수 있고, 그로 인해 우리는 자신이 누구이며 어떠한 가능성을 지녔는지 더 잘 알 수 있다.

이것이 상징적 경험을 의식적으로 적용할 때 인간 심리에 발휘되는 힘이다. 그 효과는 물리적 경험 못지않게 강력하다. 우리의 사고방식을 수정하고 깨달음을 안기며 행동 패턴을 바꾸게 하는 상징적 경험의 힘은 우리가 알아채지 못하고 지나쳐 버리는 외적 사건들보다 더 대단하다. 의미 있게 경험되는 것이라면 무엇이든 우리의 인간성을 살찌우는 자양분이다.

적극적 상상 속에서 우리는 단지 자신에게 말을 거는 데 그치지 않고 내면의 드라마에 참여하게 된다. 그러다 보면 전에는 있는 줄도 몰랐고 생각해본 적도 없는 자신의 어떤 면면을 발견하고 거기에서 교훈을 얻기도 한다. 그런 경험도 '진짜'라 할 수 있느냐고 묻는 사람이 있다면, 난 그저 '진짜보다 더 진짜'라고 답할 수밖에 없다. 적극적 상상은 우리의 외적 존재와 단단히 얽혀 있고, 개인을 초월하는 힘과 우리를 이어주며, 우리가 일상에서 겪는 매우 한정적인 사건들보다 더 깊은 차원의 현실을 건드린다. 건강한 자아의 필요성을 없앨 수 없듯이 우리는 내면의 모습을 제거할 수 없지만, 이 둘 간의 갈등을 외면하지 않고 화합으로 이끌 수는 있다.

끊임없이 이어지는 머릿속 혼잣말

사회심리학자 어빙 고프먼Erving Goffman의 연구 결과[21]에 따르면, 성인은 욕실이나 차 안 같은 사적인 공간에서 (들키면 창피할 것을 알면서도) 끊임없이 혼잣말을 한다고 한다. 자기 일에 자기가 훈수를 두고, 누군가와의 말다툼을 재연하고, 자기 행동의 잘잘못을 스스로 따지고, 사설조로 자신을 격려하거나 비난하는 식으로 말이다. 혼잣말을 꺼리는 사회적 분위기에도 불구하고 우리는 혼잣말을 한다. 사실 사람들은 속으로 끊임없이 자신과 대화하면서도 물고기가 물을 당연히 여기듯 머릿속의 혼잣말을 당연시하는 경향이 있다.

즉, 모두가 언제나 혼잣말을 한다. 문제는 이런 대화의 대부분이 수동적이라는 점이다. 우리는 내면의 대화에 적극적으로 참여하지 않고 오래된 테이프를 반복 재생하며 구태의연한 인지 패턴을 한없이 되풀이하기만 한다.

불행히도, 상상 속 대화는 현실 세계의 통념을 거스른다. 이는 우리가 일반적으로 행하는 대화가 신이나 천사, 뮤즈 같은 보이지 않는 존재들과 나누는 것이 아님을 보여준다. 사람들은 확고한 정체성에 기대어 '나는 유일하다'고 믿으며, 기분과 태도의 변화가 어쩌면 자기라는 존재의 다중성을 암시하는 것일 수도 있다는 점은 고려하지 않는다. 그러나 자기 대화self-talk는 이러한 일반의 '단일한 자기' 개념과 충돌한다.

추상적 사고나 일반적인 의사소통과 더불어 상상 속 대화도 일상생활에서 활발히 이루어진다면 어떨까? 현실과 상상이 꼭 대립해야만 하는 건 아니다. 상상의 존재들을 인격화한다고 해서 단순히 미개하거나 정신연령이 낮다고 치부해서도 안 된다. 꿈, 시, 놀이에서는 인격화가 자연스러운 일 아닌가. 인격화는 생각을 뒷받침하고 정신의 시적 본성을 반영한다.

자기에 집착하는 자아 인격ego personality이 통제와 일관성의 욕구를 내려놓을 때, 우리는 황홀감에 빠지는 동시에 촉각을 곤두세우게 된다. 수피 용어로 이런 상태를 '가나gana'라 하는데, 개인의 이기적 자아를 소멸시켜 행위의 혼이 드러나게 함을 뜻한다. 수많은 영적 전통이 이러한 포용력에 도달하기 위한 과정으로 채워진다. 챈팅chanting(영적인 글귀를 반복해 읊조리는 것_옮긴이)과 춤, 기도 등 반복적인 의식 행위나 명상을 할 때처럼 몸의 움직임을 늦추고 마음을 고요히 하는 것은 창조적 성장을 준비하는 유서 깊은 방법이다. 세상과 자아가 모두 사라지고 행위만 남는다. 혹은 무의식에서 솟아난 힘이 우리를 움직이는 것이다.

그림자를 처음 탐색하기 시작했을 때, 나는 그야말로 하루가 멀다 하고 내 안에서 새 인격과 새 기운을 찾아냈다. 그러다 보니 궁금해졌다. '언제까지 이런 식일까? 이 일은 얼마나 멀리까지 나아갈까? 도대체 내 안에 몇 명의 내가 있는 걸까? 이건 어느 선에서 끝을 맺을까?' 아마 그래서 우리가 소설을 읽나 보다. 우리 자신에 대해 점점 더 많이 알기 위해서. 하루는 문득 이런 생각이 들었다. '각각의 인간은 역사상 모든 인간이 지녔던 모든 특성을 내면에 품고 있다. 따라서 개인은 이렇게 작은 '나'일 뿐 아니라 전체이기도 하다.' 우리는 한편으론 평범하게 살아가는 개인이면서 또한 우주의 온 기운을 끌어당기는 핵이기도 하다. 우리는 개인이자 개인을 초월하는 존재다. 자신의 그림자를 진지하게 들여다보기 시작하면, 실제 삶에 표출될 기회를 노리는 수많은 충동과 성격을 발견할 것이다. 어쩌면 다시는 소설을 읽을 필요가 없을 수도 있겠다. 바로 자신이야말로 걸어 다니는 소설임을 깨달을 테니 말이다. 아울러 그 성격들 전부가 '나'의 일부임도 알게 될 것이다.

게다가 자신 안에서 솟아오르는 잠재력도 하나하나 다 귀중하며, 개중 상당수는 어떤 식으로든 겉으로 드러나야만 한다. 온전한 존재가 된다는 것은 아무것도 없애지 않는 승부수다. 몸을 이루는 신체 기관 중 무엇 하나 필요하지 않은 게 없듯이, 우리 안의 다양한 기운도 무엇 하나 버릴 게 없다. 쓸 수 있는 거라면 뭐든 끌어다 써야 한다.

자신의 어두운 면과 만나기

이렇게 인식을 전환하고 나면 이번에는 흥미로운 딜레마에 놓이게 된다. 자신에게서 발견한 성격 가운데 일부는 예의를 중시하는 사회에 어울리지 않기 때문이다. 예를 들어, 밝히자니 상당히 부끄럽지만, 사실 내게는 확실히 탐욕스러운 데가 있다. 차라리 몰랐으면 싶지만 부정할 수도 피할 수도 없다. 내 머리 색과 특이한 귀 모양처럼 탐욕도 내가 타고난 성향이다. 그나마 유일한 위안은 세상에 나 혼자만 탐욕스러운 건 아니라는 점인데, 그렇다고 해서 나의 탐욕을 다스릴 책임에서 내가 놓여날 수 있는 것도 아니어서 역시 괴롭다.

탐욕 성향은 물건에 집착하거나 쟁이려 드는 태도, 사람을 소유하고 싶어 하는 것, 또는 과거의 감정이나 경험에 매달리는 것으로 나타날 수 있다. 너무 많이 먹는 것(폭식)도 탐욕의 한 형태다. 다행히 나는 이상주의자이기도 하다. 나는 따뜻하고 다정한 사람이며 친구 관계도 돈독하다. 그래서 내가 아끼는 사람들에게는 탐욕적인 성향을 가능한 한 내비치지 않는 쪽을 택한다. 그들에게도 나에게도 고통스러운 일이기에, 탐욕이 드러나지 않게끔 의식적으로 노력한다. 하지만 타고난 성향이 어디로 가겠는가.

나는 이 에너지를 없앨 수 없다. 방법이 아예 없다. 콘택트렌즈를 껴서 눈동자 색이 달라 보이게 할 수는 있지만 그래 봤자 내 눈동자는 내가 태어난 날과 똑같은 색이다. 누구든 내 곁에 오래 있다 보면 언젠가는 내 원래 눈동자 색을 보게 될 테고 결국엔 내 탐욕스러움도 목격할 것이다. 그게 내 본모습의 일부니 말이다. 피곤하거나 허둥댈 때, 삶의 요구에 치여 쓰러질 것만 같을 때, 세속적 존재의 필연적 단점과 괴로움에 맥을 못 출때면 절로 탐욕스러워진다. 오랜 세월 노력한 끝에, 이제 나는 그림자 속의 이 조각을 제법 잘 다스린다. 하지만 요즘도 어쩌다 한 번씩 이 성향이 멋대로 튀어나오는데, 그러면 정말이지 어쩔 줄을 모르겠다.

적극적 상상은 탐욕, 잔인, 분노, 시기, 질투, 욕정, 인색 등 인격의 난감하고 당혹스러운 면에 대처하는 데 아주 유용한 방법이다. 이른바 '일곱 가지 대죄'는 우리 모두에게 있으며, 본인이 부인하면 그 죄는 주변 사람에게 투사되거나 의식의 문턱이 낮아지는 순간에 쳐들어온다. 어떠한 기분이나 생각도 적극적 상상의 소재로 삼을 수 있다. 그 감정의 뒤편에 어떤 이미지가 떠오르는가? 마음의 기운에 이미지가 녹아들면 비로소 의식화가 가능해진다.

지하세계와 허심탄회하게 대화하다 보면 꼭 어두운 면만 드러나는 건 아니다. 앞에서도 언급했지만, 우리 안에 있는 가장 좋은 면은 또한 가장 다루기 까다롭다. 상냥함, 사랑, 너그러움, 고결함 같은 숭고한 능력이 대개 그러하다. 이러한 면은 특히나 끈질기게 숨겨져 있고, 알고 보면 어두운 면 못지않게 겉으로 표현하기 어렵다. 길거리에서 처음 본 사람한테 다짜고짜 다가가 "당신은 정말 굉장한 매력을 지녔군요, 사랑합니다"라고 말할 수는 없는 노릇이다. 그렇게는 뜻하는 바를 이룰 수 없다. 우리 사회에서는 눈살이 찌푸려지는 일이고, 오히려 화를 부를 일이다. 그렇지만 사랑은 인간의 잠재력 중에서도 가장 멋진 특성에 속한다.

이렇듯 알맞은 자리를 찾지 못해 우리의 일상에서 배제된 잠재력은 긍정적인 것과 부정적인 것을 망라하는데, 내면 작업을 통해 우리는 우리 안의 빛과 어둠을 모두 표출하며 사는 방법을 터득할 수 있다.

즉, 적극적 상상은 자신의 그림자를 은밀한 대화로 끌어들이는 과정을 포함한다. 이를 통해 우리는 문명을 유지하는 사회·문화적 규율에 어긋나지 않으면서도 온전한 삶을 영위할 수 있다.

적극적 상상법에 대해 융은 이렇게 썼다.

적극적 상상법을 두고 사람들은 의사와 환자 모두 단순히 환상에 빠지는 것이라 치부해왔다. 이건 반대지 반론이 아니다. 나는 환상에 대해 어떠한 편견도 없다. (…) 상상이라는 창조적 활동은 개인을 한정된 존재의 속박에서 벗어나게 하고 능동적인 주체로 격상한다. 프리드리히 폰 실러 Friedrich von Schiller 가 말하듯, 개인은 오직 놀이를 할 때만 완전한 인간일 수 있다. 내 목표는 환자가 자신의 본성을 가지고 실험을 시작할 수 있도록 그 무엇도 영구불변하지 않고 절망적으로 굳어버리지 않으며 유동적으로 변화하고 성장하는 심리 상태로 유도하는 것이다.[22]

일정 기간 상상의 대화를 실천하다 보면 그림자의 영향력이 미치지 않는 곳이 없음을 알아채기 시작할 것이다. 대개 우리가 '그저' 기분 탓이라고, 우연이나 사고라고, 남들이 우리를 조종하려 드는 것이라고 일축해버릴 뿐이다.

삶의 이면은 언제나 존재하며 우리와 소통할 길을 찾고 있다. 그 이면의 존재가 놀랍지 않다면 그건 딱히 이면이 아니다. 우리 대부분은 충분히 자신을 뒤쫓고 있으니, 어차피 매일같이 존재감을 드러내는 그림자와 굳이 추격전을 벌일 필요는 없다. 다만 내면의 여러 특성은 사람마다 다른 형태를 띤다.

내면의 존재들과 친해지기

융은 자신의 이론에서 현재 정설로 인정받는 것은 전부 '필레몬(초기 기독교 순교자의 이름)'이라는 정신적 길잡이와 함께 한 적극적 상상에서 나왔다고 밝힌 바 있다. 이렇게 마치 현실의 대상을 대하듯이 내면의 에너지에 이름을 붙이고 관계를 맺는 것은 적극적 상상을 실천하는 데 있어 핵심적인 과정이다.

나는 정신분석가로서 수련을 시작하던 무렵에 이것을 배우고는 냉큼 나 자신의 정신적 길잡이를 만나려고 들었다. 하지만 도무지 나아지는 게 없어서 점점 의욕이 꺾였다. 내면 작업을 실제로 수행할 능력이 부족하다는 생각에 몇 달을 시무룩하게 보냈다. 그러던 어느 날 내 수호성인인 네리의 성 필립 St. Phillip of Nary 이 문득 떠올랐다. 나는 기운을 차리고 도서관에서 조사를 좀 했고, 성 필립이 16세기 이탈리아의 사제였음을 알게 되었다. 그런 후 적극적 상상을 행하면서 가장 경건한 말투와 언어로 성 필립에게 과연 당신이 나처럼 미천한 인간과 대화할 용의가 있는지 물어보았다. 내 일기장과 펜을 통해 응답이 쏟아져 나왔다. "왜 이렇게 오래 걸렸소? 오랜 세월 당신을 기다렸다오. 그나저나 당신에게 몇 가지 전할 말이 있소." 바로 그 믿음의 도약을 통해 나는 영적인 삶과 이어진 어떤 기운이 내 안에 있음을 발견했다.

효과적인 적극적 상상의 필수 요건이 있다. 바로 우리 내면의 존재들이 지닌 자율성과 특이성을 충분히 존중하는 것이다. 그림자를 의식이 추측한 개념 속으로 밀어 넣지 말고 있는 그대로 대하는 자세가 필요하다. 만약 내면의 존재와 약속을 한다면, 현실의 인간관계와 똑같이 그 약속을 지킬 윤리적 책임이 있음을 알아야 한다. 또한 오로지 상대방에게 영향력을 행사할 목적으로 이 일을 행한다면, 역시 현실에서와 똑같이 이 관계는 십중팔구 파국으로 끝나고 말 것이다.

역으로, 무의식이 의식의 가치와 의무를 무시하고 아무렇게나 굴게 두어서도 안 된다. 자아가 개입하지 않으면 무의식은 제멋대로 달아나 통제 불능에 구제 불능인 예전의 방식으로 돌아간다. 그러면 관계 자체가 생기지 않고 물론 아무런 성과도 얻을 수 없다.

빛과 그림자, 신성함과 속됨, 선과 악……. 우리는 저마다 내면에 놀라운 이야기를 품고 있다. 적극적 상상의 핵심 목표는 무의식 속 존재들과 불안한 선택이 불러오는 신경증적 압박을 덜어내고, 그것을 의식 차원으로 옮겨 대극의 쌍이 나누는 화합의 대화이자 천상의 노래로 만드는 것이다.

내면의 대화에는 몇 가지 규칙이 있다. 첫째, 진실하고 평등한 만남이어야 한다. 우리는 우리 안에 묻어둔 잠재력과 진정성 있게 소통해야 한다. 이 대화의 무대가 만약 법정이라면, 판사는 시간이 얼마나 걸리건 간에 양측의 이야기를 모두 듣고자 할 것이다.

둘째, 내면의 에너지나 기질에 이름을 붙여 부르는 것, 즉 인격화가 매우 유용하다. 실제 사람과 똑같이 대해야 한다. 최대한 예의를 갖추고 대화의 절반을 점할 수 있게 배려하라. '삶'의 절반을 점하게 하라는 게 아니다. 그러면 대화가 잘되지 않을뿐더러 득보다 실이 훨씬 더 많기 때문이다. 이 은밀한 대화에서 절반의 권위를 내어주는 정도면 충분하다. 적극적 상상속에서는 탐욕조차 동등한 시간을 점할 수 있다.

컴퓨터를 이용해 적극적 상상 작업을 수행하고자 하는 사람이 많다. 나도 컴퓨터를 쓸 줄 알게 되고 나서는 내면의 대화를 따라가고자 아주 빠르게 타이핑하는 법을 익혔다. 철자며 구두점 등을 날리기 일쑤였지만 말이다. 한편 공책에 쓰는 쪽이 더 낫다는 사람들도 있다. 어떤 식으로든 그 경험을 기록하는 것이 중요하다.

무의식에서 이미지를 불러내야 하는데, 대다수가 이 부분을 가장 어려워한다. 누구나 저항에 부딪히기 마련이므로 미리 단련을 해둬야 시작할 수 있다. 슬쩍 시도해보고는 "어차피 나혼자 지어내는 것이라서 통 말이 안 된다"고 호소하는 내담자가 많다. 그러면 난 이렇게 조언한다. "좋아요, 계속해서 더 지어내도록 해요."[23]

시작 단계에서는 인내하고 집중해야 한다. 초기에는 기껏 노력한 보람이 없는 경우가 대부분이다. 한동안 아무 일도 일어나지 않을지 모른다. 그래도 꾸준히 연습해야 한다. 비좁은 의식이 넓어질 때까지, 다시 말해 무슨 일이 일어날 수 있는 마음의 여유가 생길 때까지 말이다.

처음에는 우스꽝스럽게 느껴질 수도 있다. 의식을 지배하는 자아는 '아무도 없는데 누구랑 대화하라는 거야?'라거나 '설령 누가 있다 한들 그쪽이 무슨 할 말이 있겠어'라며 비웃을 것이다. 내면의 대화가 어색하고 창피하다면 그만큼 많은 기운이 들끓기 시작했다는 증거다. 불현듯 어떤 이미지나 느낌이나 감각이 나타나거든, 무조건 그것에 집중하라. 그것이 왜 나타났는지, 그것을 통해 무의식이 어떤 메시지를 전하려 하는지 또는 무엇을 원하는지 설명할 때까지는 날아든 새를 날려 보내지 말아야 한다.

다른 할 일이 자꾸만 생각날지도 모른다. 융은 이렇게 지적했다.

의식은 끊임없이 간섭하고 거들고 고치고 되돌리면서, 내면 작업이 순조롭게 진행되도록 놔두거나 환상의 단편이 어떻게 발전하는지 객관적으로 지켜보는 법이 없다. 적극적 상상은 더없이 단순한 작업이지만, 바로 여기서 난관이 시작된다. 어떤 이는 환상이 아예 없거나, 그래 뭐, 있기는 한데 너무 허무 맹랑한 것만 같다고 말한다. 적극적 상상을 거부할 이유는 차고 넘친다. 집중도 안 되고, 너무 지루한 데다, 무엇이 나오건 어차피 이것 아니면 저것에 '불과'하다. 의식 차원의 정신은 끝도 없이 이의를 제기한다.[24]

어떠한 이미지라도 좋다. 거기서부터 시작하면 된다. 그 이미지에서 출발한 내면의 그림이 어떻게 펼쳐지고 변화하는지 주의 깊게 관찰해보자. 일부러 뭔가를 만들어내려 하지 말고 자연스럽게 변하는 과정을 지켜보기만 하라. 그렇게 관조하다 보면 조만간 그 마음속 그림이 자유연상을 통해 변화할 것이다. 이때, 한 가지 주제에서 다른 주제로 성급하게 넘어가지 않도록 주의하라. 기왕 선택한 이미지를 꽉 붙잡고 그것이 저절로 변할 때까지 기다려야 한다. 마침내 그 이미지가 목소리를 갖게 되면, 자신이 해야 할 말을 건네고 그 이미지가 하는 말에 귀를 기울인다.

이러한 상징적 이미지에 얼마만큼의 정체성을 부여해야 할까? 세세한 특징을 더할수록 그 이미지가 더욱 생생해진다. 내 탐욕적 기질은 시끄럽고 무례하며 상스럽다. 그에겐 내가 붙인 이름이 있고 나는 그의 옷차림까지 자세히 묘사할 수 있다.

그림자의 요구를 어디까지 수용할 것인가

일부 영적 수련법은 자아를 없애는 게 좋다고 하지만, 융 심리학에서 자아는 한 사람이 지닌 정체성의 본질적 측면이다 (단, 개인의 정체성을 전부 아우르는 건 아니다). 세상의 요구를 이해하는 건 의식이다. 자신의 '살지 못한 삶' 속에 뭔가 하고자 하는 의지가 있다고 해서 그대로 무작정 뛰쳐나가 실행해야 한다는 뜻은 아니다.

상징화 과정이 비인간적이거나 허무주의적이거나 파괴적인 방향으로 또는 해로운 극단으로 치닫지 않도록 한계를 설정할 필요가 있는데, 윤리적 감각의 지침을 따르는 의식적 자아가 바로 그런 역할을 한다. 본디 자연은 정의, 공정, 약자 보호 같은 인간적 가치를 전혀 신경 쓰지 않는다. 뉴올리언스를 휩쓸어버리는 허리케인이나 건강한 조직을 침략하는 암은 도덕적이지도 윤리적이지도 않다. 자연적 본성에 가치를 도입하는 것은 비로 인간의 의식이다. 그러므로 우리는 시간의 영역 안에서 신성한 가능성이 펼쳐지는 데 일조하는 셈이다. 적극적 상상 속의 에너지는 대개 인격이 없는 자연의 힘을 인격화한 것인 까닭에, 반드시 우리의 의식이 갖는 태도를 통해 한계를 그어주어야 한다. 윤리적 갈등 없이 발전하는 의식은 없다.

융이 어느 청년의 꿈을 분석한 사례를 이야기한 적이 있다. 꿈속에서 여자친구가 얼어붙은 호수에 빠져 죽어가는데 자신은 꼼짝도 못 하고 앉아 있을 뿐이라는 것이었다. 융은 그에게 그냥 주저앉은 채 차디찬 운명의 힘이 내면의 여성성을 죽이게 둬서는 안 된다고 조언했다. 적극적 상상을 활용해 도구를 찾아서 여성을 물에서 건져내고 불을 피우고 마른 옷을 입혀 그녀를 구하라고 했다. 이것이 윤리적이고 도덕적이며 인간적인 행동이다. 현실에서 윤리 규범을 지키는 것이 우리의 의무인 만큼, 그림자에 책임감을 안겨주는 것은 자아의 의무다.

윤리는 통합과 일관됨의 원칙이다. 윤리적으로 행동하는 사람이란 자신이 믿는 가치에 맞게 행동하려 성실히 노력하는 이를 말한다. 자신의 행동이 자신의 본질적 개성을 따르지 않는다면, 그것은 인격의 분열이 반영된 것이다. 윤리적 책임을 회피하면 온전한 존재가 될 자격을 얻을 수 없다.

그러니 그림자의 어떤 측면과 대화를 할 때는 자신의 성격과 일치하는 행동을 고수해야 한다. 일상생활과 인간관계를 질서 정연하게 유지하라. 어떠한 공동체에 속해 있건, 우리에겐 무의식적 에너지를 점검할 도덕적 책임이 있다. 그림자의 요구는 그냥 없애버리기보다 상징적으로 다룰 수 있게끔 다듬어 평소의 삶과 조화롭게 합쳐야 한다.

'무슨 일이 일어날 여지'를 만드는 작업은 매우 중요하지만, 너무 오래 빠져들면 좋지 않다. 처음에는 20분 내지 30분이면 된다. 적극적 상상을 너무 오래 끌면 결국 거부감이 생길 것이다. 정해진 날 약간의 내면 작업에 집중하는 정도면 충분하다. 상상이 걷잡을 수 없게 흘러간다는 느낌이 들면 바로 그때가 그만둘 때다. 이를 받아들이고 다음 날 다시 시도하자.

내 안의 탐욕과 대화하다

'살지 못한 삶'과 대화를 나눴다면, 마지막 단계는 그 관계를 지킬 방법을 찾는 것이다. 내면에 묻힌 기운이 현실의 삶에서 발산되기에 알맞은 자리와 목적을 찾아내지 못하는 한 이 과정은 절대 끝나지 않는다. 무의식을 통찰한 결과는 반드시 윤리적 의무로 전환되어야 한다.

의식과 의례에는 의미 있는 물리적 행위가 필요하다. 현대인은 뭐든 관념화하는 경향이 있고, 직접 느끼는 경험의 대체물로 말이나 금을 사용한다. 변화는 감각과 몸이 관여할 때 더욱 효과적이다. '살지 못한 삶'의 현실화란 어떤 식으로든 그것을 자신의 감정과 근육에, 체세포 하나하나에 녹아들게 한다는 뜻이다.

그래서 물리적인 행위가 필요한 것이다. '살지 못한 삶'의 기운을 인격화하고, 그 기운이 무의식이라는 지하세계로 다시 가라앉지 않게 막아야 한다. 행동화acting out는 금물이다. 심리학 용어로 '행동화'는 내면의 주관적 갈등과 충동을 외부에서 물리적으로 실행하려 드는 것을 의미한다. 적극적 상상은 그 과정에서 너무나 많은 무의식적 환상을 재료로 끌어올리는 탓에 행동화의 빌미가 되기 쉽다. 예를 들어, 적극적 상상 속에서 내면의 여성 상대와 논쟁을 벌인 남성은 현실로 돌아온 직후에 아내와 또 비슷한 싸움을 하지 않게끔 조심해야 한다.

이 마지막 단계에 전념한다는 건 환상을 그대로 실천하며 살라는 뜻이 아니다. 그보다는 상징적 표현을 통해 '살지 못한 삶'을 현실화하는 쪽을 택하라는 얘기다. 이를 구분하지 못하면 문제에 휘말리고 피해가 생길 수 있다. 적극적 상상은 날것의 환상을 고스란히 행동화해도 되는 일종의 허가증이 아니다.

적극적 상상은 고대의 기술로, 비단 '글쓰기'라는 형식으로만 실행할 수 있는 건 아니다. 누군가는 춤으로, 누군가는 그림이나 조각으로, 또 누군가는 조깅으로 적극적 상상을 펼친다. 시각적 정보에 민감한 사람이라면 본 대로 그릴 테고, 말을 중시하는 부류라면 목소리를 들을 것이다.

최근 나는 몇 주 동안 이어지는 내면의 경험을 했다. 머릿속에 아찔한 생각이 계속 맴돌았다.

'넌 무능해. 작가로서 제대로 이룬 게 없잖아. 사실 아예 쓸 줄을 모르지. 재능이 없어. 물론 네 이름으로 책을 몇 권 냈고 그 책들이 여러 언어로 번역되기도 했지만, 그래 봤자 〈뉴욕타임스〉 베스트셀러 목록에는 단 한 권도 오르지 않았지.' 난 조금 있다가 그냥 그 생각을 떨쳐내기로 했다. '아니, 누가 〈뉴욕타임스〉 베스트셀러 작가가 되고 싶대?'

'글쎄, 난 되고 싶은데'라는 대답이 돌아왔다.

그렇다면야. 나는 이 대답을 컴퓨터로 옮기고 '살지 못한 삶' 중에 이 성가신 조각을 파헤치기 시작했다. 적극적 상상을 실행하면서 나는 소위 대박을 터뜨린 저서가 없다는 이유로 끔찍이도 열등감을 느끼는 기운이 내 안에 존재한다는 사실을 깨달았다. 마치 그것이 내 삶의 성공 여부를 가리는 적절한 척도인 것처럼. 내 '살지 못한 삶' 속에는 이렇게 불만에 찬 누군가가 이를 갈며 앉아 있었다.

그래서 나는 내가 쓴 새 책이 〈뉴욕타임스〉 베스트셀러 목록에 오르는 상상을 했다. 심지어 오프라 윈프리Oprah Winfrey와 인터뷰를 하는 것까지 상상했다. 그야말로 믿을 수 없는 성공이었다. 처음엔 한껏 즐겼다. 나 장한 내 등을 두드렸고(이건 다 상징적인 이미지임을 기억하라), 축하 전화가 쉴 새 없이 왔으며, 강연이며 광고며 TV 출연을 제안하는 메일도 홍수처럼 쏟아져 들어왔다. 당연히 돈도 무진장 많이 벌었다. 달콤한 상상의 여행은 계속되었다. 곧 친구들이 여기저기에 내 이름을 팔며 친분을 과시했고, 사람들의 사인 요청도 잇따르다 보니 과연 내가 거물이 되었음을 실감했다. 책이 엄청난 성공을 거두고 나서는 모든 연락을 대신 해줄 비서를 고용해야 했다. 얼마 지나지 않아 나는 누가 친구고 누가 그저 유명인인 나와 친해지고 싶어 하는 사람일 뿐인지 분간할 수 없게 되었다. 그러더니 파파라치가 따라붙었다. 그 인간들은 나를 졸졸 쫓아다니며 사진을 찍어대는 것도 모자라 내 과거까지 캐려 들었다. 내 사생활이 사라졌다. 성공에 이런 함정이 있을 줄이야! 물론 이건 절대로 내가 바라던 바가 아니었다. 이런 일들은 상상 속 경험에서 새 교훈을 얻는 순간까지 계속되었다.

적극적 상상은 마치 실제로 겪은 것처럼 강한 영향력을 지닌 실질적 경험, 현실의 한 조각을 만들어낸다. 3장에서 다룬 콤플렉스가 생기는 과정을 다시 한번 살펴보자. 현실에서 경험한 것이든 선명한 내적 경험을 통한 것이든 두뇌는 그와 관련된 신경회로를 생성한다. 즉, 꼭 필요한 경험이라고 해서 반드시 현실에서만 겪어야 하는 건 아니라는 뜻이다. 의식은 성장할 수 있고 우리는 '살지 못한 삶'의 괴로운 요구를 상징적 행동으로써 다룰 수 있다. 내 경우, 성공을 향한 내 오랜 환상에 장점 뿐 아니라 단점도 있음을 알게 되었다. 어차피 모두 적극적 상상의 산물이었으므로 나는 그 성공을 없던 것으로 되돌렸다. 그리고 이 세상에서 제 길을 찾을 수 있는 책을 쓰기로 했다. 성공해서 나쁠 건 없겠지만, 내 신경을 긁어대던 '살지 못한 삶'의 조각과 나를 실패자라 비웃던 피곤한 콤플렉스는 내 안에서 완전히 사라졌다.

  그렇게 내 이면을 경험하고 나니 '살지 못한 삶'의 이 조각에 대한 느낌도 사뭇 달라졌다. 갈망인지 집착인지 아니면 오만이나 불만인지, 하여간 그것을 내면의 경험으로 체화했고, 그 결과 이제 내 삶은 더 안전하고 만족스럽다. 컴퓨터 앞에서 몇 차례 적극적 상상 작업에 매달려야 했지만, 덕분에 내 안의 성가신 환상이 잠잠해졌으니 그저 다행일 따름이다. 더 이상 그것은 나의 행복을 방해하는 시끄러운 잠재성이 아니다.

  누구나 그렇겠지만 어떤 환상이 자꾸만 떠오른다면 그 환상을 적극적 상상으로 전환해보자. 환상이란 언제나 한쪽으로 치우쳐 있기 마련이다. 우리는 환상에서 쾌감만을 짜낼 뿐 그 이면에는 관심조차 없다. 그런 까닭에 환상은 몇 년이 흘러도 별다른 변화를 보이지 않는다. 그에 반해, 상징적 삶이 지닌 능동성은 변화를 촉진한다. 나는 능력이 닿는 한 내 안의 그림자와 가장 진솔한 대화를 나눈다 여기 또 다른 예가 있다. 이번에도 내 탐욕적 기질이 말썽인 모양이다.

나　어젯밤 파티 자리엔 도대체 왜 나타난 거야? 관심을 탐하는 내가 얼마나 창피했는지 알아?

그러면 탐욕은 이렇게 대꾸할지 모른다.

탐욕　그게, 네가 온종일 성인군자처럼 굴더라고. 질투나 탐욕 따위 전혀 모르고 산다는 듯 사람들한테 아주 괜찮은 사람으로 보이려 애썼지. 그래서 이쯤이면 네 진짜 모습을 사람들한테 보여줄 때라고 생각했어.

일리 있는 지적이다. 의식적으로 남을 위한 일을 하고 나서, 또는 특별히 착하거나 도덕적인 행동을 하고 나서는 인격 시소의 평형을 위해 내면의 '어두운' 기질이 올라온다. 이 경우 내 탐욕성은 참을 만큼 참다가 나타난 것이었다.

나　그런 식으로 네가 자꾸 나타나면 친구들이 전부 내게서 등을 돌릴 거야. 사람들은 소유물이 되거나 이용당하길 원치 않는단 말이야. 내가 탐욕적인 사람인 걸 알면 다들

나하곤 어떤 일로도 엮이고 싶어 하지 않을걸?

탐욕 난 진실을 말했어. 넌 탐욕을 부리고 싶어 해. 그걸 즐긴
     다고!

나   그렇게 항상 진실만 말하면서 살 수 있을 것 같아?

탐욕 그게 정직한 삶이겠지.

나   음, 그렇겐 안 될걸. 내가 그냥 두지 않을 테니까. 우선,
     그러면 사람들이 내 근처에 얼씬도 안 하겠지. 우린 당장
     길거리로 쫓겨날 거야. 게다가 탐욕을 부리고 나서 밀려
     드는 죄책감은 또 얼마나 무거운데.

탐욕 네 삶에 내 자리가 없어. 그게 난 너무 싫어.

나   그래서 이렇게 대화를 하는 거야. 난 예의 바르게, 문명
     인답게, 지성인답게 살려고 열심히 노력하고 있는데 네
     가 튀어나와 다 망치려 들잖아. 그걸 그냥 두고만 볼 수
     는 없어.

탐욕 좋아, 날 버리고서 늘 겁쟁이로 사시겠다? 그렇다면 넌
     단단히 착각하는 거야.

그렇게 대화는 기운이 다 빠질 때까지 계속된다. 난 내 탐욕
적 기질을 위한 자리를 찾아내고, 성인군자 노릇이나 금욕 또
는 뭐든지 간에 내가 현실의 삶에서 추구해온 도덕적 행동은
인간으로서 지속 가능한 수준으로 균형을 잡는다. 이런 게 바

로 상징적 대화다.

내면의 잔소리를 제어할 수 없다면

내 상징적 대화의 상대는 탐욕뿐 아니라 내 안의 비평가, 오랫동안 고통받은 피해자, 격분한 냉소가, 겁에 질린 아이, 창조적 영감을 주는 여신일 수도 있다. 당신 안에서 목소리를 높이고 문제를 일으키는 건 누구인가? 자꾸만 나타나서 불안이나 우울, 불만, 두려움을 안기는 내면의 기질은 무엇인가? 주의를 기울이면 그 내면의 잔소리꾼이 항상 투덜대고 있음을 알아챌 수 있을 것이다. 내면의 목소리는 하나 이상일지도 모른다. 그들은 누구인가? 각각 무엇을 옹호하고 무엇을 반대하는가? 마구 뒤엉킨 다양한 기질, 지하세계의 그림자, 현실로 나갈 길을 찾는 에너지를 발견하는 건 아마 괴로운 경험일 것이다. 처음엔 내면의 목소리에 응답하는 게 이상하게 느껴질 수도 있다. 자기 자신과의 대화가 '다중인격'이나 위험한 정신질환의 증상일까 봐 애써 기피하는 이들도 있다.

간혹 적극적 상상을 버거워하는 사람들이 있는 것도 사실이다. 이 기법을 시도해보기에 앞서 적극적 상상에 대해 뭔가 아는 성직자나 상담가, 믿을 만한 친구 등에게 도움을 받는 것이 현명하다. 내면의 잔소리를 멈추거나 제어할 수 없다면, 당장은 이 기법이 통하지 않을 것이다. 특히 해리성 장애(개인의 일관된 기억, 정체감, 의식, 지각력 등의 붕괴로 인한 심리 장애 _옮긴이) 진단을 받은 사람처럼 무의식의 범람을 어쩌지 못하는 경향이 있는 이에게는 적극적 상상이 적합하지 않다.

이 과정은 삶을 극적으로 바꿔버릴 수 있다는 위험 요소를 안고 있다. 정신분석가 바바라 한나 Barbara Hannah 는 적극적 상상 중에 무릎이 떨리지 않는다면 제대로 몰입한 게 아니라고 했다. 호흡이 가빠질 수도 있고 잠시간 불안감이 엄습할지도 모른다. 그것이 진짜 경험이다.

정신질환자와 천재를 가르는 차이는 무엇인가? 바로 의식의 힘이다. 무의식에 삶을 넘겨주면 절대 안 된다. 아픈 사람은 선택의 여지가 없지만 건강한 자아는 무의식의 요구를 경청하고 가치와 도덕성, 윤리적 의무로써 대응한다. 한때 다중인격장애로 통했던 해리성 정체감 장애의 전형적인 증상 중 하나가 연이은 독백인데 이는 상징적 대화와 무관하다. 해리성 정체감 장애가 있는 사람은 내면의 여러 인격이 하나씩 존재감을 드러낼 때마다 그 인격과 자신을 동일시하거나 그 인격에 의식을 내어준다. 자아는 다른 인격의 존재를 거의 인지하지 못한다. 적극적 상상으로 경험하는 우리의 다중성은 하나다. 그 안에서 내면의 기질들이 대화를 나누는 것이다. 자아는 무력해지는 법 없이 언제나 가치들의 조정자 역할을 한다. 심리적 해리의 정도가 심한 상태면 성찰하는 자아가 없다고 봐야 한다.

자아가 강하고 건강하다 해도, 그러한 내면 작업이 강박으로 변질되면 주의를 기울여가며 진행해야 한다. 이미 무의식에 너무 열려 있어서 적극적 상상이 문제를 일으키는 경우도 있기는 하지만, 대부분은 그 반대의 문제를 안고 있다. 즉, 무의식에 충분히 다가가지 못해서 기존 삶의 틀을 좀처럼 벗지 못한다.

적극적 상상은 주제가 있어도 좋고 없어도 좋다. 예를 들어 지난밤 파티에서 당황스러운 상황을 자초한 나는 집으로 돌아와 조용한 장소에 앉아 이렇게 말할 수 있다. "이봐, 난 그렇게 탐욕스러운 누군가와 한 몸으로 살 수 없어." 그러면 주제가 생긴다.

자신 안에서 최고를 불러내고 최악을 막으면서 이 기법을 적용할 수 있는 방법이 있다. 대화의 대부분은 '나'와 '상대방'의 말로 이루어진다. 대화가 일단 굴러가기 시작하면 마치 머릿속에서 영화가 상영되는 것처럼 이야기가 펼쳐진다. 서로 한 치도 물러서지 않는 대화가 한없이 이어진다. 하지만 자신의 그림자를 내밀한 대화로 끌어들일 때, 의식 차원의 입장과 그림자는 서로를 달래기 시작하고 상대방의 성질 일부를 받아들인다. 이렇게 우리는 처음에 불협화음처럼 보이던 것에서 상생과 실행이 가능한 통합을 이끌어낼 수 있다.

간밤의 꿈이나 백일몽, 수동적 환상 속의 우리는 그 장면을 흐릿하게 기억하는 목격자일 뿐이지만, 적극적 상상에서 우리는 능동적으로 참여하는 당사자다. 바로 그 점이 적극적 상상의 적극적 측면이다. 우리는 단순한 등장인물이 아니다. 상대방과 대화할 수 있고 대화해야만 한다. 무의식 안에서 만나는 인격화한 에너지 중 어떤 것은 성스럽고 또 어떤 것은 현실의 삶이 갖춰야 할 사회적 의무에 전혀 관심이 없다. 무의식을 아름답게 포장하고픈 유혹이 일겠지만, 거기에서 발견되는 기운은 실로 다양하다. 강하면서 약하고, 자애로우면서 교활하며, 협조적이면서 파괴적이다.

정신분석가 마리 루이제 폰 프란츠Marie-Louise von Franz가 말했듯, 적극적 상상은 "놀이의 한 형식이지만 지독하게 진지한 놀이"다. 즉, 무의식의 목소리가 전부 성령이 깃든 말을 전한다고 받아들여서는 안 된다! 내면의 세계는 긍정적인 면과 부정적인 면이 뒤섞인 모순덩어리다. 상상의 영역은 일관적이고 늘 정확한 영적 지도자가 아니다. 지하세계의 이미지에는 저마다 주장하는 바가 있지만, 그것들을 우리가 곧이곧대로 믿고 따라야 하는 건 아니다. 지하세계의 관점과 자아가 의식하는 세계가 대화를 통해 합의점을 찾아내야 한다.

전에도 언급했듯이, 내면의 대화는 녹음이나 수기 또는 타자로 기록헤아 한다. 기록은 이 내면 작업 중에 강력한 무의식에 압도당하거나 또 하나의 수동적 환상에 사로잡히는 사태를 막는 주요한 보호 장치이며, 차후에 이 경험을 기억하고 소화할 수 있게 해주기도 한다.

적극적 상상으로 내적 성장을 이루다

안전하면서 효과적으로 적극적 상상을 펼치는 방법의 사례를 하나 더 소개하려 한다.

언젠가 나는 남태평양 섬에 대한 환상을 즐겨왔음을 깨달았다. 늘 같은 환상이었는데 너무도 달콤해서 하나도 바꾸고 싶지 않았다. 아리따운 아가씨와 함께 코코넛 야자수와 햇빛, 성적 쾌락이 넘치는 섬으로 도피하는 환상이었다. 같은 영화를 몇 번이고 반복해서 트는 것 같았다. 나는 이 환상을 한껏 빨아마시며 상당한 즐거움을 맛보았다. 시간이 지나자 환상의 쾌락은 시들해진 듯했지만 그 환상을 현실에서 실현하지 못한 아쉬움은 좀처럼 사라지지 않았다.

내적 대화의 경험이 쌓이면서, 내가 수년 동안 이 환상을 부당하게 이용해왔고 이 환상을 통해서는 그 어떤 인격적 발전도 이룰 수 없음을 깨달았다. 내 환상은 내적 성장을 낳지 못하는, 부질없이 반복되는 강박에 지나지 않았다. 하루는 그 내면의 영화로 들어가 몇 가지 질문을 던졌다. 한결같던 환상에 변화가 일기 시작했다. 특히 전에는 없었던 내부적 현실성이 생겼다. 내가 아가씨에게 내 남태평양 낙원에서 뭘 원하느냐고 묻자, 놀랍게도 그녀가 대답을 하는 게 아닌가! 그녀는 사랑받길 원하는 것 같았지만, 자유를 원하기도 했다. 그녀는 해변에 앉아 있는 게 지겹다면서 내 실제 삶에서 한자리를 차지하고 싶다고 했다. 나의 무의식이 더 많은 아름다움과 감정과 관능을 현실의 삶에 끌어들이라고 요구하고 있었던 것이다.

수동적이고 반복적인 환상을 적극적 상상으로, 즉 언제나 능동적이고 현실적인 내면 작업으로 옮기는 것은 우리가 할 수 있는 가장 보람 있는 일이다.

대개 우리는 내면에서 솟구쳐 오를지 모를 무언가를 두려워한다. 적극적 상상은 현실의 삶에 심각한 문제를 일으킬 수 있는 거대한 에너지 센터를 열어젖힐지도 모른다. 그러니 내면의 대상과 관계를 맺되, 은밀하게 해야 한다. 배우자에게 내가 남태평양의 섬에서 아리따운 아가씨와 거친 섹스를 즐기는 환상에 젖어 있다고 털어놓아서는 안 된다. 먼저 내면의 인물과 허심탄회한 대화를 나누고서 끝까지 해결을 보도록 하라.

내 사연을 마저 털어놓자면, 남태평양 환상을 적극적인 상상으로 바꾸자 그 환상을 대하는 시각이 달라졌다. 처음엔 섬에 모기기 많다는 걸 발견했고, 그다음엔 장마가 이어지더니, 급기야 아가씨가 임신하기에 이르렀다! 적극적 상상이 약간의 현실을 끌어들여 기존 환상의 굳은 패턴을 바꾼 것이다. 그러고서야 나는 비로소 남태평양 환상을 놓아줄 수 있었다. 내 '살지 못한 삶'의 또 한 조각이 그렇게 내 인격으로 통합되었다. 내 마음의 작은 구석에 더는 부러움이나 아쉬움이 없다.

내 안에 존재하는 목소리와 대화하기

인간의 능력은 쓰지 않으면 퇴화한다. 상상력도 근육과 같아서 최적의 상태로 되돌아가려면 훈련이 좀 필요하다. 다음 훈련은 '정신통합 psychosynthesis'[25]이라는 심리치료법에서 나온 것으로 언제든 실행할 수 있다.

눈을 감고 펜이 칠판에 당신의 이름을 천천히 적는 장면을 떠올린다. 이제 다른 모양을 떠올려본다. 삼각형, 사각형, 원……. 그다음, 사랑하는 사람의 얼굴을 그려본다. 그리고 좋아하는 장소의 자연 풍경을 마음의 눈으로 바라본다.

이제 촉감을 상상할 차례다. 한 번에 하나씩 만져보자. 콘크리트의 거친 표면, 깃털, 차가운 계곡물, 실크 스카프……. 상상 속에서 맛과 온도, 질감을 경험한다. 아이스크림, 건포도, 땅콩, 잘 익은 복숭아, 고추……. 이제 냄새를 상상한다. 장미, 갓 구운 쿠키, 상쾌한 바닷바람, 팝콘…….

눈을 감은 채, 이제 소리를 들을 수 있다고 상상한다. 누군가가 부르는 당신의 이름, 지붕에 떨어지는 빗방울, 구급차 사이렌, 식당에서 소곤대는 사람들의 대화, 아주 작은 종소리…….

상상하는 솜씨가 조금 늘었다면, 당신 안에 존재하는 여러 이미지 중 일부와의 소통을 시작해도 좋다. 논란의 여지가 있는 주제를 선택하여 그에 대한 자신의 입장을 알아본다. 이건 조용한 장소에서 혼자 해야 한다. 당신 안에 다른 입장을 내비치는 기운이 있는지 살핀다. 그것이 의식으로 떠오르게 허용한다. 이제 이렇게 다른 두 입장이 대화를 한다. 양측의 관점을 과장하는 한이 있더라도 논쟁에 얼마간의 에너지를 투입하라. 그 에너지를 다 소진할 때까지 논쟁을 멈추지 마라.

주제를 바꿔가며 훈련을 계속한다. 이미 친숙한 내면의 인물, 이를테면 자기주장이 강한 비평가를 선택해 대화에 참여시킨다. 그 인물의 주장을 반박한다. 대화를 통해 시야가 넓어질 수 있도록, 서로 각을 세우는 두 관점의 논쟁을 가만히 지켜보라.

흥미진진하게 논쟁을 벌이는 내면의 기운이 당신의 인격을 몰아내고 그 자리를 차지할까 봐 걱정할 필요는 없다. 무의식의 잠재력을 의식으로 끌어올리면 더 많은 통합을 이룰 수 있다. 무의식과 의식은 적극적 상상을 통해 서로 적대하기보다 상승효과를 발휘한다.

7장 | 꿈 작업을 통해
무의식과 교감하다

꿈은 콤플렉스로 인한 삶의 매듭을 푸는 데 굉장히 유용하고, 창의력과 혁신, 힘과 지혜의 풍부한 원천이며, 의식의 성숙으로 직행하는 통로이기도 하다. 꿈에 주목하는 가장 중요한 이유는 아마 꿈이 의식의 위세를 누르고 상대화하기 때문일 것이다. 꿈은 자아가 지닌 관점의 틀을 바꾼다. 즉, 자신이 전능하다는 자아의 환상을 부정하고 가능성을 보는 우리의 시야를 확장한다. 다양한 가능성이 넘치는 무의식의 세계를 보여줌으로써, 꿈은 우리로 하여금 약동하는 생의 신비에 눈뜨게 한다.

고대 이래로 사람들은 꿈의 의미를 깊이 생각해왔다. 고대 그리스인들은 이 밤의 방문객을 매우 귀하게 여겼다. 꿈이 미래로 가는 길을 안내하고 병을 치유하는 데 도움이 되는 '저쪽 세상'의 정보를 제공한다고 믿었기 때문이다.

아스클레피오스는 카스토르, 폴룩스와 같은 시대에 살았다고 전해지는 사제이자 치유자다. 그는 시골 동네를 전전하며 신령한 주문, 음악, 춤, 약초, 꿈으로 사람들의 병을 고쳤다. 돈은 받지 않았으나, 치유의 대가로 선물이나 제물을 받았다. 아스클레피오스는 생의 원리를 깨우친 자여서 죽은 사람을 지하세계에서 다시 불러올 수도 있었다고 한다. 하데스는 한갓 인간이 자신을 무시하고 자신이 다스리는 영토의 그림자들을 혼란케 하는 것이 몹시 못마땅했다. 하데스는 자신의 형제인 제우스에게 아스클레피오스가 마땅히 죽어야 한다고 설득했지만, 또 다른 유력한 신인 아폴로가 자비를 청했고, 그리하여 아스클레피오스는 카스토르와 폴룩스처럼 별자리 신의 지위에 올라 치유와 의술을 수호하게 되었다.

그 후 수백 년 동안 사람들은 아스클레피오스 신전을 찾아가 금식과 목욕재계, 명상, 기도를 하고서 가장 성스로운 장소인 아바톤으로 들어갔다. 그곳에서 사람들은 무덤에 묻히듯 낮은 단에 누워 잠을 자면서 치유의 꿈을 기다렸다. 꿈이 온다는 보장은 없었고 모두가 낮는 것도 아니었지만, 성스러운 꿈은 삶을 바꿀 수도 있었다.

꿈에 관심을 기울여야 하는 이유

오늘날에도 꿈은 여전히 치유와 연관돼 있지만, 꿈을 이용하는 의술에 대한 믿음은 사라졌다. 융도 초기 저작에서는 적극적 상상과 꿈 분석을 양대 치료법으로 다루었지만, 말년에는 자신의 꿈 분석법이 적극적 상상에 토대를 두었다고 적었다. 심층적 의미에서 상징 작업은 적극적 상상이라는 비수면 상태의 꿈이건 수면 중에 꾸는 꿈이건 간에 단순한 기법 그 이상이 된다. 즉, 상징 작업은 내면의 지시를 받아 특정한 대상을 상징화하여 표현하는, 심리적 성장의 핵심적인 과정이다.

그래서 꿈이란 무엇인가? 내가 생각하는 꿈은 자연의 창조물 중 하나로, 우리 안에 흐르는 생명력을 자연 발생적으로 숨김없이 표현한다. 그리고 꿈을 통해 현실 세계와 지하세계가 교차하면서, 우리 내면에 잠재해 있지만 실현되길 갈구하는 무언가에 관심을 불러일으킨다. 그렇다면 꿈에 왜 관심을 기울이는가? 이유는 많다. 꿈은 콤플렉스로 인한 삶의 매듭을 푸는 데 굉장히 유용하고, 창의력과 혁신, 힘과 지혜의 풍부한 원천이며, 의식의 성숙으로 직행하는 통로이기도 하다. 꿈속 형상들은 그 중심에 원형적 에너지를 품고 있기에 신비롭고, 그래서 꿈은 신성과 연결된 성스러운 공간이다. 꿈속의 악령이나 영웅, 신은 우리가 지난주에 겪은 사람과 사건의 모습으로 나타난다.

꿈에 주목하는 가장 중요한 이유는 아마 꿈이 의식의 위세를 누르고 상대화하기 때문일 것이다. 꿈은 자아가 지닌 관점의 틀을 바꾼다. 즉, 자신이 전능하다는 자아의 환상을 부정하고 가능성을 보는 우리의 시야를 확장한다. 다양한 가능성이 넘치는 신비로운 지하세계를 보여줌으로써, 꿈은 우리로 하여금 약동하는 생의 신비에 눈뜨게 한다.

자기는 절대 꿈을 꾸지 않는다고 우기는 사람들이 있다. 그러나 사실, 거의 모든 사람이 밤잠을 자면서 수차례 꿈을 꾼다. 꿈의 내용을 기억하는 능력이 사람마다 다를 뿐이다. 꿈은 렘수면REM sleep이라는 수면 단계에서 가장 활발하게 일어나는데, 빠른 안구 운동Rapid Eyes Movement으로 포착할 수 있다. 잠든 개나 고양이의 눈꺼풀 속에서 눈알이 움찔대는 것을 본 적이 있을 것이다. 이것이 바로 렘수면, 다시 말해 꿈을 꾸고 있다는 표시다. 성인의 수면 시간 중 약 4분의 1이 렘수면 상태이며, 이때 몸은 거의 굳어 있지만 두뇌는 왕성히 활동한다. 컴퓨터 기술을 이용해 꿈꾸는 두뇌를 관찰하는 연구자들은 렘수면 중 가장 많이 활성화되는 영역이 정서를 제어하는 대뇌변연계임을 밝혀냈다.

꿈 일기로 꿈을 기록하라

꿈을 더 잘 기억해내고 싶다면, 우선 잠자리 근처에 펜과 수첩 또는 꿈 일기장을 놓아두어라. 꿈꾼 직후 조명을 켜지 않고 목소리만으로 기록할 수 있게 녹음기를 이용해도 된다. 그 '잊지 못할' 꿈을 아침나절이 지나고 나서야 기록할 셈이라면, 아침 양치질을 마치기도 전에 이미 그 꿈의 내용이 연기처럼 증발해버렸음을 알게 될 것이다. 기억에 남은 게 찰나의 이미지나 감정뿐이라 해도 기록하라. 일단 기억나는 것에 관심을 기울이면 아마 다음번 꿈은 더 많이 기억할 수 있을 것이다. 회의적인 태도로 꿈을 무시하면 기억할 수 있는 내용도 별로 없다. 마치 우리 내면의 꿈 제작자가 우리의 태도에 따라 반응하는 것처럼 말이다. 관심과 호기심을 갖고 꿈에 접근하면 훨씬 더 생생한 기억으로 보상받을 것이다.

꿈에 관한 수많은 저서를 남긴 융은 이렇게 적었다.

보통 꿈은 논리성 결여, 의심쩍은 도덕성, 무질서한 형식과 명백한 부조리 또는 불합리 같은 특징을 보이는 낯설고 당황스러운 산물이다. 그래서 사람들은 그것을 어리석고 무의미하며 무가치하다고 일축할 수 있음에 안도한다.[26]

내게는 꿈에 관한 지론이란 게 없다. (…) 꿈 해석이 불확실하고 자의적이라며 반대하는 사람들의 편견도 모두 이해한다. 그러나 우리가 꿈에 대해 충분히 길게, 철저히 사유한다면, 언제나 꿈을 곁에 두고 거듭하여 곰곰이 생각한다면, 거의 반드시 뭔가가 나오리라는 것을 나는 안다. (…) 나는 그 결과가 내담자에게 뜻 깊은 뭔가를 안겨주고 그의 삶에 활기를 되찾아준다는 사실에 전적으로 만족해야 한다. (…) 삶이 한쪽으로 기울면 대개 정체와 혼란이 생기기 때문이다.[27]

꿈은 상징이라는 언어로 말한다. 따라서 꿈의 언어를 번역할 줄 알아야 하지만, 그렇다고 서점으로 달려가 꿈 사전을 사야 한다는 뜻은 아니다. 하나의 상징을 하나의 뜻풀이로, 예컨대 꿈에 나온 말은 곧 본능이나 감정을 뜻한다고만 해석하려 들면 곤란하다. 꿈속 상징은 하나하나가 다 다면적이다. 잘 세공된 보석처럼, 이리저리 돌려보면 매번 빛을 다르게 반사한다. 그러니 우리는 꿈속 이미지와 교감해야만 한다.

영화나 무용, 시각 예술, 시처럼 꿈은 다층적이고 그 의미도 무한하다. 의식의 관점으로는 결코 꿈을 완벽히 이해할 수 없겠지만, 꿈과 관계를 맺는 일은 그 무엇보다도 중요하다. 적극적 상상으로 콤플렉스나 기분을 다스리듯, 꿈속 이미지를 분석하는 작업을 통해 우리는 솟구치는 에너지와 역동적인 관계를 맺고 발전시킬 수 있다.

은유와 상징으로 이루어진 꿈의 언어

꿈을 지하세계의 부름이라 여겨라. 꿈은 해석되기보다 우리 삶에서 구체화되길 원한다. 스페인의 탁월한 시인 페데리코 가르시아 로르카Federico Garcia Lorca는 신비와 경이를 자아내는 데 상징을 사용했다. 그가 쓴 〈장미 카시다〉라는 시를 감상해보자

(카시다는 아랍의 정형시를 의미한다_옮긴이).

장미는
새벽을 원하는 게 아니었다.
영원에 가깝도록 줄기 위에서
다른 무엇을 찾고 있었다.

장미는
과학도 그림자도 원치 않았다.
살과 꿈의 경계에서
다른 무엇을 찾고 있었다.[28]

모든 위대한 시처럼, 로르카의 시도 상징을 활용해 독자들의 경험을 열어젖힌다. 그의 시를 읽다 보면 궁금증이 인다. '다른 무엇'은 무엇일까? 이 시인은 장미가 새벽이나 그림자나 과학을 원하는 게 아니라는 사실을 어떻게 아는 걸까? 살과 꿈은 대체 무슨 관계지?

여기서 나는 융 학파 정신분석가인 러셀 록하트Russell Lockhart[29]가 했던 "질문하고 해석하고 논리를 찾는 것이 의식의 속성"이라는 말에 동의한다. 하지만 우리 안에는 이 시에 다른 차원으로 반응하는, 그저 '맞아!'라며 공감하는 조용한 목소리도 있다. 시인들은 언어를 상징으로 사용하고, 상징은 우리의 경험 앞에 경이와 창의적 가능성을 펼쳐 보인다.

적극적 상상 안에서는 어떤 꿈이든 출발점이 될 수 있다. 그 꿈속 상징들과 대화를 해보자. 꿈의 내용을 현재형으로 소리 내어 말하면서 머릿속에 그 이미지가 다시금 떠오르게 하라. 꿈이 끝나면 기대를 안고서 참을성 있게 기다려라. 그다음은 어떻게 되는지 지켜보라. 꿈속의 이미지를 보라. 이미지에 집중하되, 성급히 해석하려 들지 마라. 이것은 꿈과 친구가 되는 유일한 방법이다. 현실의 삶에서 누군가를 사귀고 친해지는 방식과 똑같다.

꿈에 나타난 뱀에 성적인 함의가 있는지 궁금해하기보다는 그 뱀의 특징, 이를테면 비늘에 주목해보라. 눈을 감고 그 뱀의 비늘을 집중해 관찰하라. 무슨 색이고 결은 어떠한가? 꿈속 이미지를 생생하게 살려내려면 세부적인 특징이 중요하다. 뱀 앞에서 멈춰 섰을 때 무슨 일이 일어나는가? 손을 뻗어 만지려 하는가? 마음의 눈으로 꿈속 이미지를 되살린 다음에는 알아서 펼쳐지게 두어라. 우리가 무엇을 발견하는 게 아니라 무엇이 우리를 발견하는지 알아내야 한다.

심리학자 스티븐 에이전스탯Stephen Aizenstat은 이런 접근법을 두고 "꿈을 해부하기보다 초대하는 것"이라고 설명했다. 우리는 마음이라는 생태계 안에서 살아 있는 실체로서의 꿈과 관계를 맺는다. 정확한 해몽에 연연하지 마라. 꿈을 분석하거나 해석해서 자아의 언어와 욕망으로 옮기지 않는 게 중요하다. 꿈의 '이유'보다 '내용'에 중점을 두어라. 꿈은 제 나름의 용어로 소통하기 마련이다. 꿈은 고유의 언어로 자신에게 말을 거는 정신 작용의 전형이다. 꿈의 언어는 은유와 상징이므로, 꿈속 이미지는 시적으로 다루어야 한다. 그렇게 해야 신성과 연결되는 성소로서의 꿈 경험으로 다시 들어갈 수 있다.

꿈을 짓는 작가가 노년에 대해 말하고 싶어 한다고 치자. 버젓이 칠판에 노년이라고 쓸 리는 없고, 아마 꿈속 배경에 흔들의자 같은 소품을 배치할 것이다. 극작가가 노년을 표현하고자할 때와 똑같다. 꿈 상징의 도착어는 바로 그림이다.

꿈속 형상과 어울려 살다 보면 지하세계의 비이성적 관습과 욕망이 의식을 건드리게 된다. 무슨 일이든 일어날 수 있게 마음의 여지를 마련하는 기술이 이 영역의 문을 여는 열쇠다. 앞서 언급했듯이, 현대인 대부분이 가장 어려워하는 부분은 이미지가 말을 할 수 있게 의식을 손아귀에서 풀어주는 것이다. 무작정 결론을 내려 하지는 말자. 인내심을 갖고 꿈속 이미지에 시간을 줘야 한다.

이브라는 내담자가 있었다. 두 아이를 둔 이혼녀였다. 동거 중인 남자친구는 벌이보다 씀씀이가 컸고 결혼이든 뭐든 책임질 일은 전혀 하려 들지 않았다. 말하자면 군식구였고, 아이들과 잘 지내려는 노력조차 거의 하지 않았으며, 감정 표현에도 매우 인색했다. 이 남자와는 미래가 없겠다고 생각하면서도, 심지어 가계에 거의 보탬이 되지 않는 사람인데도, 이브는 그와 헤어지면 어떻게 먹고사나 하는 걱정이 앞섰다. 그러던 중 꿈을 꾸었다.

전 코크라는 말을 타고 있어요. 아버지가 좋아하셨던 말이죠. 언덕 비탈을 내려가는데, 코크 녀석이 다리를 움직이지 않고 그냥 미끄러지려 해요. 뭔가 문제가 있구나 싶어서 전 말에서 내려요. 녀석은 1미터 남짓 굴러 언덕 밑에 닿자마자 눈을 뜬 채로 죽어버려요.

이브는 이 꿈에 적잖이 당황했다. 처음에 나는 그녀와 함께 꿈을 해석해보려 했다. 그녀는 말을 좋아하지 않았다.
"도무지 종잡을 수 없고 못 미더운 동물이거든요."
말이 무엇을 의미하는지 따지기보다, 나는 그녀에게 꿈속 코크의 모습을 떠올리고 녀석이 죽는 걸 지켜볼 때 어떤 기분이었는지 되새겨보라고 권했다. 그녀는 내 말대로 했고, 이내 꿈속의 장면이 상담실 안을 가득 채우는 것 같다고 했다. 그녀는 말가죽이 해지고 찢겨져 너덜너덜한 것을 발견했다. 말은 썩은 내 비슷한 악취도 풍겼다. 곧이어 그녀는 코크가 일부러 언덕에서 굴러서 죽기를 선택했음을 알아차렸다. 나는 물었다.

"뭐가 죽고 싶어 하죠?"

"모르겠어요."

그녀는 외면하려 했지만, 이제 그 이미지는 그녀의 상상 속에서 활동하고 있었다.

그다음 주 다시 상담실을 찾은 이브는 남자친구를 집에서 쫓아내기로 마음먹었다고 알리면서, 이번에는 좀 다른 꿈을 꾸었다고 했다.

전 어느 버려진 목장에 있어요. 웅덩이 가에서 놀고 있는데 물속에서 돌고래 한 마리가 올라오더니 저랑 장난을 쳐요. 전 녀석한테로 손을 뻗죠. 그다음 순간, 돌고래 떼가 절 에워싸고 있어요. 제 다리를 가지고 놀고 싶어 해요. 돌고래 피부가 거칠어서 처음엔 좀 이상한 느낌이지만 금방 익숙해져요. 문득 주위를 둘러보다가, 막 새끼를 낳을 참인 암컷 돌고래를 발견해요. 그 암컷을 지켜주려고 수컷들이 곁에 있는 거예요.

이 꿈에서 가장 먼저 눈에 띈 점은 이브가 찬 물웅덩이에 발을 담그는 상상을 하면서 시작된 기운의 흐름이었다. 그러고는 기적적인 일이 벌어졌다. 돌고래 떼가 나타난 것이다. 그녀는 새로운 확신에 차서 말했다.

"굉장히 보호받는 느낌이 들더라고요. 돌고래들이 절 돕고 싶어 한 거예요."

적극적 상상 속에서 이 꿈을 다루고 난 뒤, 이브가 할 일이라곤 고작 물속에 발가락을 담그는 정도의 작은 위험을 감수하는 것뿐이었으며 이제 그녀는 어마어마한 성장을 이루리라는 사실이 분명해졌다. 꿈에서 새 생명의 탄생을 느끼는 순간 그녀 안에는 낙관주의와 용기가 태어났다. 실은, 남성성을 대하는 태도가 확실히 달라졌다. 그동안 경제적 자립을 비롯해 차량 관리나 집수리 같은 실용적인 능력은 오로지 남성의 것이라 여겼던 그녀가, 자신의 '살지 못한 삶' 속에서 무르익은 그런 자질을 이제는 회복해야 하며, 굳이 남자들을 의지하며 살지 않아도 된다는 사실을 깨달은 것이다.

그녀 삶의 방향이 남자에게 의존하는 쪽으로 흐르게 된 데는 아버지의 영향이 컸다. 꿈에 등장한 아버지의 말 코크는 알고 보니 아버지 콤플렉스의 상징이었다. 그녀는 자신을 구속하던 낡은 태도를 죽여야 했던 것이다. 아버지의 원형 이미지는 자신의 가치를 알고 자신감을 느끼는 능력, 삶의 과업을 해결해 나가는 능력에 본보기로 작용한다. 의식적으로든 무의식적으로든 자신이 이런 일에 무능하다고 느낀다면, 내면에 부정적인 아버지 콤플렉스가 있다고 볼 수 있다. 생물학적 아버지가 강한 영향력을 행사할 테지만, 이후 성장과정에서 겪는 다른 인간관계와 문화적 경험으로도 아버지 콤플렉스는 강화된다.

돌고래 꿈을 꾸고 나서 몇 주에 걸쳐 이브는 현관문 자물쇠를 바꿔 전 남자친구가 더는 예고도 없이 들이닥치지 못하게 했다. 그녀가 꾸린 작은 사업체는 꾸준히 성장했고, 혼자서 충분히 자신과 두 아이를 먹여 살릴 수 있음을 깨달으면서 생계 유지에 대한 불안감도 사라졌다. 독서와 영화 감상에 취미를 붙여 푹 빠져들었다. 가장 주목할 만한 점은 이브가 이전부터 포켓볼pool을 취미로 즐겼다는 사실이었다. 자신감이 부족해 대회에서는 이렇다 할 성과를 내지 못했지만 말이다. 물웅덩이pool에서 새로운 탄생을 예견한 그녀의 두 번째 꿈을 기억하는가? 꿈은 자주 말장난으로 상징의 다차원성을 보여준다. 그 꿈을 꾸고서 1년이 지난 뒤, 이브는 새로이 태어난 자신감으로 아마추어 포켓볼 대회에 참가하여 당당히 우승을 차지했다!

꿈속 이미지와 교감하는 법

삶에서 뭔가 너무 넘치는 게 있다면 꿈이 알려줄 것이다. 너무 부족한 게 있다면 역시 꿈이 일러줄 것이다. 우리가 뭔가를 너무 많이 하거나 너무 적게 한다면 꿈이 길잡이가 되어줄 것이다. 꿈은 마음뿐 아니라 몸 상태에 대해서도 알려준다. 질병을 예측할 수도 있고 치유법을 안내할 수도 있다. 그러니 꿈속 상징과 교감하기 위한 노력이 필요할 것이다.

떨어지는 꿈을 꿨다면 꿈속 이미지에게 물어보라. 나의 무엇이 어떻게 어디로 떨어지는 거야? 품격이 떨어지나? 자존감이 떨어지나? 사랑에 빠지는 건가?

날아다니는 꿈이라면 이렇게 물어보라. 내 의식의 태도 중 무엇 때문에 날아다니는 걸까? 머리 뚜껑이 날아갈 정도로 화가 치미는 건가? 내가 어떻게 떠올랐지? 내 안의 무엇이 날개를 달고 비상하기를 갈망하나? 무언가를 향해 또는 무언가로부터 멀어지려고 나는 건가? 어떤 식으로든 자유로워지려는 초월적 시선인가? 마음의 눈으로 비행을 경험하며 무슨 일이 일어나는지 지켜보라.

사람들은 흔히 화장실 꿈을 꾼다. 재활용이 필요한 건 무엇인가? 나는 어디에서 소모되거나 넘치거나 침잠하는가? 내 사생활은 어떠한가? 내가 뭔가를 흘려보내야 하나? 화장실 안에서, 심지어 변기에 대고 말하는 자신을 그려보라. 자신을 변기라고 상상하라. '오물을 뒤집어쓰는' 기분이 어떤가? 꿈의 광경으로 들어가 그 이미지를 관찰하며 무슨 일이 일어나는지 지켜보라.

꿈은 인격의 균열을 메우는 데 탁월한 능력을 발휘한다. 꿈은 우리의 방향을 조금씩 틀어 목적지로 향하게 한다. 때로 꿈은 뜬금없는 맥락 속에 진짜 의도를 슬쩍 끼워 넣기도 한다. 꿈이 해법을 가져다주지 않을 때도 있다. 답은 모호하고, 그저 문제를 말하거나 막힌 지점을 반복해 보여줄 뿐이다. 그래도 꿈꾸는 내내 이미지들과 소통한다면, 나중에 더 발전할 수 있는 무대를 마련하는 데 도움이 될지도 모른다.

아마 내면의 목소리는 한갓 꿈 따위에 이런 소란을 피워봤자 시간 낭비라고 주장할 것이다. 현실적인 의견을 제공한 그 목소리에 정중히 고마움을 표하고, 계속해서 꿈의 이야기에 신중히 귀를 기울여라.

꿈을 무미건조하게 분석하기보다 지금 여기에서 경험을 창조하는 것이 우리의 목표다. 꿈을 기록한 후엔 그 꿈을 '지금' 꾸는 것처럼 현재형으로 소리 내어 읊어야 한다. 바로 이것이 '꿈을 깨지 않는' 방법이다.

'왜'가 아닌 '무엇'에 집중하며 꿈속 풍경을 탐색해보라.[30] 꿈의 이미지가 고요한 공간을 가득 채우길 기다려라.

관계의 본질을 바꾸는 꿈 작업의 힘

어떤 사람들 혹은 우리 안의 회의론자는 꿈에 신경 써봐야 헛수고라고, 진짜 중요하고 긴급한 현실의 책무를 외면할 핑계에 불과하다고 주장할 것이다. 내면 작업은 주변 사람들과 주변 세계 전체에 불가피한 영향을 미친다. 무의식을 의식화할 때 발산되는 에너지는 연못의 잔물결처럼 대개 멀리까지 퍼져 나간다.

여섯 달 동안 꿈 작업에 열심히 매달린 내담자가 있었다. 그녀는 상담을 받으러 다닌다는 사실을 남편에게 숨겼고 식료품 살 돈으로 상담료를 지불했다. 하루는 씩씩대며 들어와서는 의자에 털썩 몸을 던졌다.

"불공평해요."

나는 물었다.

"뭐가 불공평하다는 거죠?"

"전 꿈 작업을 하느라 애쓰고 있는데 남편은 이게 다 장난질이라면서 비웃어요. 그이가 저보다 더 행복해 보이더라고요!"

있을 수 있는 일이다. 내면 작업에 시간을 들이는 것을 자기만족이나 자아도취로 깎아내리는 시선에 굴하지 마라. 자신이 잘 안다고 생각했던 우리가 예측에서 벗어나거나 기존의 태도를 바꾸는 것에 당혹감을 느낄 수밖에 없는 가족과 친구가 주로 그런 식으로 반응한다. '살지 못한 삶'을 회복하는 과정은 주변 사람들과 쌓아온 관계의 본질을 의식적으로든 무의식적으로든 변화시킨다.

융은 개성화가 두 가지 측면, 즉 개인 내면의 주관적인 통합

과정과 객관적인 관계 맺기 과정으로 이루어진다고 짚었다. 두 과정은 똑같이 꼭 필요하며, 하나가 없으면 다른 하나도 성립할 수 없다. 어느 개인도 홀로 분리되어 존재할 수 없기에, "개성화는 고립이 아니라 보다 강건하고 폭넓은 집단적 관계로 이어져야 한다"는 원칙을 따른다.[31]

내면 작업의 향방을 예측할 수는 없지만, 세상 속으로 더 많은 의식을 끌고 들어갈수록 우리는 자기 자신과 공동체의 발전에 이바지하게 된다. 유대교 율법인 토라Torah에는 자신의 제단에 하늘의 불이 내리길 기도하면 그 대신 이웃의 제단에 불이 내린다는 이야기가 있다. 꿈을 꾸기에 정성을 쏟아 내면과 외부 세계의 결합에 힘쓴다면, 자아가 추구하던 결과는 아니더라도, 어쩌면 우리가 살면서 만나는 사람들 전부, 나아가 인류 전체가 풍요로워질 것이다. 이는 전 인류의 선을 위해 집단 무의식의 한 조각을 정화하는 성스러운 과업이다.

꿈 작업으로 마음속의 무언가가 움직였거나 자신의 습관적 패턴을 새로이 통찰하고 나면, 더 많은 꿈이 기억날 것이다. 한 가지 주제를 되풀이하는 꿈을 꾼다면, 그 꿈 경험과 내면의 관계가 아직 끝나지 않았다는 뜻이다. 꿈은 보통 우리가 뭘 해야 하는지에 대한 실마리를 주며 조금씩 다른 내용으로 나타난다. 모든 꿈은 각각 성장과정의 한 단계로, 하나의 꿈과 교감을 이루면 다음 꿈은 달라질 것이다.

어떤 상황에 놓이면 꿈에서 하나의 장면이나 주제가 계속 반복되기도 한다. 예를 들어, 전쟁이나 폭력, 심한 사고, 학대, 사랑하는 사람의 죽음, 자연재해 같은 트라우마를 겪은 사람이 그런 꿈을 꾼다. 이렇게 정신에 지속적인 영향을 주는 충격적 경험은 대개 일반적인 대처 능력의 한계 밖에 있어서 쉽게 받아들여지지 않는다. 그래서 그 꿈의 재료를 안전하게 소화할 방법을 찾아낼 때까지 내적 경험으로 계속해서 되돌아온다. 그 이미지가 정신에 거듭 상처를 입히지 않는 안전한 방법으로 꿈속에 녹아들 수 있게 이끌어줄 현명하고 경험 많은 조언자가 필요할지도 모른다. 전문가의 심리치료가 가장 큰 도움이 될 수 있다. 이런 심리치료는 밤마다 반복되는 악몽에 시달리는 사람들에게 적용된다. 극심한 충격을 안기는 경험은 아주 조금씩, 천천히 이해하는 수밖에 없다.

가장 고통스러운 경험을 수정하는 작업에 공을 들이면, 그 경험을 자녀에게 물려주거나 타인에게 전가할 가능성이 줄어든다. 꿈과 관계를 맺을 때는 항상 자문하라. 이 방문객은 왜 나타난 걸까? 나는 무엇을 배워야 하는가? 내 자아의 현재 관점이 놓치고 있는 것은 무엇인가? 꿈에 시간을 조금이라도 투자하면 무의식으로 잠재하는 행동 및 사고 패턴에 영향을 미칠 수 있다. 설령 명확한 결론에 이르지 못한다 해도, 갇혔던 에너지를 풀어주어 이로운 결과를 맞이할 수 있다.

꿈을 어떻게 받아들여야 할까?

꿈 작업 세미나에서 자주 듣는 질문이 있다. "꿈이 다루는 건 내면의 삶인가요, 외적인 상황인가요?" 가령 아내와 싸우는 꿈을 꾸었다면, 부부 사이에 긴장이 쌓여 곧 다툼이 있을 거라는 뜻일까 아니면 내 안의 여성성과 사이가 틀어졌다는 뜻일까? 사람들은 흔히 이 부분을 혼란스러워한다. 무의식이 걸핏하면 외적 삶의 이미지를 빌려 꿈꾸는 이의 내면에서 일어나는 역동을 상징화하는 데 사용하기 때문이다.

꿈은 다차원적이고 안팎을 구분하지 않는다. 따라서 꿈속 이미지는 삶의 두 영역 모두에 적용될 수 있고 적용되어야 한다. 남성이 내면의 여성성과 불화를 겪는 중이라면 공연히 기분이 나빠서 현실의 누군가와 다투게 될 공산이 크다. 내면에서 벌어지는 일이 그 경험을 외적 현실로 끌어내는 것이다.

그렇지만 나는 꿈 작업을 하면서 언제나 내적인 연관성을 먼저 찾아본다. 이는 실용적인 관점을 따른 것이다. 외적인 삶에 가치를 두는 문화의 영향으로, 사람들은 보통 꿈이 자신의 외적 삶을 그대로 반영한다는 결론에 곧장 뛰어든다. 꿈이 그날 벌어진 사건의 피상적인 재방송에 불과하다면 어차피 신경 쓸 가치도 없을 것이다. 하지만 그런 생각으로 꿈의 가장 중요한 본질을 놓치는 우를 범하지 말길 바란다.

꿈이 외부의 현실이 아닌 내면의 역학을 다룬다는 가정에서 출발하라. 예를 들어, 비행기가 추락하는 꿈을 꾸고서 여행을 포기하기로 마음먹은 남자가 있다고 치자. 하지만 그 꿈은 어떤 식으로든 그가 이미 연루된 일을 상징하는 것일 수도 있다. 어쩌면 삶의 뭔가가 파괴적인 방식으로 무너지고 있는지도 모른다. 꿈이 외부 상황을 그대로 비추는 경우에도 그 상황에 이르기까지의 내면 상태라는 점에서 역시 상징이라고 볼 수 있다.

꿈속 이미지를 있는 그대로 받아들이고픈 충동은 강하다. 많은 이들이 꿈을 핑계로 현실의 누군가를 탓하거나 자신이 옳음을 자축하려 든다. 그런 유혹에 저항해야 '살지 못한 삶'의 어떤 조각이 관심을 요구하는지 파악할 수 있는 기회가 생긴다.

여동생이 차를 너무 빨리 몰다가 건물을 들이받는 꿈을 꾸고서 나를 찾아온 내담자가 기억난다. 그 꿈이 자동차 사고의 예지몽일까 걱정스러웠던 그는 동생에게 전화해 조심하라는 말을 전해야겠다고 했다. 나는 일단 객관적인 시각에서 출발해보자고 제안했다. 어쩌면 그 꿈은 그의 내면에 생긴 문제, 이를테면 도피 충동이나 주체할 수 없는 열정으로 폭주하는 상태를 상징하는 것일 수도 있었다. 나는 그에게 그 꿈을 적극적 상상 안으로 끌어들여 (실제 여동생이 아닌) 내면의 여동생 형상에게 말을 걸어보라고 했다. 요즘 그가 통제 불능에 빠져들지 모를 일을 하고 있었을까? 그렇다면 그게 무엇이었을까? 이로써 그는 생각지도 못했던 통찰에 이를 수 있었다. 명심하라. 있는 그대로를 떠올리는 게 아니라 상상력을 발휘해야 한다.

또 다른 사례를 짚고 넘어가자. 꿈에 등장하는 기차는 대개 실제 기차가 아니라 꿈꾸는 이의 기차 같은 부분을 상징한다. 어쩌면 폭풍처럼 궤도를 질주하는 결단력을 나타내는 것일 수도 있다. 혹은 고삐 풀린 열정인지도 모른다. 꿈속의 기차를 머릿속에 그려보라. 그 힘을 느껴라. 그 이미지를 생생하게 되살릴 세부적인 특징에 주목하라. 기차 소리는, 냄새는, 감촉은 어떠한가? 이미지를 불러들일 때 몸은 어떤 경험을 하는가?

꿈이 준 통찰을 행동으로 옮겨라

꿈은 흔히 목적론적teleological으로 앞을 내다본다. 고대 그리스어 '텔로스telos'는 '미래의 끌어당김'이라는 뜻을 지닌 아름다운 단어다. 과학 중심의 현대 문화는 뭐든지 원인과 결과로만 파악하려는 습관에 심히 물들어 있지만, 이 세상에는 어떤 목적을 이루는 방향으로 우리를 끌어당기는 보이지 않는 힘 또한 존재하는 것 같다.

현실에서 앞으로 일어날 일을 미리 알려주는 꿈이 있다. 예를 들어, 재앙이 닥치는 꿈을 꾸고 나서 얼마 지나지 않아 실제로 전쟁이 터지거나 가까운 누군가가 죽는 일이 벌어지기도 한다. 흔한 일은 아니지만 아예 없는 일도 아니다.

꿈속 형상들과의 소통으로 어떤 통찰을 얻었다면, 상징화 작업에서 진실로 유익한 성과를 거두기 위해 반드시 해야 할 일이 또 있다. 꿈속 형상과의 교감을 생생히 체험했다 해도 아마 그 통찰은 목 위로만 이루어졌을 것이다. 그러니 이제는 목 아래의 나머지 몸과도 친해져야 한다. 가톨릭에는 기도할 때 입술을 움직이지 않으면 기도로 인정하지 않는다는 오래된 규율이 있다. 마음으로 읊는 것만으로는 부족하다는 것이다. 꿈도 마찬가지다. 종이에 적어두고 그것을 구체화하는 행위가 뒤따르지 않으면 효과가 없다. 그러니 근육을 써라. 이론과 개념에 치우친 현대인에게는 때로 몸을 쓰는 구체적인 행위가 필요함을 상기해야 한다.

만약 돈을 빌리고서 죄책감을 느낀다는 사실이 꿈을 통해 확실시됐다면, 되도록 빚을 갚으면 된다. 하지만 안타깝게도 꿈이 항상 직설적인 것은 아니다. 그렇다면 창의력을 발휘해 소소하게라도 그 꿈을 기리는 의식을 만들어야 한다. 실없는 짓거리가 아닐까 하는 의심이 들 수도 있겠지만, 일단 뭐라도 해보라.

지금 생각해도 참 신기한 내담자가 있었다. 베네딕트 수도사였는데, 30년 동안 자신의 몸을 인지한 적이 없다고 했다. 그의 꿈은 그가 살면서 등한시해온 부분들을 보여주면서 그를 온전한 존재로 이끌어주려 애쓰는 것 같았다. 그는 자신의 꿈은 물론이고 육체적 본성에 관심을 기울여야 한다는 내 조언도 한사코 무시하려 들었다. 하루는 나도 발끈 화가 나서 이렇게 꿈의 내용에 대한 지적인 토론만으로 뭐가 되겠느냐고 쏘아붙이고는 탁상공론은 그만두고 실제로 뭐라도 해보라고 했다.

그는 멍한 눈으로 물었다.

"뭘 해야 할까요?"

나는 더 약이 올라 아무렇게나 내뱉었다.

"뭐, 딱히 생각나는 게 없으면 나가서 나무껍질이라도 들여다봐요!"

그는 잠자코 일어나 헛기침을 하고는 소지품을 챙겨 밖으로 나갔다. 아무래도 기분이 상한 듯했다. 내가 그만 평정심을 잃고 그를 너무 몰아세웠나 싶었다. 그런데 몇 시간 뒤 누군가 상담실 문을 두드렸다. 그가 돌아온 것이다.

"나무껍질이 얼마나 흥미진진한지 모르실 겁니다. 어떤 것은 거칠고, 어떤 건 매끈해요. 갈색도 있고 회색도 있지요. 같은 나무라도 북쪽 면과 남쪽 면이 달라요. 어떤 껍질 안에선 곤충이 살고요. 그거 아세요? 나무마다 냄새도 제각각이랍니다."

그가 감각의 영역과 자기 몸의 능력에 눈을 뜨면서 치유가 시작되었다. 비로소 그는 수십 년간 머물렀던 관념과 지성의 세계 밖으로 조금씩 나아갈 수 있었다. 이제 나는 그를 만날 때마다 나무들은 잘 지내냐고 묻는데, 그러면 둘 다 웃음이 터진다.

30대 후반의 준이라는 여성은 아무것도 느낄 수 없다면서 나를 찾아왔다.

"남들은 기분이 이렇다 저렇다 얘기하지만 제 마음은 항상 텅 비어 있어요."

그녀의 모든 경험은 머릿속 생각처럼 진행되었다. 그녀는 애팔래치아 지방에서 자랐다. 어머니는 걱정을 싸안고 사는 사람이었고 가족의 좁고 한정된 생활 바깥에 도사린 위험을 무서워했다. 어머니는 아이들에게 세상은 위협적인 곳이니 고향을 떠나면 분명 병에 걸리거나 심지어 죽을 수도 있다고 경고했다. 한편 아버지는 툭하면 화를 내서 아이들을 겁먹게 했다. 준은 가족 중에 유일하게 고향을 떠난 사람이었다. 가출을 감행해 대학에 갔고 이웃한 주에서 약사가 되었는데도 그녀에게 삶은 단조롭기만 했다. 다음은 그녀가 꾼 꿈 중 하나다.

여긴 집 안이에요. 창밖에 파랑새 떼가 보이네요. 전 너무 신나서 집에 있는 사람들 모두한테 얘기해요. 새들을 놀라게 할지 모르니 창가로는 얼씬도 하지 말라고 이르고요. 막내 여동생이 제 말을 안 듣고 창가로 가려 해요. 걔가 다 망칠까 봐 덜컥 겁이 나는데, 바로 그때 남편과 제가 새들과 함께 날고 있어요.

마치 파랑새 떼와 함께 떠다니는 것 같아요. 이러다 추락할지 계속 날 수 있을지 궁금해지네요.

준의 감정은 파랑새처럼 창밖 가까운 곳에서 그녀를 초대하고 있었다. 날개를 단 영혼들. 이 꿈에 대답하기 위해 준은 파랑새를 그리고 이야기를 만들어 들려주기로 했다. 그녀가 작업에 열심히 매달린 덕에, 가족의 '살지 못한 삶'을 처리하는 과정은 더디긴 했지만 꾸준한 진전을 이루었다. 어머니의 두려움에서 놓여나 자신의 감정을 날아오르게 하기 위해 그녀는 꽤 많은 정성을 쏟아야 했다. 사내들의 위협에 시달리는 꿈을 여러 번 꾸기도 했다. 꿈에 그런 형상들이 나타나면 그녀는 도망치거나 몸을 한껏 웅크렸다. 그래도 전환점은 찾아왔다. 적극적 상상을 통해 그녀가 그 음산하고 잔혹한 사내 중 한 명에게 맞설 수 있었던 것이다. 자신의 힘을 되찾는 순간 뿜어져 나온 기운에 그녀의 몸은 전율했다.

꿈을 이해하거나 해석하는 것이 항상 가장 중요한 일은 아니라는 점을 상기하라. 그건 자아의 욕구다. 꿈은 정신의 다른 면들에게 말할 기회를 준다. 지하세계의 기운은 하루에도 몇 번씩 우리에게 말 걸기를 시도하지만 평소의 우리는 의식이 하려는 일에 치여 무의식의 소리를 들을 수 없다. 그래서 그들은 의식이 잠든 밤에 찾아오는 것이다.

죽음에 관한 꿈이 알려주는 지혜

인생 후반기에 가장 흔한 꿈의 주제는 죽음이다. 이런 꿈은 생의 기운이나 오랜 습관이 스러져감을 가리키는 경우가 많지만 그렇다고 자신이 곧 죽을 거라는 결론을 내리면 안 된다. 아마 우리는 삶의 한 시절이 끝나는 지점에 있을 것이다. 더 성숙한 존재로 나아갈 길을 터주기 위해 우리 안의 어떤 면은 죽거나 새로운 모습으로 변화할 필요가 있는지도 모른다.

약 3년 전에 나는 이런 꿈을 꿨다.

나는 오랫동안 타고 다녔던 폭스바겐 비틀을 몰고 샌프란시스코로 향한다. 주차를 한다. 그러고는 차를 어디에 세웠는지 까먹는다. 차를 찾을 수 없는데 집으로 돌아가야 한다. 일단 걷는다. 걷다 지쳐 쓰러질 것만 같은데, 지갑마저 없어진 걸 발견한다. 샌프란시스코에 사는 한 친구가 지갑을 도둑맞았던 일이 떠오른다. 그때 친구는 내가 이용하는 은행이기도 한 뱅크 오브 아메리카의 한 지점으로 갔다. 신분증이나 돈은커녕 동전조차 없어서 누군가에게 전화로 도움을 청할 수도 없었다. 하지만 지점이 본사에 문의했고, 본사는 그의 계좌를 확인해주었으며, 그는 200달러를 인출할 수 있었다. 꿈속의 나는 뛸 듯이 기쁘다. '뱅크 오브 아메리카를 찾기만 하면 돼. 그들이 날

이 곤경에서 건져내줄 거야.' 나는 다시 걷기 시작한다. 뱅크 오브 아메리카를 찾을 수 없다(실제로 샌프란시스코에는 지점이 많다). 이윽고 더는 한 발짝도 내디딜 수 없는 지경에 이른다. 막다른 골목인지 원점인지 모를 그곳에서 불현듯 나는 삶의 기본 원칙을 깨닫는다. 내가 있어야 할 곳은 바로 여기이며, 내게는 자동차도 뱅크 오브 아메리카도 그 무엇도 필요하지 않다. 이 사실을 깨달음과 동시에 크나큰 안도와 환희가 밀려든다.

같은 날, 이어서 다른 꿈도 꾸었다.

다시 도시에 있는데, 이번에는 배경이 중세다. 목적지로 가려고 도시를 빠져나갈 길을 찾는 중이다. 어느 길로 가도 자꾸 처음에 출발한 지점으로 돌아온다. 마치 미로 같다. 방향을 달리 틀면서 몇 시간을 헤맨다(지금은 기억나지 않지만 꿈에서는 매우 상세했다). 하지만 어느 쪽으로 가건 간에 도착해보면 늘 같은 곳이다. 세 번째 시도도 마찬가지다. 더는 못 하겠다. 기진맥진한 상태로 나는 항복한다. 그 순간, 모든 길은 동시에 양방향으로 통하며 또한 모든 길의 끝은 우리가 출발한 그곳이라는 사실이 어떤 계시처럼 다가온다. 바로 이것이 현실의 본질 아니겠는가!

이 꿈은 대극이 문제에 골몰해온 몇 달의 시간을 응축해 표현해주었다. 당시에 나는 내 안의 카스토르와 폴룩스 문제로 상당히 괴로운 상태였다. 나날이 타락하는 문화적 풍토, 정치적 갈등, 끊임없이 내 기력을 빼앗는 갖가지 요구에 치이는 이 세상에서의 삶이 지긋지긋했다. 나의 일부는 죽을 준비가 돼 있었다. 지상의 세계를 떠나 폴룩스가 있는 올림포스로, 영원한 천상의 왕국으로 가고 싶었다. 그런 점에서 이 꿈은 죽음을 다룬 꿈이었다. 하지만 나는 가장 가까운 이들을 향한 애정으로 지상에 묶인 몸이기도 했다.

이 꿈을 꿀 무렵 나는 강의를 대폭 줄이고서 정체성의 변화를 겪고 있었는데, 그것이 잃어버린 지갑과 신분증으로 나타난 것이었다. 이 꿈을 다루는 적극적 상상 속에서 어쩌다 은행 직원과도 대화를 나누게 되었다. 그는 뱅크 오브 아메리카도 날 구해줄 수는 없다고 못 박았다.

"고객님은 노년에 접어들었어요. 인생의 황혼기죠. 젊은 시절의 자신과 같다는 생각을 버리세요."

꿈속 형상이 알려주었듯 나는 내 처지를 어떻게든 바꿔보려는 노력을 접고 현실을 있는 그대로 받아들여야 했다. 심리적으로나 육체적으로도 한계가 생기는 것을 비롯해 나이가 들면서 겪기 마련인 모든 변화와 싸우기를 그만둘 필요가 있었다.

기력을 다 소진한 시점에서야 계시가 들어와 지금이 멋진 시기라는 비합리적인 결론에 도달하다니! 나는 말년에 이르러 일말의 깨우침을 얻는 것인가?

두 번째 꿈에서 모든 길은 동시에 양방향으로 통하고 또한 모든 길의 끝은 우리가 출발한 그곳이다. 그리고 이것이 현실의 본질이다. 이런 개념은 의식의 관점에서 나쁜 소식이겠지만, 꿈속에서 나는 마치 천상의 비밀을 알아낸 것 같은 기분이었다.

이 두 가지 꿈은 내게 중요했다. 지하세계에서 올라온 계시는 결국엔 누구나 맞닥뜨리게 되는 삶의 중대한 변화, 즉 은퇴와 죽음을 나 역시 준비하도록 이끌었다.

죽음의 순간에 느끼는 회한과 고통에서 가장 큰 부분을 차지하는 것은 이제껏 의식하지 못한 '살지 못한 삶'임을 나는 점차 깨달았다. 아직 끝맺지 않은 우리 안의 절박한 무엇을 꿈 작업으로 풀어내면, 죽음 앞의 괴로움을 대부분 덜어낼 수 있다.

내 친구 제인은 필라델피아에 있는 한 병원의 목사였다. 그녀는 죽음을 앞둔 환자들의 병상 앞에 앉아 위안과 위로를 건네는 일을 했다. 수많은 환자의 이야기 동무가 되어주며 그녀가 숱하게 반복해 들었던 한 가지 주제가 있었는데, 그것은 배신감이었다.

"누구나 따를 의무가 있다고 여기는 문화적 규범을 지키면서 삶의 의무를 다한다면, 제대로 살아볼 기회를 갖기도 전에 삶이 끝나진 않을 거라고 다들 생각해. 그런데 죽음을 앞둔 소중한 순간을 맞이하고서야 더는 시간이 없음을 깨닫지. 하지만 너무 늦었어. 본질적인 경험은 놓쳐버린 거지."

지금 이 순간, 남은 시간이 없다고 상상하라. 그러면 이제부터 진정으로 살아갈 수 있다.

인도에 머무를 때 나는 길거리나 갠지스 강 계단에서 매일같이 시신을 보았다. 육신의 소멸이라는 피할 수 없는 운명을 불가사의한 신비로 여기는 분위기도 아니었다. 반면에 현대 서구 문화는 죽음이란 게 존재하면 안 된다는 듯이 한사코 숨기려 든다.

죽음에 관한 꿈은 마치 삶의 모순이 저절로 해결된다는 듯 질서와 통합을 자주 보여준다. 일례로 내 내담자였던, 암 선고를 받은 노부인이 그런 꿈을 꾸었다. 그녀는 아름답고 섬세하며 연약한 사람이자 재능 있는 예술가였다. 이미 종양을 제거하는 대수술을 받은 후 방사선 치료에 이어 화학요법까지 받은 터였다. 전력을 다해 암과 싸웠는데도 암이 전이되어 더는 손쓸 수 없는 상황임을 알게 된 위기의 시기였다. 그녀는 공포에 휩싸였다. 그때 꿈이 찾아왔다.

나는 비탈길을 따라 호수로 내려가고 있어요. 호숫물이 참 맑네요. 밑바닥까지 훤히 들여다보여요. 바위들이 방향은 제각각인데 크기가 똑같아요. 오른편에 웬 사내가 수영을 하는데 나도 들어가 자기랑 같이 수영하길 원하는 것 같아요. 그때, 왼편에 아름다운 유니콘이 보여요. 무릎까지 물에 잠긴 채 서 있는데, 너무 멋져요. 무릎 아래쪽은 무슨 무늬처럼도 보이고 물결처럼도 보이는 것과 겹쳐 있고, 그 위쪽은 정말이지 아름다운 조각상 같네요. 남들은 이 동물을 두려워하지만 난 아니에요. 가장 강렬한 느낌은 '맑음'이에요. 이 꿈에서는 밑바닥까지 전부 다 볼 수 있을 것만 같아요.

이 유니콘 형상은 기적을 의미했다. 무의식이 보내는 선물이었지만, 정작 꿈을 꾼 사람은 선뜻 그 선물을 받고 싶어 하지 않았다. 꿈은 그녀에게 약속했다. 곧 다가올 죽음에 솔직해질 수 있다면 그 안에서 굉장한 아름다움을 보게 되리라고 말이다. 물이 너무도 맑아서 존재의 밑바닥까지, 제자리를 지키는 바위 하나하나까지 훤히 볼 수 있었다.

유니콘은 신비로운 동물이다. 조화와 통합의 상징이며, 때로는 그리스도의 상징으로 일컬어지기도 한다. 이런 맥락에서 노부인의 꿈에 나타난 유니콘은 삶의 조각들을 끌어모아 하나로 합치는 것을 가리키는 듯했다. 그녀는 죽음이 임박한 시점까지도 '살지 못한 삶'을 떠안은 채 괴로워하던 차였다. 그 '살지 못한 삶'을 의식으로 끌어올릴 수 있다면 그녀는 맑디맑고 완전무결한 존재로 완성될 것임을 꿈이 알려준 것이다. 이 꿈은 죽음이란 게 어떤 경험인지 그녀에게 설명해주려 했다. 꿈은 그녀의 고통에 직접 답했다.

유니콘 꿈은 놀랍도록 선명했다. 사실 그녀가 진짜 두려워한 것은 삶의 영광이었다. 다음번 상담 시간에 나는 오래전에 받은 보물인 일각고래 뿔을 가져왔다. 바다 생물의 뿔이었지만 흔히들 상상하는 유니콘 뿔과 신기하리만치 비슷했다. 밑동부터 뾰족한 끝까지 길이가 30센티미터 남짓이었고, 뽀얀 표면은 하얀 머리채를 꼬아 놓은 듯 섬세한 나선들이 얽혀 있었다. 나는 노부인에게 그 뿔을 품에 안은 채로 꿈속의 영상을 머릿속에 펼쳐보라고 했다. 강력한 꿈 상징이 이생 이후의 영역으로 가는 그녀의 여정에 도움이 되리라 여겨서였다. 세상을 떠나기 전 나와 마지막으로 만난 그녀는 두려움을 모두 털어내고 평온한 빛을 발했다. 우리의 만남을 나는 결코 잊지 못할 것이다.

꿈이 생생해지는 꿈 배양법

꿈을 기억하는 습관을 들이고 싶다면, 여기서 설명하는 꿈 배양dream incubation[32]을 시도해보라. 꿈을 초대하기로 계획한 날에는 저녁을 가볍게 먹어라. 잠자리에 들기 약 90분 전부터 밤의 손님을 맞을 준비에 들어가자. 몸과 마음과 영혼을 정결히 한다는 생각으로 여유 있게 목욕을 하고서 편안하고 깨끗한 목욕 가운을 걸치거나 잠옷을 입는다. 명상을 하거나 머릿속 생각을 한곳에 모으는 시간을 갖는다. 이런 노력에 도움이 될 만한 또 다른 무언가에 상상으로 다가간다. 자신의 영혼, 숭고한 권능, 창의력, 뮤즈, 무의식, '더 높은 자기', 수호성인, 수호천사……. 뭐든지 자신에게 생생히 실재하는 것이면 된다. 그것에게 당신의 꿈 배양을 도와줄 수 있는지 물어보라.

이제 지각의 영역으로 들어오는 질문이나 주제 들을 적는다. 그중 하나를 고르거나, 그중 하나가 당신을 고르게 하라. 기운과 약속이 담긴 주제여야 한다. 그 질문이나 주제를 명료하고 짧은 하나의 문장 또는 문구로 다듬어 다시 적은 뒤 소리 내어 읽는다. 낮게 읊조려도 좋고 목소리를 높여도 좋다. 그러고 나서 다음 질문에 대한 답을 써보자.

>> 이 문제는 나에게 어떤 의미가 있는가?
>> 이 문제에 관해 내 안에 도사린 가장 깊은 욕망은 무엇인가?
>> 이 문제로 나는 어떤 두려움을 느끼는가?
>> 이 문제를 해결하지 않고 내버려두는 내밀한 이유가 있는가?
>> 이 문제를 해결하기 위해 나는 무엇을 기꺼이 포기하거나 희생할 것인가?

졸음이 오면 이 주제를 계속 되뇐다. 자는 동안 새로운 시각을 얻으리란 기대감을 안고 잠에 빠져든다. 잠에서 깨면 그 즉시, 꿈의 기억이 밤하늘의 별처럼 사라져버리기 전에 최대한 다 적어둔다.

빠르게 바뀌는 장면, 언뜻언뜻 끼어드는 기억의 단편, 동시 다발적인 행위로 이루어진 꿈은 문학보다 영화에 가깝다. 꿈속의 영상을 단선적인 문장으로 기록하다 보면 그 생생한 경험을 대부분 잃고 만다. 꿈의 역동적인 흐름에 대한 감을 되찾으려면, 기억나는 대로 일단 적어둔 것에서 쉼표나 마침표 같은 문장부호는 되도록 없애는 게 좋다. 그렇게 하고서 다시 읽어 보면 꿈이 더욱 생생하게, 막힘없이 흘러갈 것이다.

이따금 나는 꿈속 형상들을 동물에, 이를테면 고양이에 빗대어 생각하길 즐긴다. 고양이는 독립적인 생물이어서, 분석이나 해석의 대상이 된다거나 일직선으로 걸어가게끔 유도당하는 것을 달가워하지 않는다. 그러면서도 관계의 가치를 잘 안다. 아마 고양이는 누군가 자기 귀를 긁어주거나 먹여주거나 놀아주거나 때로는 그저 예뻐해주길 원할 것이다. 꿈도 그렇다. 가장 활기찬 내면의 형상에 말을 붙여보라. 그러고는 어떻게 되는지 살펴보라.

꿈속 형상을 가지고 놀이를 할 수도 있다. 예를 들어 꿈 기록 안의 명사를 동사로 바꿔 진행 중인 행위로 풀어내는 방법이 있다. 만약 내가 사과 꿈을 꾼다면 이런 생각을 할 것 같다. '사과-하기'란 무엇일까(즉, 사과로 사는 건 어떤 느낌일까)? 내 안에서 뭔가 익어간다? 둥글둥글하다? 의사를 볼 일이 없다(사과를 매일 한 알씩 먹으면 병에 걸리지 않는다는 속설을 따른 것_옮긴이)?

꿈속의 사건, 장면, 형상과 관계를 맺고 교감하다 보면, 굳이 해몽에 집착할 필요가 없음을 알게 될 것이다. 꿈을 분석하려 들지 말고 친구처럼 호기심과 애정과 경이감으로 대하라.

8장 │ 내 안에 존재하는
'영원한 아이' 깨우기

'영원한 아이'는 기운을 북돋고, 기발하고, 실험적이고, 낙관적이며, 이상주의적이고, 장난기 많고, 창의성이 넘친다. 어떤 이들은 젊음의 열정을 소위 책임감이라는 것과 맞바꾸어 보수적이고 방어적이며 경직된 삶, 다시 말해 '영원한 아이'의 창의력을 저버린 삶으로 자진해 들어간다. 나이가 지긋해지면서 과도하게 건강에 신경 쓰거나 좀스러워지거나 과거의 영광에 집착하게 되는 사람들이 너무나도 많다. '영원한 아이'가 활동을 멈춰버리면, 우리는 완고하고 독단적이며 비판적이고 권위적인 사람, 법과 틀과 안전에 매인 이른바 '꼰대'가 돼버리고 만다.

다양한 기운과 기질이 모여 '나'를 이룬다는 점은 이미 살펴보았다. 이번 장에서는 나이가 들면서 특히 더 관심을 갖게 되는 두 가지 원형, 즉 '영원한 아이Eternal Youth'와 '현명한 어른Wise Elder'을 집중적으로 다루려 한다.

'영원한 아이'는 기운을 북돋고, 기발하고, 실험적이고, 낙관적이며, 이상주의적이고, 장난기 많고, 창의성이 넘친다. 한편 무책임하고 변덕스러우며 종잡을 수 없기도 하다. '영원한 아이'로 기우는 사람들이 어느 정도 몽상가적 기질을 갖고 있기는 하지만, 대개는 거의 황당무계한 환상에 사로잡힌 것처럼 보이기 쉽다. 융은 이런 유형을 푸에르Puer(라틴어로 '소년')와 푸엘라_{Puella}(라틴어로 '소녀')라 칭했다.

　무거운 의무와 책임을 짊어진 현대인은 인생의 후반기에 이르면, 푸에르 또는 푸엘라의 기운을 이미 쥐어짤 대로 짜낸 상태가 된다. 그래도 각자의 내면에는 억누를 수 없는 이 아이의 기질이, 적어도 잠재하는 형식으로나마 살아 있다. 심지어 아흔 살 노인의 내면에도 '영원한 아이'가 있다. 오랜 습관이나 현재의 규범, 성문법에 얽매이지 않는 새로운 의식을 만나는 일에 있어 나이는 숫자에 불과하다.

　'영원한 아이'라는 희망적 영감의 반대편에는 '현명한 어른(이를 융은 '현명한 노인'을 뜻하는 라틴어 '세넥스_{Senex}'라 칭했다)'이라는 현실적 실용주의가 있다. 이것은 실용적인 구조와 체계를 만드는 기운으로, 우리의 법과 제도에서 그 영향력을 엿볼 수 있다. 안정, 질서, 통제, 관리. 이들은 '현명한 어른'의 기질에 어울리는 단어다. '현명한 어른'의 영향이 없으면 우리 안의 아이가 품은 창의적 아이디어와 계획과 열망을 구체화하여 현실로 끌어오기 어렵다.

　'영원한 아이'와 '현명한 어른'은 동등하게 어우러지기 어렵지만, 인격(과 사회)이 균형을 이루려면 둘 다 필요하다. 이들은 근본적인 현실의 모순되는 두 측면이며, 어디서든 한쪽 극단이 나타난다면 또 어딘가에 반대쪽 극단이 평형추로서 존재한다. 두 극단은 신성한 아름다움과 창의성을 현실의 삶으로, 영혼을 물질로 어떻게 끌어들일 것인가 하는 보편적 딜레마의 일부다. 두 원형적 기운의 불화는 이렇듯 불가항력적 문제를 조정하려는 시도인 것이다.

우아하게 나이 들지 못하는 사람과 제도는 어디에나 있다. 어떤 이들은 젊음의 열정을 소위 책임감이라는 것과 맞바꾸어 보수적이고 방어적이며 경직된 삶, 다시 말해 '영원한 아이'의 창의력을 저버린 삶으로 자진해 들어간다. 나이가 지긋해지면서 인생 후반기의 사명이랄 수 있는 자아의 확장에 힘쓰는 대신 과도하게 건강에 신경 쓰거나 좀스러워지거나 과거의 영광에 집착하게 되는 사람들이 너무나도 많다. 우리 안에는 나이를 먹을수록 되살려 가꿔야 할 본능적 푸에르의 기운이 있다. '영원한 아이'가 활동을 멈춰버리면, 우리는 완고하고 독단적이며 비판적이고 권위적인 사람, 법과 틀과 안전에 매인 이른바 '꼰대'가 돼버리고 만다.

한편 '영원한 아이'에 심하게 몰입하는 부류도 아주 많다. 푸에르와 푸엘라는 인생 전반기에 더 흔하긴 하지만 어느 연령대에나 있고, 연애를 하는 동안에는 그 기운이 많은 즐거움을 안겨준다. 그런 사람은 신선하고 새로워 보인다. 만나면 재미있고 뻔하지 않다. 내면의 '영원한 아이'가 활약하는 한 삶은 결코 지루해지는 법이 없다. 하지만 이런 사람이 진지한 연애에 빠져들면, 이토록 강한 기운의 과잉이 감당할 수 없고 위험해 보일 수 있다. 푸에르와 푸엘라는 선택의 대가로 자유를 잃을까 두려워 절대로 한 사람에게 헌신하지 않는다. 아이디어는 차고 넘치지만 결실로 이어지는 건 없다. 스트레스를 받으면 아기처럼 누군가 돌봐주길 바라며 유치하게 굴기 십상이다. 중년 이후에도 '영원한 아이' 원형에 사로잡힌 사람들은 대개 철이 없고 자기중심적인 모습을 보이며, 한창때 형성된 일시적인 정체성을 버리지 못하는 탓에 더 성숙해질 기회를 스스로 차단하기도 한다.

확실히, 숫자상의 나이가 반드시 성숙함과 나란히 간다는 법은 없다.

몇 년 전 나를 찾아온 미망인이 있었다. 그녀는 두 명의 구혼자 사이에서 고민하는 중이었다. 첫 번째 구혼자는 첫 데이트 때 그녀를 공원으로 데려가 다람쥐가 노는 모습을 함께 구경했다고 한다. 그 설명만으로도 나는 그가 푸에르의 강한 기운을 지녔음을 간파할 수 있었다. 두 번째 구혼자는 은행원이었다. 재정적으로는 더할 나위 없이 탄탄했지만, 다소 답답하고 지루한 구석이 있었다. 그녀는 누구와 결혼해야 할까?

그녀는 나와 이런저런 이야기를 나누고는 상담실을 나섰다.

2년 뒤 길거리에서 우연히 그녀와 마주쳤다. 반갑게 인사하고 서로 안부를 묻다가, 마침내 내가 그녀에게 누구와 결혼했느냐고 물었다.

"아, 짐하고 결혼했어요. 은행원이요."

이후로 긴 정적이 흘렀다. 다시 내가 물었다.

"그래, 결혼 생활은 어떤가요?"

그녀의 얼굴에 체념한 기색이 언뜻 스쳤다.

"음, 괜찮아요. 하지만 그이는 저한테 다람쥐 노는 걸 보러 가자고 하진 않죠."

단 두 문장으로 그녀는 두 원형적 기운 중 한쪽으로만 기울 때의 딜레마를 표현한 셈이다. 즉, 이 두 원형이 활발히 교류하며 합리적인 균형을 유지해야만 '진정한 성숙'에 이를 수 있다.

진정한 성숙이란 무책임한 사춘기로 퇴행하는 것도 아니고, (흔히 사회규범에 성실히 복종하는 것으로 해석되는) 지긋지긋한 책임감을 더 떠안는 것도 아니다. 더 많이 책임질 수 있는 능력, 삶의 도전에 유연하게, 열정적으로, 패기 있게 응하는 정신, 자기 창조적이며 진정성 있는 생활, 대극의 간격을 좁혀 조화로운 합일을 이룬 삶. 진정한 성숙에 필요한 덕목은 바로 이런 것들이다.

영원한 젊음의 원천은 내 안에 있다

'젊음의 샘'은 그 물을 마시면 젊음을 되찾는다는 전설의 샘이다. 이 샘이 미국 플로리다 주에 있다고 전해져서, 젊음의 샘 이야기는 플로리다를 대표하는 전설로 꾸준히 회자된다. 그러니 플로리다에 실버타운이 그토록 많이 생겨난 것도 어찌 보면 당연한 일이다. 항간에는 1513년 스페인의 탐험가 후안 폰세 드 레온Juan Ponce de León이 젊음의 샘을 찾아 현재의 플로리다에 상륙했다는 오랜 속설이 퍼져 있지만, 이 전설의 기원은 그가 아니고 이런 이야기가 아메리카 대륙에만 있는 것도 아니다. 치유의 물 이야기는 고대로 거슬러 올라간다. 현자의 돌(좁게는 비금속을 귀금속으로 바꾸는 연금술의 촉매제, 넓게는 그것을 가진 자에게 부와 영생을 안겨준다는 전설의 물질_옮긴이), 만병통치약, 불로장생약 같은 보물들이 얽힌 수많은 전설 속 인물들이 궁극적으로 얻고자 하는 것은 바로 영원한 젊음이다.

현대사회는 젊음을 종교처럼 떠받드는 분위기를 조장하고 젊음을 약속하는 제품과 서비스를 마구잡이로 팔아 수익을 올리지만, 정작 나이가 들면서 꼭 필요한 것은 자기 안에서 영원한 젊음의 원천을 발견하는 것이다. 원기를 북돋는 이 기운은 언제든 공짜로 쓸 수 있다. 그저 만지작대다 발견해서 놀면 된다.

창조는 놀이에서 시작된다

놀이는 어린아이에게 가장 손쉬운 일일 것이다. 아이들은 끊임없이 변한다. 환상에서 일상으로, 다시 환상으로 순식간에 이동할 수 있다. 마음이 가는 대로, 본능적으로 논다. 하지만 의식이 자라고 복잡한 인생사를 거쳐갈수록 놀이가 어려워진다.

어릴 적 내가 살던 동네 한복판쯤에 레크리에이션 센터가 있었다. 우리는 그곳을 '레크'라고 줄여 부르며 주로 거기서 놀았다. 레크리에이션(recreation, 오락)은 리크리에이션(re-creation, 재창조)으로도 읽을 수 있다. 이렇듯 영단어에서 직관적으로 파악할 수 있는 두 개념의 연관성은, 다소 난해하기는 하지만 고대에 쓰인 신학적 저술에서도 드러난다. 예를 들어 산스크리트어 '릴라Lila'는 '신의 놀이'를 뜻하며 우주 창조와 파괴 그리고 재창조를 가리킨다. 즉, 가장 심오한 신비인 우주의 전개 과정을 신의 놀이이자 신의 오락으로 이해할 수 있다는 얘기다.

카스토르와 폴룩스 시대의 그리스에서 놀이를 뜻하는 단어는 '파이그니아paignia'였다. 고대 그리스인들은 파이그니아를 유희의 여신으로 모셨으니, 그들의 삶에서 놀이가 얼마나 중요했는지는 능히 알 만하다. 권능, 유희, 신성함을 한데 아울렀기에 그들은 춤과 연극, 철학을 비롯해 불멸의 생명력을 지닌 수많은 문화적 업적을 남길 수 있었다.

원숭이 신이 던져준 선물

〈라마야나_{Ramayana}〉라고, 내가 특별히 좋아하는 옛이야기가 있다. 인도에서 고대부터 전승된 이야기로, 한 인물이 삶의 여정을 통해 점차 깨달음을 얻는다는 내용이다. 여기서는 라마라는 왕이 오전마다 여는 법정에서 일어난 일화를 소개하려 한다. 왕이 왕좌에 앉아 법정을 주관하던 호시절이었다. 왕국 백성이라면 누구든 와서 자신의 문제와 고민을 호소할 수 있었다. 왕의 손에 정의가 달려 있었다. '현명한 어른'으로서 예복을 걸친 왕이 그날의 가장 긴급한 사안을 듣고 정의를 베풀었다.

매일 아침 라마가 왕좌에 앉아 탄원 또는 고백의 기회를 기다리는 수많은 백성의 명단을 들을 채비를 할라치면, 원숭이 한 마리가 창문으로 뛰어 들어와 왕에게 과일 한 알을 줬다. 하루도 빠짐없이 일어나는 일이라 라마도 익숙해져 대수롭지 않게 여겼다. 과일을 받으면 원숭이에게 고맙다고 하고서 그 과일을 뒤로 휙 던지고는 제 할 일을 했다.

그러다 보니 현명한 왕의 왕좌 뒤편엔 먹지도 않고 버린 과일이 잔뜩 쌓였다. 하루는 청소를 하던 사람들이 왕좌 뒤에서 보석 더미를 발견했다. 과일마다 보석이 들어 있었던 모양이다. 원숭이의 모습으로 나타난 하누만 신이 매일 아침 선물을 줬는데 왕은 그 선물을 아무렇지도 않게 던져버렸던 것이다.

우리 일상의 원숭이 신, 하누만(창조적 잠재력을 지닌 본능의 목소리)은 보석을 품은 과일을 매일같이 건넨다. 그런데 우리 내면의 왕은 그날그날의 의무와 갈등, 불안과 걱정에 전념하느라 그 선물을 거들떠볼 겨를도 없이 던져버린다. 모든 이의 왕좌 뒤편엔 쌓여가는 보석 더미가 있다. 쓰이지 않은 잠재력이 그렇게 쌓여간다. 원형적 기운에 마음을 열면 당장이라도 가져다 쓸 수 있는 보석들이다.

자아에 의해 왜곡되는 놀이 정신

이전에 분리되었던 요소들은 놀이 정신 안에서 자연스레 섞이기도 한다. 이런 의미에서 상징은 매우 고차원적인 놀이라 할 수 있다. 논다는 것은 풍부한 감수성을 키우고, 현실을 재해석하며, 우연한 방식으로 삶을 경험하는 것이다. 순수한 놀이는 축구나 교향악처럼 명확한 목표와 규칙이 있는 게임과 다르다. 텔레비전으로 중계되는 스포츠 경기는 고도로 압축된 형식의 놀이다. 즉흥연주의 선구자이자 예술 이론가인 스티븐 나흐마노비치 Stephen Nachmanovitch가 탁월한 시각으로 놀이와 영성을 논하면서 꼬집었듯이, 요즘은 아마추어 스포츠조차 경기하는 게 좋아서라기보다 자부심이나 탐욕을 내보이기 위해 하는 사람이 늘어가는 듯하다.[33] 자아의 요구에 휘둘리는 놀이 정신은 왜곡되고 파괴될 수 있다. 놀이는 정해진 활동이 아니다. 뭐든지 불러낼 수 있는 신성한 특성이자 태도이며 현존이다. 기존의 규정에 매이지 않은 놀이, 자유로운 놀이는 알쏭달쏭하고 짜릿하고 위험하며 온갖 가능성에 열려 있다.

인생 후반기에도 '영원한 아이' 정신을 지켜내기 위해 우리는 경험으로 노는 법을 다시 익혀야 한다. 일과 의무와 도리에 무릎 꿇기 전에 발견의 기쁨을 되살려보라. 움직임은 살아 있다는 증거요, 정체함은 곧 죽음이다. 변하지 않고 예측 가능한 것에 매달리면서 우리의 삶은 생기를 잃어간다. 열정enthusiasm은 놀이 정신과 밀접한 관계가 있다. 열정의 어원인 고대 그리스어 '테오스theos'는 '신'을 뜻한다. 열정이 있다는 것은 신의 도움으로 자신을 채워 자아 혼자서 모든 책임을 짊어질 필요가 없게 한다는 의미다.

융은 수첩을 갖고 다니면서 수시로 글과 그림을 끼적였다. 요한 볼프강 폰 괴테Johann Wolfgang von Goethe의 명작 《파우스트》에는 선명한 영감을 안기는 빼어난 경구가 있다. "형성, 변형, 영원한 정신의 영원한 재창조." 이 경구를 고찰하며 융은 이렇게 적었다.

"새로운 것을 창조하는 일은 지성이 아니라 내적 필요에서 비롯된 놀이 본능의 행위다. 창조적 정신은 자기가 좋아하는 대상을 가지고 논다."[34]

유치한 놀이가 주는 심오한 통찰

적극적 상상이 심리치료법으로서 완성된 꼴을 갖추고 세상에 나온 것은 아니었다. 융의 자서전에 정신분석 분야의 동료인 프로이트와 갈라선 뒤 시작된 불확실한 시기에 관한 내용이 있다.

무엇보다도 나는 환자를 대하는 태도를 바꿔야 할 필요성을 느꼈다. (…) 그래서 혼자 다짐했다. "난 아무것도 모르겠으니 단순히 닥치는 대로 해봐야겠다." 그리하여 나는 의식적으로 나 자신을 무의식의 충동에 굴복시켰다. 가장 먼저 표면으로 올라온 것은 열 살인가 열한 살 때의 기억이었다. 당시 나는 블록 쌓기 놀이에 푹 빠져 있었다. 작은 집과 성을 어떻게 쌓았는지도 또렷이 기억났다. 놀랍게도 이 기억은 풍부한 감정을 동반했다. 탄성이 절로 나왔다. "아하!" 이런 것들에 여전히 생명력이 있구나. 여전히 소년이 살아 있고, 여전히 창조적 삶에 사로잡혀 있구나. 하지만 내가 그 소년에게로 가는 길을 찾아낼 수 있을까? 현재의 나와 열한 살의 나 사이에 놓인 세월의 간극을 메워야 할 텐데, 어른인 내게 그 일은 불가능해 보였다. 하지만 내가 그 시절과 다시 이어지고 싶으니 달리 방법이 없었다. 그 시절로 돌아가 다시 한번 그 유치한 놀이를 줄기차게 해보는 수밖에.[35]

환자들이 줄지어 기다리는 전문의가 애들 놀잇감을 계속 만지작대야 한다는 게 창피했다고 융은 고백했다. 하지만 창피함을 무릅쓰고 그는 상담이 비는 시간마다 호숫가와 모래밭에서 돌을 쌓아 작은 집이며 성을 지었고 마침내는 마을 전체를 완성했다. 이후에도 그는 매일 오후 일정 시간을 쌓기 놀이로 보냈다. 그래서 그가 깨달은 것은 이렇게 놀다 보면 생각이 명료해지고 창조적 돌파구로 이어지는 여러 환상의 큰 흐름을 붙잡을 수 있다는 사실이었다. 뒤이어 수많은 연구 논문이 탄생했다. 전부 다 그가 돌멩이와 막대기, 모래를 가지고 노는 와중에 자라난 것이었다. 이 실험은 훗날 모래 상자 놀이치료, 꿈 분석, 적극적 상상 등 수많은 심리치료 기법의 기초가 되었다.

더없이 진지한 사람들조차 매일같이 놀이를 한다. 본인은 그게 놀이인 줄도 모르겠지만 말이다. 가장 흔한 놀이 형식은 일상의 대화다. 우리가 말을 할 때는 문화와 어휘, 문법의 틀을 이용하지만, 그것들로 만드는 문장은 전적으로 자기 자신의 것이다. 외국어 대화를 들어보거나, 모국어 대화를 듣되 내용은 무시하고 과정에 주목해보라. 운율, 멈춤과 시작, 언성이 높아지거나 낮아지는 때, 말이 오가는 리듬……. 모든 대화가 즐겁고 창조적인 행위일 수 있다.

집필, 회화, 수술, 컴퓨터 프로그램 오류 수정, 발명, 주식, 자동차 엔진 튜닝, 예술, 스포츠 등 꽤 진지한 작업을 포함한 모든 창조적 활동엔 '놀이력'이 필요하다.

샤워를 하며 노래를 부르든, 낙엽을 쓸며 휘파람을 불든, 악기를 연주하든, 어떤 경우든 간에 음악은 놀이 충동을 부추긴다. 재즈 같은 즉흥연주식 음악은 광휘와 환희, 열정과 깊이 등의 특성을 연주로 끌어들이는 순간순간의 창조적 흐름을 지향한다. 지금 이 순간에 생생히 살아 있으려면, 현재의 상황을 예민하게 감지하고 창조적으로 반응할 수 있어야 한다. 물론 악기를 다룰 줄도 모르면서 즉흥연주를 할 수는 없다. 사실 노력을 요하는 모든 일이 그러하다. 그러니 연습이 필요할 것이다.

기독교 전통은 '어린아이같이 되는' 자만이 천국의 문을 통과할 수 있다고 말한다. 이 말을 심리학적으로 풀면, 아이처럼 천진난만한 심성이 없으면 아무리 노력해도 신령하고 성스러운 경험에 이르지 못하리라는 뜻이다. 여기서 '유치하게'가 아닌 '아이처럼'이라는 표현을 쓴 것에 주목하라. 성숙한 의식 안의 정신은 지극히 치열하고 적극적이며 명료하다.

자아는 안전하고 예측 가능한 상태를 추구한다. 실험적이고 역동적인 삶에 역행하면서 어떻게 해서든 기존 정신의 틀에 맞춰 현실을 이해하려 한다.

이런 자아의 특성은 카스토르와 폴룩스 시대의 또 다른 신화 속 인물인 프로크루스테스와 상당히 비슷하다. 프로크루스테스의 침대에 대한 이야기를 들어본 적 있는가? 고대 그리스어로 프로크루스테스는 '잡아당기는 자'라는 뜻이다. 이 인물은 지나가는 행인을 길가에 있는 자기 집으로 초대해 유쾌한 식사를 대접하고 하룻밤 묵을 것을 권했다. 그는 자신의 손님용 침대는 아주 특별해서 누가 거기에 눕든 정확하게 길이가 맞아떨어진다고 자랑했다. 다만 '모두에게 딱 맞는 규격'이 어떻게 가능한지는 굳이 설명하지 않고 손님이 눕자마자 '작업'에 돌입했다. 즉, 침대보다 키가 작은 손님은 강제로 잡아당겨 늘렸고 키가 너무 크면 다리를 잘랐다.

'현명한 어른' 원형에 너무 치우치면 프로크루스테스처럼 자신의 기준과 선입견에 맞지 않는 경험을 왜곡하거나 잘라내는 사람이 되기 쉽다.

'영원한 아이'는 낡은 의식 구조를 해체할 수 있는 보편적인 해결책이다. 이 기운이 없으면 우리는 고인 채로 썩어가는 물이나 다름없다.

하지만 경계가 사라졌거나 세상이 무너지는 것 같을 때에는 '현명한 어른'이 더 필요하다. 누군가 영적인 길을 걸으며 자아를 없애는 데 힘쓰고 있다는 얘기를 들으면 난 늘 웃음이 나온다. 자아를 파괴하면 깨달음을 얻는 게 아니라 정신질환자가 되고 만다. 자아를 제거하려는 노력이 오히려 영혼의 탈을 쓴 자만심으로 귀결되는 경우도 많다(단순히 자아 이전의 의식으로 되돌리기엔 현대인은 너무 멀리 왔고 너무 개성화되었다). 그래도 자아를 관계로 끌어들여 더 위대한 무언가에 이바지하게 할 수는 있다. 현대인의 생활이 무너지지 않게끔 자아가 실질적 측면을 관리할 수 있지만, 그것은 적정 수준에서 이루어져야 한다.

이를 설명하는 또 다른 방법은 자아에 의사 결정이 아닌 인식의 기능을 맡기는 것이다. 의식의 초점을 '이건 나한테 뭐지?(자아 인식)'에서 '더 심오한 온전함, 통합, 창조적 표현을 위해 지금 이 순간 필요한 것은 무엇인가? 무엇이 더 위대한 선을 낳는가?(더 높은 자기 인식)'로 옮기는 과정이 포함된다. 뒤에 이어질 9장에서 이러한 의식의 진화를 더 폭넓게 다룰 예정이다.

완벽주의의 저주에서 벗어나자

'영원한 아이' 정신을 방해하는 수많은 걸림돌 중 흔한 것으로 완벽주의를 꼽을 수 있다. 많은 사람이 '내면의 비평가'에게 휘둘린다. 이 내면의 비평가는 자신이 가진 행운과 자신이 이룬 성과는 아랑곳하지 않고 도무지 만족할 줄 모르는, 미숙하고 파괴적인 형태의 '현명한 어른'이다. 어떤 잘못이나 문제에 자신을 탓하고 옥죄는 그 태도가 바로 문제의 원인일 수 있다. 아이들은 넘어지거나 굴러도 다치지 않는 반면 어른들은 똑같은 충격에도 병원 신세를 지게 되는 까닭이 여기에 있다. 강인함에 도달하려면 취약성과 개방성을 거쳐가야 한다. 실수도 반드시 필요하다. 그렇지만 불행히도 우리는 실수란 두려워하거나 숨기거나 피해야 하는 것이라 배운다.

완벽주의의 저주에 걸려들었다면, 자동온도조절기가 어떻게 작동하는지를 떠올려라. 온도조절기에 적정 온도란 건 없다. 실내 온도가 설정 온도보다 낮아지면 온도조절기는 즉시 난방기를 켠다. 난방기는 계속 돌아가다 실내가 설정 온도보다 살짝 더워진 순간에 꺼진다. 온도를 지표 위로 올려 조정하고 지표 아래로 내려 맞춰가는 과정의 순환이다. 이것은 건강한 자기 조직화self-organizing 체계의 징표이기도 하다. 우리 역시 자아의 일탈을 이런 식으로 조정한다. 환경 변화에 대응하는 조절

과정의 핵심이 바로 놀이다. 정신은 자신의 정체성에 대해 끊임없이 묻고 답해야 하기 때문이다.

아이들은 놀 때의 집중력이 대단하다. 놀이에 열중할 뿐 아니라, '지금 여기'에 오롯이 존재하며 무슨 일이 벌어지든 기꺼이 맞아들일 자세가 돼 있다.

선 수행의 대스승 스즈키 순류鈴木俊隆는 초심자의 마음에는 많은 가능성이 있으나 숙련된 사람의 마음에는 가능성이 적다고 했다. 새로운 뭔가를 처음 시작할 때, 우리는 가장 순수한 마음가짐으로 그것을 대한다. 선 수행의 목적은 이 열린 마음과 현존함을 항상 유지하는 것이다. 현실을 지각하는 습관적 패턴에 기대어 만사를 분별하기 시작하는 순간, 우리는 스스로 한계를 만들게 된다.

놀이 정신이 가진 치유력

일이나 삶이 건조해질 때 '영원한 아이'의 놀이 정신을 끌어들이면 진지함을 덜고 자극을 얻을 수 있다. 댄이라는 남성이 중년기에 경험한 급반전의 사례를 통해 푸에르의 기운이 발휘하는 치유력을 확인해보자.

댄은 재능과 운을 두루 갖춘 사업가로 서른 살에 이미 엄청난 부를 이루었다. 일중독이었던 그는 막대한 물질적 성공을 거뒀음에도 마음은 궁핍했다. 늘 긴장 상태에다 위궤양에 시달렸으며 투자 관리도 지긋지긋했다. 오래 사귄 여자친구와도 불행한 관계를 억지로 이어가고 있었지만 사업도 연애도 그만둘 엄두가 나지 않았다. 자신의 삶을 규정하는 바로 그 요소들이 벗어날 수 없는 덫처럼 느껴졌다.

　나와 몇 차례 상담을 하면서도 그는 그다지 나아지는 기미를 보이지 않았다. 그러던 어느 날 상담을 마치고서 댄은 남캘리포니아 해변을 따라 산책을 했다. 세계적으로 유명한 스크립스 수족관 근처에 바다표범이 자주 드나드는 작은 만이 있다. 평일 오후였고, 댄 주위에 사람이라곤 보이지 않았다. 다만 호기심 넘치는 바다표범이 한 마리 있었다. 처음에는 서로 경계 어린 눈길만 주고받았지만, 끝내 호기심을 이기지 못하고 둘은 서로에게 다가가기로 했다. 둘은 죽이 잘 맞았고 이내 사람과 바다표범은 해변에서 함께 춤추다 바다로 뛰어들어 신나게 헤엄쳤다. 둘은 두 시간 가까이 신나게 놀다 마지못해 헤어졌다. 그야말로 환골탈태의 경험이었다.

　다음 상담 시간에 댄은 상담실 문을 열고 들어오면서부터 이야기를 쏟아냈다. 나는 열심히 호응했고, 그 시간이 끝날 무렵 그는 더 이상 자신의 천성을 부정할 수 없으며 집으로 돌아가 '필요한 것은 뭐든' 하겠다고 선언했다. 난 인정할 수밖에 없었다. 내가 아무리 치료에 공을 들였어도 결국 바다표범 한 마리가 더 나았다. 그 녀석은 댄의 내면에서 잠자던 '영원한 아이'의 기운을 단숨에 일깨워주었다.

몇 달 후 댄이 다시 찾아왔다. 돈이 아주 많이 들긴 했지만 여자친구와의 관계를 정리했고 자신의 사업 지분을 모두 동업자에게 넘겼으며 9미터짜리 요트를 샀다고 했다. 바다표범과 어울려 놀았던 두 시간이 새로운 삶으로 가는 길을 정확히 가리켜주었던 것이다. 댄은 앞으로 몇 년을 배 위에서 보낼 계획이었다. 그는 탁 트인 바다의 자유와 즉각적인 감응력을 갈망했다. 이후 몇 년간 그는 이따금씩 나를 바다로 데려갔다. 물위에 있는 그 남자보다 더 느긋하고 만족감에 젖은 사람을 나는 이전에도 이후로도 본 적이 없다. 마지막으로 그에게서 들은 소식은 해양 생태 연구소에서 일하기로 했다는 것이었다. 댄은 자신의 '살지 못한 삶'을 고스란히 현실의 삶으로 끌어올리고 있었다.

누구나 댄처럼 자신의 '살지 못한 삶'을 그대로 현실화할 수 있는 건 아니고, 또 모두가 그것을 바라는 것도 아니다. 댄은 삶의 큰 흐름을 바꿀 만한 재력을 갖춘 행운아였다. 크게 성장한 자기 사업을 남에게 넘겨야 했고 불행한 연애를 끝내는 과정 또한 괴로운 데다 돈도 많이 들었지만, 그렇게 외부의 일들을 정리함으로써 그는 내면에서 몰아치는 숨은 가능성에 직접

다가갈 수 있었다. 물론 모두가 댄처럼 할 수 있다면야 좋겠지만, 그렇지 않다면 적극적 상상을 통한 상징화 작업으로도 그만큼의 효과를 기대할 수 있다.

내 안의 '영원한 아이'에게 편지 쓰기

밸런타인데이에 카드나 쪽지를 보내는 전통이 이탈리아 수도사 발렌티누스에게서 시작되었다는 사실을 아는가? 노년에 이르자 그는 주변 사람들 모두를 향한 애정을 주체할 수가 없었다. 그래서 감사와 애정을 담은 쪽지를 쓰면서 이를 낙으로 삼았는데, 그의 편지를 받는 사람은 점점 늘어났다. 마침내 수도원 원로들의 허락 하에 그는 독방에 머무르며 쪽지로 애정을 쏟아 붓는 일에만 매진했다. 그는 죽은 뒤 성인에 버금가게 존경받았고 사람들이 그를 기리면서 밸런타인데이 전통이 생겨났다.

인생 후반기, 대부분의 현대인이 그러하듯 책임과 의무와 도리의 중압감에 짓눌려 옴짝달싹 못 하는 상황에 갇혔다면, 사랑할 대상을 찾고 자신의 노고에 기쁨을 안겨줄 참신한 방법을 모색해야 한다. 당신은 무엇에 에너지와 열정을 쏟는가? 아직 당신 안에 있는 '영원한 아이'에게 쪽지를 써라. 그 쪽지를 베개 밑이나 컴퓨터 옆에 놓아두어라. 당신 내면의 존재가 아마 꿈이나 창의적 발상으로 응답할 것이다. 내면의 존재를 통제하려 하거나 바보 같아 보일까 봐 겁을 내지는 마라. 그런 태도를 버리는 게 핵심이다. 무의식은 당신이 보이는 태도를 그대로 돌려줄 것이다. 마음에 다가오는 형상으로 적극적 상상을 실행하라. 그 형상은 무엇을 욕망하는가? 그 기운을 따라가면 제 발로 걸어 들어온 궁지를 빠져나갈 길을 찾게 될 것이다.

9장 | 분리된 삶을
하나로 통합하라

인간 의식이 경험하는 모든 것은 대극의 형태를 띤다. 선과 악은 모순적인 대극이 아니다. 서로 상대적으로 늘어나거나 줄어들며 둘 다 필요하다. 깨달음의 길로 들어서려면, 삶을 모순의 연속으로 보고 의무적으로 싸우는 대신 일상에서 벌어지는 일들을 운명으로 껴안아야 한다. 자아를 어딘가로 보내라는 얘기다. 자신의 권한과 자유를 운명에 쏟으면 분열된 세상의 끊임없는 불안에서 벗어날 수 있다. 이 불안을 없애려면 그저 '있는 그대로'를 긍정하면 된다.

우리가 확인할 수 있는 가장 오래된 쌍둥이자리 전설은 인도에서 나온 것인 듯하다. 고대 인도에서 이 두 별은 새벽을 알리는 쌍둥이 기수로, '아스윈 형제'라 불렸다. 이 이야기는 약 6천 년 전으로 거슬러 올라간다. 춘분날 동이 틀 무렵에 이 한 쌍의 별이 나타났기에, 아스윈 형제는 봄의 여명을 알리는 전조로 여겨졌다. 이 두 별이 쌍둥이를 상징한다는 개념은 인도에서 페르시아를 거쳐 그리스와 로마로, 이어 유럽 전체로 퍼진 것 같다.

　봄의 여명, 레다의 용맹한 쌍둥이 아들 카스토르와 폴룩스의 이미지엔 시대를 초월하는 희망적인 분위기가 있다. 그들은 모든 이중성 이면에 존재하는 합일의 원형적 상징이다.

카스토르와 폴룩스를 올림포스와 하데스에서 똑같은 시간 동안 함께 보내게 한 제우스의 시도는 사실상 효과가 미미한 타협안이었다. 결국 쌍둥이 형제는 서로의 영토에서 사는 게 불편함을 깨달았다. 그들이 함께여도 괴로운 시간을 한참 더 보내고 나서야 제우스는 제대로 된 해결책을 찾아냈다. 인간인 카스토르에게 신성을 부여하고 형제를 하늘로 올려 영원한 하나로서 빛나게 한 것이다. 이 확실한 해답이, 우리 시대의 문화에는 아직 널리 퍼지지 않았다.

무의식적이었던 것을 의식적인 것으로 만드는 일은 천상의 짝과 나란히 하늘에 설 준비를 하는 것이다. 그래야 둘 다 경건한 아름다움과 신성을 휘감을 수 있다. 그리고 오직 이런 경지에 이르러야만 카스토르와 폴룩스가 동등하게 고귀한 위치에서 서로를 껴안을 수 있다. 통합이란 바로 이런 것이다.

타협(쌍둥이로 하여금 시간의 절반은 하데스에서, 나머지 절반은 올림포스에서 지내게 하는 것)은 자아의 산물로, 그 이상 나아가지 못한다.

통합은 대립하는 두 요소의 본래의 온전함에 대한 비전이며 이것은 그 근원에서부터 신성하다. 기독교 신학은 그 어떤 문제도 인간 차원에서는 풀리지 않고 오로지 신의 은총으로만 풀린다는 말로 이를 표현한다. 근사하게 들리지만, 진정으로 이해하기는 어렵다.

어떻게 '자아'와 '더 높은 자기'를, 지상의 삶과 합일을 향한 영적인 부름을 진실되게 하나로 통합할 수 있을까?

제우스는 카스토르를 불멸의 존재로 만들어 밤하늘로 올려보낸다. 이는 세속적인 면을 영적인 것으로 정화해야 한다는 뜻일까? 누군가는 우리의 세속적 본성을 깡그리 무시하고 인간의 본능, 특히 성욕을 '탈세속화'하는 것이 이중성에서 벗어나는 길이라고 주장할지도 모른다. 일부 영적 전통이 이런 태도를 취한다. 예를 들어 육체적인 모든 것은 죄악이니 적어도 최소한으로 유지해야 한다고 가르치는 구시대적 종교를 옹호하는 사람들이 있다. 심지어 재미와 즐거움도 용의선상에 있다. "이제 그 행복의 열기를 식히지 않으면 사랑하는 우리 주님께서 노하실 게다." 집게손가락을 흔들며 이렇게 훈계하는 노인의 모습이 눈앞에 선하지 않은가?

도를 넘은 물질주의적 문화를 상쇄하려면 엄격한 조치가 필요할 수도 있지만, 정신 사납고 합리주의가 만연한 이 시대에는 완전히 잘못된 처방이다. 새 시대의 경계에 서 있는 우리에겐 아마 다른 게 필요할 것이다. 더 오래된 옛 시대의 종교, 고대 그리스 문명에서 온 우리의 길잡이 신화에 다른 해결책이 있다.

'의식'이라는 단어를 '신성화'로 대체해보자. 지하세계에 있는 것은 반드시 의식화되어야 한다. 이는 우리의 악덕을 끌어올리라는 뜻인가? 그러면 인생 전반기에 그토록 열심히 끌어올리려 애썼던 그 미덕과 가치가 위협받지 않을까?

우리가 옳다고 믿는 것들

'선한' 가치의 목록을 떠올려보자. 인격 시소의 오른편에서 뽑은, 따라서 논쟁의 여지가 없는 목록을 말이다.

우리 모두는 이기는 게 좋다고 알고 있다. 모두가 이기는 편에 있고 싶어 한다. 이기는 방향으로 체계를 잡는 일이 우리 삶의 대부분을 차지하고, 승리가 대단한 만족감을 안긴다는 점은 누구도 부정하지 못한다. 이기는 것이 옳은 것 위에 있다.

받는 것 또한 좋다는 데도 누구나 고개를 끄덕인다. 오후에 우편함을 열었을 때 고액 수표가 든 우편봉투가 도착해 있거나, 월급날이거나, 세금 환급금이 들어왔거나 하면 분명 좋은 일이고 우린 역시 받는 게 좋다는 확신을 새삼 얻는다.

수입은 너무너무 좋은 것이다. 누구도 그걸 의심하지 않는다. 처음 만나는 사람들 사이에 오가는 흔한 질문은 "무슨 일을 하세요?"이며, 우리는 수입에 따라 사람을 평가한다. 수입은 안정적인 생활의 토대이자 성공의 척도, 그간의 수고에 대한 최고의 보답이다. 수고를 통해 뭔가를 거둬들이면 후련한 기분과 자신감이 샘솟는다. '내 거야, 내가 번 거라고.' 역시 상쾌하다.

마찬가지로, 먹는 게 좋다는 것도 누구나 안다. 기분 좋게 식사한 뒤엔 만족감이 밀려든다. '점심시간까지 얼마나 남았지?' 많은 이들이 분 단위로 시간을 잰다. 우리는 대개 끼니때를 중심으로 하루 일정을 짠다.

행동은 훌륭한 것이다. 혹시 친구한테서 이런 식의 충고를 듣지는 않는가? "가만히 있지만 말고 뭐든 해봐. 네 삶은 네가 지배하는 거야." 돌아가는 상황이 마음에 들지 않으면 그 상황을 바꾸기 위해 뭐든 하는 게 좋다. 외로운가? 나가서 누구든 만나라. 돈이 부족한가? 일을 해라. 지금 다니는 직장이 싫은가? 더 나은 일자리를 잡아라. 현재 정권을 잡은 정당을 지지하지 않는가? 그들을 대체할 조직을 만들어라. 그냥 멍하니 서있지만 말고, 행동하라.

소유는 좋은 걸 넘어 최고다. 집 한 채 갖는 건 거의 모든 이의 소망이다. 세입자 신세를 벗어나면 더는 집주인의 간섭에 시달릴 일이 없다. 그 누구도 남의 재산을 가지고 이래라저래라 할 수 없다. 내 집이 있으면 정착해서 뿌리를 내릴 수 있다. 비슷한 맥락에서, 자동차를 소유하는 것도 굉장히 좋은 일이다. 할부금도 다 갚은 내 것. 소유물은 내가 굳건하다는 증거다. 비단 집과 차만이 아니라 내가 소유하는 모든 것이 내 존재를 확인해준다. 컴퓨터, 텔레비전, 시계, 반지…… 전부 다 보물이다. 소유물은 내 존재의 확장이다. 타인이 나를 붙잡을 수 있게 손잡이 역할을 한다. 소유물은 건강한 성취감과 성공적인 삶의 징표다.

바쁘게 지내는 것도 좋다고들 한다. 바쁘면 행복하다. 게으른 손에 악마가 깃드는 법이다. 아침에 일어나 커피 한잔하며 하루 일정을 짜는 게 얼마나 기분 좋은 일인지 모른다. 내 아버지의 말씀처럼, "나가서 뭐든 해보자. 설령 그게 잘못된 일이라도."

섹스는 확실히 좋은 쪽에 속한다. '관계를 맺는다'는 비유가 괜히 나온 게 아니다. 섹스는 감동적이다. 자연의 드넓은 품에 다시 안기는 것이며, 자신을 넘어서는 것, 베풂의 극치다. 에로스는 세상을 돌아가게 한다.

주관이 뚜렷한 것도 미덕이다. 어떤 사안에 대해 자신의 입장을 표명할 수 없는, 솔직하지 못한 사람은 되지 말자. 주관이 뚜렷한 사람과 함께 있으면 정말 편하다. 그 사람은 언제나 기대대로 행동하니까. 무릇 공직자는 주관이 뚜렷해야 한다. 새 정보에 마음을 고쳐먹거나 입장을 번복하면 소위 '팔랑귀' 딱지가 붙는다.

자유는 누가 뭐래도 좋은 것이다. 미국 헌법과 미국인의 생활방식은 선택의 자유라는 토대 위에 건설되었다. 선택은 훌륭한 행위이며, 의식과 덕의 수준을 알려주는 지표다.

민주주의는 정말 좋은 것이다. 민주주의에 목숨을 바치는 투사가 얼마나 많은가. 민주주의를 지키기 위해 사람들은 전쟁도 불사한다. 권력도 올바른 손에 쥐어지는 한 좋은 것이다. 선거로 당선되거나, 일요일에 설교단에 서거나, 승진을 한 사람의 손에 권력이 있다. 은행장, 변호사, 의사 등 권력을 행사하는 직종은 대개 보수도 높다.

절제는 틀림없는 미덕이다. 우리는 권력을 쥔 자에게 절제력도 겸비하길 요구한다.

명쾌함은 최고의 덕목이다. 명쾌한 사람 곁에 있으면 속이 시원하다. 윈스턴 처칠Winston Churchill은 애매하게 구는 법이 없어 훌륭한 사람이라는 평판이 자자했다. 누군가 그에게 어떤 사안에 대한 견해를 물으면 그는 "내 생각은 이러하오"라고 단도직입적으로 대답했다. 그 견해가 틀린 것으로 판명 나면 처칠은 자신의 착오도 흔쾌히 인정했다. 헷갈리거나 헤매다가 정확한 답이나 명확한 지시를 만나면 그렇게 반가울 수가 없다.

의식이 있는 것 또한 고차원적인 미덕이다. 심리학, 영성, 자기계발, 인격적 성장에 관심이 있는 사람들 사이에서는 특히나 그러하다. 의식이 있다는 건 자각한다는 것, 깨어 있다는 것, 방심하지 않는다는 것이니 그야말로 최상급 덕목이다.

미덕 목록을 일일이 열거하자면 한이 없을 테니 이쯤에서 멈추겠다. 자신이 옳다고 믿는, 진실이라 믿는 가치의 목록을 직접 만들어보라. 이토록 좋은 것을 좋다고 하는 데 이의를 제기할 사람은 아무도 없으리라. 우리 대부분은 이런 것들을 좇는 데 인생의 절반 이상을 쓰지 않는가.

세상에 절대적인 것은 없다

이제 이 이상적인 가치들을 뒤집어보자. 영적인 관점에서 이 덕목들을 다시 살펴보는 것이다.

어느 시대, 어느 문화에나 '이기느니 지는 게 낫고, 받느니 주는 게 낫다'는 지혜의 가르침이 있다. 어릴 적엔 다들 이렇다고 배우며 자랐을 것이다. 그건 그저 훈육을 위해 해본 소리였나? 성경은 아예 콕 집어 가르친다. 네게 있는 것을 다 팔아 가난한 자들에게 주라. 낙타가 바늘귀로 나가는 것이 부자가 하나님의 나라에 들어가는 것보다 쉬우니라. 구도자는 소유가 영성에 닿는 길을 방해할 뿐임을 깨닫는다. 초기 기독교는 소유에 달관했으며, 신에게 삶을 바치는 사람들에게 소유는 저주였다.

전통적 지혜는 또한 탐식보다 금식을 실천하라고 한다. 광야에서 40일간 밤낮으로 금식하는 자는 신을 만날 준비를 하는 것이다(세례를 받은 후 사역에 앞서 광야에서 사탄의 유혹을 이겨내며 40일간 금식기도를 한 예수를 빗댄 것_옮긴이). 금식은 종교의 축일을 기리는 행위다.

행동에 관하여 성경은 너의 이 뺨을 치는 자에게 저 뺨도 돌려 대라고 간곡히 가르친다.

바쁘게 지내는 것이 그렇게 좋다면, 왜 성인들은 오랜 기간 묵상과 무위를 실천하는 것일까? 섹스에 관해서라면, 영적 관점에서 보면 도리어 금욕과 순결이 미덕이다. 분별없이 세상에 쏟을 기력을 아껴 신성에 헌신하는 데 사용하는 게 낫다.

뚜렷한 주관? 구도자는 자신의 욕망을 헛되이 좇기보다 신의 뜻에 귀를 기울인다. 자유? 수도사나 수녀는 기꺼이 자유를 포기하고 순종을 택한다. 불자들은 선택의 여지가 없을 때에만 자유롭다고 믿는데, 자유는 불안을 낳고 고통은 비교에서 나오기 때문이다. 모든 선택은 치우침으로 이어져 우리의 만족감을 좀먹는다.

민주주의는 영성에 이르는 길이 아니다. 차라리 목사와 영적 스승, 요가 수행자, 무당, 랍비, 율법, 교황의 언행을 따라야 한다. 권력은 부패하고 절대 권력은 절대적으로 부패한다는 사실을 모르는 이는 없다. 권력은 사랑의 반대편에 있다. 권력을 좇는 것은 지배욕인 반면 사랑은 타인과 하나가 되고자 하는 욕구다. 조건 없는 사랑이 있는 곳에서 권력은 무의미하다. 종교적 관점에서 보면 사랑이 제일이다. "사랑은 모든 것을 알고, 사랑은 모든 것을 정복하며, 사랑은 모든 것을 견디나니."

의식은 어떤가? 종교적 시각에서 보면 명상의 상태와 내면의 세계가 외부의 현실보다 훨씬 우월하다. 동양에서는 의식의 내용을 '마야(maya)'라고 부르는데, 이 단어는 '착각'으로 해석된다. 의식이 있는 자신은 깨어 있고 정확히 보며 합리적이라고 생각하겠지만, 실은 그저 마야에 빠져 있을 뿐이다. 게다가 자신의 사안에만 너무 집중하다 보면 신을 발견할 수 없다(제때 일을 끝마치거나 소득세 신고 양식을 채우거나 차를 조립하는 데는 집중력이 탁월한 힘을 발휘하지만). 진정한 구도자는 인식의 확장을 바란다.

현대 문화는 절제를 높이 사지만 신에게 귀의하고자 하는 이들은 황홀경을 갈구한다. 신의 숨결에 자신을 내맡기는 일에 절제 따위는 없다.

자, 이렇게 우리에겐 가치와 덕목의 특징을 담은 두 가지 목록이 있다. 오른손에 있는 목록은 현대 문화가 떠받들고 찬양하는 최상의 특징인데 왼손의 목록은 오른손의 내용을 조목조목 반박하는 듯하다. 사실 반박할 수 없는 미덕이란 없다. 예를 더 들어볼까? 흔히들 겸손이 미덕이라 하지만, 자존감이 낮아 소심한 사람에게는 겸손보다 자부심이 더 필요하다. 이른바 대죄에 속하는 분노도, 압제에 맞설 때에는 마땅한 반응이다.

이게 바로 일요일마다 전도사들이 텔레비전에 나와 두려워하라고 경고하는 도덕 상대주의일까? 아니면 그저 현실의 속성일까?

융은 우리가 새로운 윤리를 필요로 하는 새로운 시대에 들어설 것이라 예견했다. 또한 우리가 새로운 윤리를 다음과 같이 정의할 거라고 했다.

> 새로운 윤리란 구시대 윤리 내에서의 발전이자 차별화로, 현재로선 흔치 않은 개인들, 즉 의무의 불가피한 모순에 추동되어 의식과 무의식을 책임 있는 관계로 끌어들이려 노력하는 이들에게만 한정된다.[36]

구시대의 윤리는 사회 질서와 안녕을 지키는 동시에 도덕적으로 완벽한 상태에 이르게 하는 절대 가치와 원칙에 기초한다. 선과 악은 양립할 수 없는 대극이므로 죄인이 되지 않으려면 어떤 생각, 감정, 행위는 반드시 피해야 한다. 이 윤리는 우리가 인생 후반기에 진정성과 온전함, 통합을 추구하는 걸 방해한다.[37] 우리 삶의 터전인 지구가 존속하려면 의식의 산물인 구시대의 윤리를 반드시 뒤로해야 한다.

대극에는 두 가지 종류가 있다. 즉, 서로 배타적인 관계에 있는 모순적 대극(오른쪽과 왼쪽, 상승과 하강 등)과 서로 섞여서 분리되지 않는 상대적 대극(밝음과 어두움, 건강과 병약 등)이다. 예를 들어 내가 이 글을 쓰는 동안 캄캄했던 창밖 하늘은 해가 뜨면서 부분적으로 밝아졌다가 점점 더 밝아졌고, 구름이 끼자 다소 어두워졌다. 건강도 마찬가지다. 절대적인 건강이란 있을 수 없고, 언제나 건강과 병약을 오가는 역동적인 과정이 있을 뿐이다. 구시대적 윤리의 이분법적 관점은 선악이 모순적 대극이라는 원칙하에 합일보다 분열을 부추긴다. 그런 관점을 따르자면 선천적이고 자연스러운 생각과 감정은 살려낼 수 없다. 억압하여 무의식 속으로 밀어 넣어야 한다. 하지만 그렇게 억압된 것들은 결국 되돌아와 신경증적 증상으로 우리를 괴롭히거나 우리가 불신하고 저항하는 타인에게 투사된다. 불쾌감의 흔한 원인이 고질적 도덕주의라는 것은 정확한 지적이다.

흑백논리(모순적 대극) 안에서 우리는 둘 중 하나만을 택해야 한다. 역설paradox에 부딪히면 이런 사고방식에 찬성하고픈 마음이 일겠지만, 역설은 의미를 뿜어내는 분수이며 현대를 살아가는 우리에게 꼭 필요한 개념이다. 모순은 고정돼 있지만 역설은 은혜와 신비가 자리할 공간을 만든다. 의식의 한 차원에서 모순으로 보이는 것도 확장된 관점으로 지각하면 역설이 된다. 하지만 우리는 앞으로도 쭉 지상의 영역에서 행동하며 살아가야 한다. 이를 어찌하면 좋을까?

자신을 넘어서게 하는 역설의 힘

삶의 역설적 측면을 오해하면 괴로움의 늪에 빠져 허우적대다 끝내 냉소적이고 환멸에 찬 사람이 되고 말 것이다. 행할 수도 없고 행하지 않을 수도 없다. 잠시 어느 한쪽을 택한다 해도, 모순되는 가치가 있다는 사실이 결국 그 선택을 망친다. 성 오거스틴St. Augustine을 비롯한 성자들처럼 탐구하는 삶을 살고자 하다 보면 오거스틴이 썼듯이 "행함은 곧 죄"임을 머잖아 깨닫게 된다. '살지 못한 삶'을 회복하는 일은 역설 속으로 깊이 빠져드는 것인 까닭에, 누구나 처음에는 썩 신통하게 해내지 못한다.

우리는 역설을 대립으로 오역하며 현실의 역설적 속성을 거부한다. 가령 일에서 놀이가 떨어져 나오면 둘 다 제대로 되지 않는다. 서로 대립하는 것으로 보이는 두 가지 사이에 끼일 때마다 우리는 괴로워진다.

'반대편'을 가능한 한 완전히 눌러버리거나 밀쳐내는 태도가 우리 사회를 지배하고 있다. '살지 못한 삶'을 자신의 신성한 권리이자 심오한 의미가 담긴 행위로서 회복하는 대신, 그것을 자신의 내면 깊숙한 곳에 묻어버리고는 그저 남들에게서나 발견할 뿐이다. 우리는 자아가 지금 '진실'로 여기는 가치의 반대편에 있는 것을 혐오하여 그것을 다른 데로, 이를테면 형제자매, 직장 동료, 다른 민족의 일원, 다른 종교를 믿는 사람들, 외국 문화로 투사하고 자기 안이 아닌 거기에 있다고 착각한다. 그야말로 낡고 원시적인 '희생양 만들기' 방식이다. 부정적인 것으로 여겨지는 기질을 자신의 내면에서 상대하고 싶지 않아 타인이나 타민족에게 덮어씌우고는 그들을 싫어하는 것이다. 상호 의존적이며 서로서로 연결된 세계에서 이런 자민족 중심주의가 갈수록 위험한 수준으로 치닫는 것이 우리의 현실이다.

우리 안에 잠재한 불완전한 것을 낡은 방식으로 처리하길 고집하다간 결국 그것이 폭발해 모든 걸 날려버릴 것이다. 광신주의는 대극의 한쪽으로 완전히 기울었다는 신호다. 이런 종류의 정의는 '옳은 편에 있음'에 근거를 두기 때문에 진실의 절반은 의식을 방해하지 못할 곳으로 반드시 밀려나야만 한다.

자신의 잃어버린 조각을 나 몰라라 하면 언제가 되었든 누군가에게 피해를 입힐 수밖에 없다. 이것이야말로 끔찍한 행위, 진짜 죄다.

인간 의식이 경험하는 모든 것은 대극의 형태를 띤다. 사는 동안 무엇을 행하거나 어떤 경험을 하건 간에 그 반대 극이 무의식 속에 있기 마련이다. 진실의 양면성을 견뎌내야 현실과 조화를 이룰 수 있다. 대개 우리는 서로 불화하는 두 가지 관점을 다 지지하면서 갈등을 얼버무린다. 일하러 가야 하지만 일하기 싫다. 이웃이 싫지만 그렇다고 무례하게 굴 수는 없다. 살을 빼야 하는데 먹는 게 너무 좋다. 이렇게 우리는 매일매일 모순과 더불어 살아간다.

대극의 한쪽을 무작정 제거할 수는 없는 노릇이고, 주변 사람에게 투사하여 '악덕'을 전가하는 것도 건전한 방책은 아니다. 하지만 문제를 대하는 시각을 바꿀 수는 있다. 두 가지 면을 모순으로만 볼 필요는 없다. 선과 악은 모순적인 대극이 아니다. 서로 상대적으로 늘어나거나 줄어들며 둘 다 필요하다. 대극의 두 요소를 온전한 의식의 품으로 다 끌어안을 때, 비로소 역설을 의식 수준에서 이해할 수 있다. 진정한 영적 경험은 대극을 있는 그대로 받아들이는 그 시점에 일어난다.

무슨 일이든 두 가지 측면이 동등한 품위와 가치를 지닌 채 공존하게 하라. 둘 사이의 긴장이 더 나은 해결책을 제시할 것이다. 두 힘이 서로를 가르치면서 새로운 통찰을 만들어낼 것이다.

항상 충돌하는 대극에서 항상 성스러운 역설로 나아갈 때 의식의 도약이 이루어진다. 역설은 자신을 넘어서게 하는 힘이며, 분별없고 부적절한 적응과 타협을 깨부순다.

앞서 언급했듯이 힌두어 '마야'는 '착시'를 뜻한다. 마야는 일상의 복잡한 매듭을 풀어보려 애쓰는 우리를 혼란케 하는 속임수다. 때문에 마야는 '진실이 아닌 것'으로 번역되기도 한다. 하지만 마야 개념의 확장판인 '마하마야maha maya', 즉 '위대한 착시'는 신성한 계시다. 누가 옳고 누가 그른가? 어떤 덕목이 더 중요한가? 현실의 어떤 면에 우선권이 있는가? 마하마야는 우리 모두가 실천하는 심오한 놀이다. 각자의 삶이 나아가는 방향이 옳건 그르건 간에(또한 인류 문화 차원에서 우리 모두는 대극과 투쟁의 세상을 해석하고 우리의 길을 개척하는 데 관심을 갖고 노력하기에), 각각의 경험은 더 원대한 차원에서 전개되는 대하드라마의 한 단면이기도 하다.

억압받는 그림자는 악이 된다

언젠가 한 신학자가 토마스 아퀴나스Thomas Aquinas의 말을 살짝 바꿔 "악은 선의 부재"라 했다. 그러자 어느 현명한 노수도사가 "문구의 나머지 부분을 잊어서는 안 됩니다"라고 일침을 놓았다. 이 문구에 뭔가 더 있다는 사실을 아무도 몰랐는데 말이다. 문구에서 빠진 부분은 "마땅히 있어야 할"이다. 따라서 온전한 문구는 "악은 마땅히 있어야 할 선의 부재"다. 이건 무슨 뜻일까?

나는 토마스 아퀴나스와 노수도사가 뜻했던 바를 서서히 이해하게 되었다. '선'을 '의식'이라는 단어로 대체하면 이 문구는 매우 쓸모 있어진다. 그렇다면 토마스 아퀴나스는 '악은 마땅히 있어야 할 의식의 부재'라 정의한 셈이 된다. 다시 말해, 무의식에 묻혀 있지만 충분히 성숙해 의식으로 떠오를 길을 찾는 기운의 새로운 합을 무시해서는 안 된다는 것이다. 의식화할 준비가 됐음에도 부정당하고 억압받는 무언가가 바로 악의 원인이다.

이 개념은 우리가 내면의 어떤 그림자에 관심을 두어야 하는지에 대한 기준을 제공한다. 우리는 의식화가 가능하고 또 절박한 그림자에 주목해야 한다. 일말의 진실이 자기 자신의 정신이 보내는 절박한 메시지의 형태로 나타나지 않는 한 받아들여지지 않을 것이다. 또한 그것은 의식에 뿌리내릴 수 있는 것이어야 하는데, 단 다른 누군가가 중요하게 여기는 것을 옮겨 심으라는 뜻은 아니다.

우리 안의 모든 가능성은 의식화할 가치와 자격이 있지만 꼭 겉으로 드러나야만 하는 건 아니다. 자아가 의식으로 올라올 준비를 마친 그림자를 거부하면 반드시 문제가 생긴다. 어떤 징후, 우연한 사고, 꿈을 통해 '더 높은 자기'가 우리에게 귀띔한다. 완전한 삶에 이르는 데 꼭 필요한 뭔가를 거부해오지 않았느냐고 묻는다. 두통이나 요통이 생겼는가? 혹시 항상 피곤하지는 않은가? 어쩌면 신경 쓰이는 꿈이 자꾸만 나타날지도 모른다. 무엇이 잘못됐는지 알아내려면 의식적 자아가 아니라 무의식은 파헤쳐야 한다. 그렇다, 놀랍게도 무의식 안에 파헤칠 수 있는 무엇이 있다. 자신에게 나타난 징후에 관심을 기울이면, 의식적인 삶에 변화를 불러오는 데 쓸 수 있는 하나의 이미지가 떠오를 것이다.

그러고 나면 뭔가가 엉뚱한 곳에 억눌려 있음이 밝혀진다. 원래 선하거나 악한 게 아니라 그저 잘못된 장소에 있는 것뿐이다. 신의 눈으로 보면 영혼 안에 속하지 못할 것이란 없다. 다만 부적절하게 다뤄진 것들이 있을 뿐이다. 우리의 과오란 어떤 잠재력을 부적절한 시기에 부적절한 곳에 두거나 부적절하게 다루고선 그걸 나쁘다고 하는 것이다.

삶의 모순을 껴안아라

인간 정신이 이해할 수 있는 모든 것은 대극의 쌍으로 이루어진 듯하다. 그 너머까지 꿰뚫어 볼 수 있는 사람은 거의 없다. 일찍이 융은 "중세적 사고방식은 '둘 중 하나'인데 인류가 생존하려면 '둘 다'에 대응할 줄 알아야만 한다"고 말했다. 우리가 분리된 상태임을 암시하는 그리스신화가 있다. 원래 다리가 넷이요 팔도 넷이며 자웅동체였던 인간이 어느 시점에 둘로 나뉘었고 그때부터 지금까지 그 둘은 함께였던 상태로 되돌아가려 애써왔다는 이야기다.

예기치 못한 방식으로 결핍은 우리가 삶의 모순을 정면으로 받아내지 않도록 막아준다. 그러나 삶의 수준이 높아지고 여가 시간이 늘어나면서, 대극의 긴장은 계속해서 높아만 간다. 삶이 힘겨울 때 결핍은 많은 것을 해결한다. 사람들 대부분이 너무 많은 자유를 버거워하는 건 아마 그런 까닭일 것이다. 자유가 많아질수록 자아의 자각 정도도 높아지기 때문에 덩달아 불안도 증가하기 마련이다. 이것이 이중성의 경험이다.

삶의 대극을 통합하는 예리한 의식의 성취란 이중성의 장막을 걷어 올리는 것이다. 이중성 이면의 합일된 시야를 생각해보려는 노력 자체가 이미 그것이 인간 차원으로 쪼개져 있다는 증거다. 그래도 합일을 이룬 완전한 삶을 산다는 게 어떤 것인지 슬쩍슬쩍 엿볼 수는 있다. "천국으로 가는 길을 막는 가장 큰 장애물은 천국에 대한 우리의 생각"이라는 지두 크리슈나무르티 Jiddu Krishnamurti의 견해가 나는 진리라고 믿는다.

깨달음의 길로 들어서려면, 삶을 모순의 연속으로 보고 의무적으로 싸우는 대신 일상에서 벌어지는 일들을 운명으로 껴안아야 한다. 자아를 어딘가로 보내라는 얘기다. 자신의 권한과 자유를 운명에 쏟으면 분열된 세상의 끊임없는 불안에서 벗어날 수 있다. 이 불안을 없애려면 그저 '있는 그대로'를 긍정하면 된다. 너무 간단하지만, 쉽게 이룰 수 있는 일은 아니다.

중세 시대가 배경인 멋진 이야기를 소개한다. 한 남자가 외바퀴 손수레를 밀며 가는 일꾼을 보고 지금 뭘 하느냐고 묻는다. 일꾼은 대답한다.

"보면 몰라요? 손수레를 밀잖소."

또 다른 일꾼이 좀 전의 일꾼과 똑같이 하며 오는 걸 보고 남자는 또 묻는다.

"지금 뭘 하시오?"

일꾼은 대답한다.

"보면 몰라요? 신의 일을 수행하고 있잖소. 샤르트르 대성당을 짓는 중이라오."

똑같은 행동이라도 인식의 수준은 이렇듯 다르다. 두 번째 일꾼은 자신의 일을 더 큰 목적과 연결시켜 삶을 의미 있는 것으로 만들었다. 가장 중요한 건 무엇을 하느냐가 아니라 그 행위에 어떤 의식을 끌어들이느냐. 외바퀴 손수레를 밀건 기업을 이끌건 핵심은 '무엇'이 아니다. '누가' 하는가, 그리고 '어떤 의식'이 전면에 나섰는가이다.

자아의식이 알고 보면 현실을 이것과 저것으로, 선택한 것과 버린 것으로, 살아낸 것과 살지 않은 것으로 끝도 없이 나누는 이중적 의식임을 받아들일 수 있다면, 이중성 너머로 나아갈 준비가 됐다는 뜻이다.

대영제국의 식민지였던 인도가 해방 직후 여러 분파로 갈라졌던 시기, 어디에서나 폭동이 일었다. 뉴델리가 화염에 휩싸였고 캘커타는 혼돈과 폭력이 난무하는 최악의 상황이었다. 힌두교도와 이슬람교도가 서로의 집에 불을 질렀다. 이에 모한다스 카람찬드 간디 Mohandas Karamchand Gandhi 는 캘커타행 열차에 몸을 실었다. 캘커타에 도착해서는 무슬림 친구의 집으로 가서 대로가 내려다보이는 곳에 그물 침대를 걸고 이제부터 죽을 때까지 단식을 하겠노라고 선언했다. 간디가 왔다는 소식이 그 지역에 들불처럼 퍼졌고, 걷잡을 수 없이 들끓던 상황은 점차 진정되었다. 바로 이것이 화해를 불러오는 상징의 힘이다. 간디는 걸어 다니는 화해의 상징이었다. 흔히들 현자나 성인은 바로 그런 사람들을 가리킨다고 여긴다. 하지만 그들 못지않은 강력한 상징이 우리 모두의 영혼에 저마다의 방식으로 깃들어 있다.

자아를 그냥 놓아준다면 정말 멋지지 않겠는가? 그저 지금을 살면서 깨어 있다면?

불교 설법은 현실의 본바탕에 있는 이중성을 벗어나기 위해 행하는 모든 것이 도리어 거기에 더 많은 기운을 불어넣을 뿐이라고 말한다. 우리가 해야 할 유일한 선택은 '멈추는 것'이다. 평범한 자아의 인식을 넘어선 온전한 합일은 돌아가는 바퀴에 버팀목을 괼 때 이루어진다. 그곳이 성소이며 전일한 지점이다. 다른 것을 배제하고 '옳은' 것만을 취하라는 의식의 요구는 바퀴를 다시 굴러가게 할 뿐이다.

있는 그대로의 현실을 긍정하라

그러니 아무것도 하지 않는 게 최선이겠거니 싶겠지만, 꼭 그렇지는 않다. 어떤 의식은 오히려 속도를 늦추는 데 도움이 된다. 4장에서 '행함'과 대극의 짝을 이루는 '존재함'을 논하면서 이 개념을 소개한 바 있다. 존재함의 영역에 있을 때 우리는 모든 현상을 있는 그대로 지켜보고 창조적 고통을 통해 받아들일 수 있다. 비참한 삶을 어쩔 수 없이 받아들이거나 이를 악물고 견뎌내거나 냉소적으로 최악을 예상하는 게 아니다. 그건 신경증적인 고통이다. 내가 말하는 창조적 고통이란 적극적인 수용이다. '고통받다_{suffer}'는 원래 어감상 '허용하다, 받아들이다'를 뜻한다. 셰익스피어 연극에서 왕궁 조신이 "왕 앞에 아뢰길 허하노라_{I suffer you to speak before the king}"라고 말할 때의 의미다. 따라서 창조적 고통은 현실을 있는 그대로 받아들이는 것, 자신의 삶과 싸우기를 멈추고 긍정하고 지지하는 것이다.

창조적 고통은 '있는 그대로'를 받아들이고 "그래 맞아!"라고 외치는 것이다. 그런 경험은 치유와 자기 이해라는 보상으로 이어진다. 삶의 진실을 객관성과 지성을 갖춘 눈으로 바라보고 정직하게 가늠할 수 있다면, 거기서 도망치려고만 했던 심리가 약해지면서 깨달음이 한층 가까워진다. 어느 순간에든 '있는 그대로'를 정직하고 성실하게 말할 수 있다면 진실을 깨달아가고 있는 것이다.

《창세기》에 쓰인 대로 신이 '빛과 어둠을 나누'었을 때, 어둠은 신의 것이 아니라 하여 버려진 게 아니라 빛과 함께 신 안에 존재했다. 우리가 떠올릴 수 있는 모든 대극의 쌍이 그러하다. 뜨거움과 차가움, 거칢과 부드러움, 젖음과 마름, 쾌락과 고통······. 대극은 쌍으로 오는 법이다.

전 시대 전 세계의 숱한 신화와 신앙 전통에서 이런 개념을 마주치게 된다. 영국의 시인 겸 화가 윌리엄 블레이크William Blake 는 〈순수의 예감〉이라는 시에서 이를 간결히 표현했다.

기쁨과 슬픔은 곱게 짜여
신성한 영혼에 맞춤한 옷,
모든 비애와 한탄 아래
비단을 휘감은 기쁨이 흐른다.
그게 옳고 그렇게 되어야 하나니
기쁨과 슬픔이 인간과 한 몸이라
이 세상 끝까지 우리는 무사하리.[38]

이 시는 대극이 어떻게 조화롭게 어울리는지를 정확히 짚어낸다. 대극의 조화가 이루어질 때 "이 세상 끝까지 우리는 무사"히 가는 것이다.

이를 깊이 생각해보면 원죄에 대한 기독교 교리의 기원을 짐작할 수 있다. 인간은 죄 안에 기반을 잡고 존재한다(죄는 타고나길 나쁜 게 아니라 대극 간의 긴장이라 볼 수 있다). 여기서 벗어나려면 그 대가로 인간의 조건을 잃어야 한다. 즉, 평소의 자아의식을 십자가에 못 박아야 한다. 한 발 더 나아가, 인간의 조건이란 또 다른, 더 깊은 의식의 반대편에 놓인 것인가? 언제고 우리는 분열된 세상을 경험하거나 천상의 세계를 경험할 수 있지만 동시에 둘 다를 경험할 수는 없는 것인가?

카스토르와 폴룩스처럼 우리 모두는 완전한 존재였다가 의식의 분열을 경험한다. 우리 안의 무언가가 결코 포기하는 법 없이 합일을 추구한다는 것 또한 사실이다. 인간 정신이 분열과 왜곡을 거치지 않고 합일의 영역을 이해하기란 몹시도 어렵다. 그럼에도 우리는 어떻게든 대처해야 한다.

특정 수준에 이른 인식의 눈으로는 반대되는 둘로 나뉘지 않은 단일한 현실을 볼 수 있다고 앞서 언급했지만, 그런 인식에 도달하는 기법을 실천하려는 시도는 가능성 간의 취사선택이라는 과제를 남긴다. 이것은 긍정할 수 없는 모순이다.

내면의 흐름을 면밀히 관찰하면, 의식이 바라보는 분리와는 성질이 다른 또 다른 층위가 분리의 이면에 있음을 알게 될 것이다. 그러면 어김없이 이렇게 자문해야 한다. 세상이 분리된 게 아니라 우리가 의식의 이중적 면모를 세상에 투사하는 것인가? 이 말은 곧 자아를 잠재울 방법을 익히기만 하면 분리되지 않은 의식을 찾아낼 수 있다는 뜻인가?

우리가 찾고자 하는 것은 애초부터 분리되지 않은 의식이다. 이 문제의 해결책은 분리를 해소하는 데 있다. 분리의 해소는 우리를 이중적인 세상과는 다른 법칙을 따르는 영역, 즉 융이 '유사 정신psychoid'이라 명명한 영역으로 이끈다. 자아는 무엇이 '진짜'인지 정할 수 없다. 자아의 양극성이 그 결정의 상대성을 확정하기 때문이다. 융은 마음의 사건들이 흔히들 정신계라 여기는 유사 정신에 기반을 두고 생겨난다고 믿었다. 유사 정신 안에서 인간 의식(알아차리는 능력)과 객관적 현실(분리되지 않은)이 합쳐진다. 그들 사이에 충돌은 없다. 이것은 기도의 본뜻을 발견하는 난해한 방법인가? 그렇다면 그 고귀한 단어는 본뜻에서 참 멀리도 벗어났다.

쉽게 풀자면, 곤경에 처했을 때 걱정하는 데 쏟을 시간을 주의 깊게 인식하는 데 쓰면 그 곤경에서 꽤 빨리 빠져나올 수 있으리라는 얘기다. 여기까지가 한계고 더는 견딜 수 없다며 상담실을 찾는 내담자에게 나는 주로 이렇게 말한다.

"제가 그 짐의 절반은 덜어드릴 수 있는데 나머지는 계속 짊어지셔야 합니다."

　대부분의 내담자에게 썩 괜찮은 조건인 것 같다. 내가 덜어
주는 절반이란 현재 상황에 대한 저항감이다. 저항을 멈추면
짐의 절반이 사라진다. 그러고서 남은 절반을 다루는 작업에
들어가야 한다. 상황에 맞서 싸우길 그만두면, 그 상황은 그대
로여도 더는 애면글면하지 않게 된다. 대체로 견딜 만해지는
것이다. 무거운 짐을 완전히 벗는다는 건 현실이라는 감옥에
스스로를 가둔 채 상처 입히길 그만두는 것이요, 있는 그대로
의 현실에 불평하길 멈추는 것이다.

분리된 삶을 그림으로 치유하기

일과 놀이, 사랑과 권력, 의무감과 자발성 등 자신의 삶에서 탐색해보고 싶은 대극의 쌍을 한 가지 선택하라. 종이 한 장을 준비해 한 면에 한쪽 극단을 나타내는 그림을 그려라. 그런 다음 종이를 뒤집어 반대 면에 반대쪽 극단을 나타내는 그림을 그려라. 예술적 질을 따지자는 게 아니니 그림 실력은 신경 쓰지 말고 그저 손 가는 대로 자유롭게 그려라. 자신이 자의식 과잉인 경우라면 평소에 잘 쓰지 않는 손으로 그려보라.

이제 이 두 극단이 서로를 어떻게 마주하고 있는지에 주목하라. 둘 간의 상호작용이 이어지는 상상을 해보라. 그런 다음 백지를 한 장 더 꺼내어 두 극단의 상호작용을 그려라. 두 극단이 뒤섞여도 괜찮다. 두 극단의 상호작용은 충돌일 수도 있고, 서먹한 대화나 장거리 통신의 형식을 취할지도 모른다. 새 종이를 몇 장이나 더 쓰건 간에 계속 그림을 그리면서 두 극단의 소통을 발전시켜라. 그림 속 요소들이 자연스럽게 달라지기 시작할 것이다.

새로운 그림에서 통합이 등장하거든, 그것이 무엇을 가리키는지 자문해보고 그 이미지를 만들어낸 내면의 상태를 인식하라. 그리고 이 새로운 통합을 삶에서 어떻게 구현할 수 있을지 곰곰이 생각하라.

10장 | 온전한 존재가
된다는 것

지금 시작해야 한다. 지금 당신이 있는 그곳에서, 온전한 존재로 향하는 첫발을 내디뎌라. 무의식을 의식으로 끌어올리기만 하면 된다. 다른 누구도 아닌 '자신'의 그림자를 의식 차원의 세상으로 데려와야 한다. 대극을 인지하고 통합해야 한다. 통합을 이루기 전에는 자신이 만든 문제를 해치우려 애써봤자 더 많은 문제만 낳을 뿐이다. 끈끈이 덫에 걸린 파리는 벗어나려 몸부림칠수록 덫에 더 달라붙는 법이다. 각자 삶의 특수성을 외면하거나 초연해지려 애쓰기보다 그것을 꿰뚫어 보게 될 때 우리는 온전한 존재로 한 걸음 더 다가선다.

황금 양털을 찾는 모험을 마친 아르고 원정대가 고향으로 돌아가던 중 폭풍우를 만났다. 때는 사나운 회오리가 맹렬한 기세로 배를 덮치는 순간이었다. 갑판 위에 있던 이들 모두, 저 검붉은 바다가 자신의 무덤이 되리라 예상했다. 모두가 기도하는 가운데 오르페우스가 하프를 뜯자 갑자기 폭풍우가 멎으면서 카스토르와 폴룩스의 머리 위로, 마치 그들에게 신들의 축복이 내려졌다는 듯 영롱하게 빛나는 별이 나타났다고 한다.

　이 기적 이후로 사람들은 카스토르와 폴룩스를 항해자의 수호신으로 여겼다. 신들이 그들을 축복한 건 아마 훗날 이 쌍둥이 형제가 신의 지위에 올라 밤하늘을 비추리란 암시였을 것이다. 고대의 선원들은 특정한 대기 상태에서 돛대 머리에 불이 앉은 형상으로 일렁이며 나타나는 환한 빛(이 현상은 '성 엘모의 불'이라고도 한다)을 목격할 때마다 카스토르와 폴룩스의 이름을 떠올렸다. 폭풍우가 몰아치는 가운데 돛대 끝에서 뻗어나가는 이 신비한 빛을 뱃사람들은 지금도 좋은 징조로 여긴다. 가장 거센 질풍이 수면 가까이서 휘몰아친 직후 바다가 잠잠해지는 폭풍우 해소 단계에 이런 현상이 일어나는 경향이 있기 때문이다. 이 빛의 출현은 카스토르와 폴룩스의 영혼이 배의 여정을 함께하며 길을 안내한다는 전조다.

청년 카스토르와 폴룩스는 영웅이었다. 말년의 그들은 두 인격의 합일체로서 신성을 품게 되었다. 쌍둥이 형제를 기리는 신상과 신전이 세워졌고, 그들의 형상은 뱃머리 장식으로 새겨졌다. 실제로 사도 바울이 멜리타 섬에서 로마로 가는 길에 그런 배를 탔다. 그 내용은 《사도행전》 28장 11절에 나와 있다. "석 달 후에 우리가 그 섬에서 겨울을 난 알렉산드리아 배를 타고 떠나니 그 배의 머리 장식은 디오스구로('제우스의 아들들'이라는 뜻으로 카스토르와 폴룩스를 가리킨다_옮긴이)라."

로마제국의 동전, 바빌로니아 제국의 국경석과 천문도에도 카스토르와 폴룩스의 형상이 쓰였다. 인류의 숙원 사업인 우주여행에서 그들의 영광을 재현한 최근의 역사도 있었으니, 이름하여 '제미니_{Gemini}(쌍둥이자리) 프로젝트'였다. 이 프로젝트는 두 사람이 탑승한 우주선을 지구 궤도에 올려놓는 데 성공했다. 고대의 아르고 원정대처럼 미국의 우주비행사들은 우주에서 인간의 위치를 경험하고 더 큰 자각을 추구하는 여정에 나선 것이다.

자아가 중심이라는 오만

우리도 지상의 존재에 신성한 비전을 불어넣을 수 있다. 그러나 이를 이루려면 중심을 조정해야 한다. 500여 년 전, 천문학자 니콜라스 코페르니쿠스Nicolaus Copernicus는 지구가 우주의 중심이라는 개념에 도전했다. 훗날 물체 낙하의 기본 법칙을 증명한 과학자 갈릴레오 갈릴레이Galileo Galilei도 코페르니쿠스처럼 새 우주론을 지지했다. 천체망원경을 만들어 달 표면의 분화구를 관측한 갈릴레오는 주의 깊은 관측을 통해 코페르니쿠스의 주장에 힘을 실었다. 이를 심리학에 적용해보자. 자아가 개인적 현실의 중심이 아니라는 주장은 오늘날의 이단이다. 현대사회는 자아 중심론이라는 환상을 지속시키기 위해 터무니없을 정도로 공을 들인다. 그러나 인격이 무르익는 시기에 도달한 우리 안에서 이 패러다임에 대한 신뢰는 한계에 이르기 시작한다.

서구 세계는 '나'의 개념을 발명했고 서양 언어는 대체로 자아 중심적인 구조를 갖는다. 종교 전통이 또 다른 차원의 언어를 이어오기는 했지만, 종교 제도가 정체성의 역설에 잠식당한 희생양으로 전락하면서 그 언어는 실효성을 잃었다. 오늘날의 종교는 우리 삶의 중심을 영속적인 근원지 주변으로 옮기도록 돕고 신성한 경험으로 이끌어주기보다 구조와 규율, 규제에 더 집중할 뿐이다.

현대인에게 신은 자주 '아버지'라 불리는 인격화한 존재이며, 기도는 그를 통해 자신의 소망을 이루려 하는 시도다. 과학의 암묵적 목표는 만사가 우리의 바람대로 돌아가게 하는 것이다. 이것을 바꾸고, 저것을 만들고, 다른 것은 부정하는 식으로 말이다. 과학과 기술을 숭배하는 것, 신에게 (물론 공손하게) 내리는 지시가 거의 전부인 기조를 따르는 것이 이 시대의 풍조다. 하지만 이런 표준은 한정적이다. 세속의 제도와 종교 제도가 하나같이 이기적인 구조로 변모했다. 우리는 오만하게도 자연과 신을 우리 자신의 형상으로 되살리려 한다.

삶은 나선을 그리며 이동한다

돌고 도는 세상이 정지하는 곳.

육신도 육신 아님도 없고

출신도 지향도 없는

정적의 지점, 그곳에 춤이 있으니,

허나 멈추지도 움직이지도 않는다네.

하여 고정이라 부르지 말지니,

과거와 미래가 모이는 곳이라.

움직임이 오는 곳도 가는 곳도 없고

상승도 하강도 없는. 다만 그곳, 정적의 지점에서만은,

춤이 없으리니 오직 춤만 있다네.[39]

엘리엇은 오늘날 물리학자들이 원자보다 작은 입자들의 질서정연한 움직임 속에서 발견한 춤, 즉 창조의 춤(물질과 영혼의 최종 합일)을 감지했다. 노년에 들어 성숙해진 엘리엇의 지향점은 시간과 공간의 만남, 다시 말해 과거에 자신을 규정했던 관념과 논리를 내려놓아야만 하는 지점이다. 그는 살면서 행한 선과 악을 모두 용서하길 간구한다. 그가 찾는 새로운 언어는 단어의 정의를 초월하고 대극을 초월하는, 신비주의자·현자·위대한 예술가 들이 수백 년간 구사해온 언어다. 소위 원시 사회에서 그것은 춤의 성격을 통해 무의식적으로 표현되었다.

삶의 여정을 찬찬히 되짚어볼 때면 기억이 더 생생하고 의미 있어진다. 허심탄회하게 삶을 돌아보면 자신이 얼마나 많은 일

을 했고 많은 업적을 쌓았는지 단박에 알 수 있을 것이다. 그리고 당시엔 선한 줄로만 알고 무심코 행한 일이 알고 보면 해로운 결과를 낳았던 기억도 무수히 떠오를 것이다. 선과 진리라는 명분하에 자행되는 손해와 고통이 얼마나 많은가?

원인과 결과라는 세상의 모순을 해결하는 방법은 단 하나다. 의지를 갖고 자신 안의 대극을 통합하려는 이가 모든 창조물과 어우러지는 춤의 경지로 진입할 수 있다. 엘리엇이 차용한 춤과, 시작점으로 돌아와 그곳을 처음으로 알리라는 개념의 이미지는 상당히 유효하다. 이 책의 서두에 실은 엘리엇의 싯구를 다시 새겨보자.

우리는 탐험을 멈추지 않으리니
모든 탐험의 끝은
시작하였던 곳에 도착하여
비로소 처음으로 그곳을 알게 되는 것이리라.

중심의 정지점에서 바라보면 삶은 나선을 그리며 이동한다. 삶은 더 이상 출생에서 죽음까지 직선으로 뻗은 길이 아니다. 창조의 어둠 안에 있는 일련의 패턴이나 춤으로 보일지도 모른다. 어쩌면 우리는 융이 삶의 핵심적 신비라 일컬은 것에 가까워질 수도 있다. '더 높은 자기'의 둘레에서 자아를 구별해냄으로써 우리는 의식적인 삶이라는 춤을 시작한다.

죽기 전에 반드시 해야 할 과제

융은 모든 인간이 저마다의 죽음을 성취해야만 한다고 했다.
목적과 의미를 향한 삶이 막연한 삶보다 훨씬 더 건강하고
풍요롭다. 죽음은 모든 존재가 자연히 가 닿게 되는 목적지다.
죽음이라는 목적을 피하면 인생 후반기의 의미를 잃는다. 죽
어가면서도 생의 끈을 놓지 못하는 사람이나 죽음을 끌어안을
수 없는 팔팔한 젊은이나 전전긍긍하며 쩔쩔매기는 매한가지
다. 두 부류 모두 유치한 탐욕과 공포심, 저항감, 외고집을 표
출하는 경우가 많다. 종교가 심적 건강과 영적 건강에 도움이
되는 까닭은 죽음을 그저 하나의 과도기로 보기 때문이다. 태
초부터 인간은 생의 영속성을 믿고 싶어 했다. 꿈과 상징화 작
업에서 떠오르는 이미지들에도 정신이 육신의 죽음과 함께 소
멸한다는 암시는 없다.

대학이 젊은 세대에게 인생 전반기에 유의미한 세상의 지식
을 소개하듯이, 나이 듦과 죽음, 영생 같은 인생 후반기의 도전
을 준비할 수 있도록 40대·50대·60대를 위한 대학도 있어야
한다고 본다.

성 프란시스_{Saint Francis}가 생을 마감하기 직전의 이야기다. 자신을 에워싸고 선 형제 수도사들에게 그는 아무 거침도 없이 창조주와 만날 수 있게 옷을 벗겨달라 청했다. 형제들은 그의 청을 들어주었다. 얼마 후 그는 또 청했다.

"날 바닥에 내려주게. 내 어머니와 더 가까이 있고 싶으니."

그의 마지막 유언은 이러했다.

"주여, 이렇게 나를 만드셨으니 부디 이렇게 데려가소서."

이 이야기는 내게 위안을 주었다.

몇 년 후일지 몰라도 언젠가 우리 각자는 죽을 것이다. 죽음은 피할 수 없다. 죽음을 생의 끝으로만 여긴다면 이해가 부족한 것이다. 그렇다고 우리가 죽지 않는다고 생각한다면, 역시 틀린 생각이다. 우리는 죽는다. 그리고 죽지 않는다. 서구 사회에는 '나'를 고유한 개인으로 보는 개념이 뿌리 깊게 박혀 있고, 깨우침은 한 사람의 고유성을 절대적 최고점으로 끌어올리는 것으로 여긴다. 반면에 동양에서는 개인성의 소멸을 깨우침이라 칭한다. 인도의 구루에게 죽고 나서도 계속 존재하는 것에 관해 물으면, 아마 이런 대답이 돌아올 것이다.

"이슬방울이 바다로 내려앉아 침잠한 후에도 여전히 존재하는가?"

우리가 이 되물음의 합리적인 답을 헤아리는 동안 구루는 차를 마시러 가버리고 없다. 물론 이슬방울은 여전히 존재한다.

다만 더는 이슬방울이 아닐 뿐이다. 인격은 소멸하지만, 진실로 깨우친 사람이 곧 자비로운 사람으로 '나' 이외의 전 인류를 인식하며 남들을 가르치고 돕는 데 기운을 쓴다는 관념이 그 인격의 소멸을 상쇄한다.

죽음을 예감하면 대부분은 반발하며 벌벌 떤다. 한 가지 경험이 임박할 때면 정반대의 경험도 분명 가까이 있다는 사실을 잊고서 말이다. 죽음은 '무아지경_ecstasy_'의 경험과 밀접하게 연관돼 있다. '무아지경'이라는 말은 '자신의 밖에 서는 것'을 뜻하는 고대 그리스어에서 왔다. 자아는 그런 경험이 두려워 '신이시여, 여기서 날 구원하소서!'라 기도한다. 무아지경의 경험은 절대 의식할 수 없다. 의식의 바깥에서 일어나는 일이기 때문이다. 무아지경에 빠질 것 같으면, 자아는 서둘러 그 가능성의 싹을 잘라버리려 한다. 극심한 고통 속에 있을 때에야 우리는 위안을 안겨줄 신이 아주 가까이 있음을 확신할 수 있다.

더 많은 지혜가 쌓일수록, 결국에는 진짜 자신에 대해 아는 게 별로 없다는 사실을 실감하게 된다. 융은 "나이가 들수록 나 자신에 대한 이해나 통찰이 적어졌다"고 썼다. 우리는 우리가 아닌 것으로 자신을 정의하는 대신 모든 것으로 자신이 하나임을 느낀다. 모든 사람, 모든 사물과 연결돼 있음을 감지하고 신의 이름으로 '나는 존재한다'의 의미를 깨닫기 시작한다. 이런 깨달음은 중년에 경험하는 에난티오드로미아, 대극의 뒤

바뀜이 아니다. 보기에는 정반대인 듯한, 삶을 대하는 두 가지 태도가 실은 하나라는 자각의 서막이다. 새로운 시야가 열리면서, 만물 안에 깃든 신의 춤이 보이기 시작한다. 이 춤은 당신과 나 그리고 이 세상 모든 요소 안에서 각기 고유한 형태로 드러난다. 이렇게 우리 각자는 신성을 품고 온전한 하나가 된다.

이 책을 통틀어, 또 다루는 주제마다, 나는 인간 의식이 선택한 모든 것의 대극에 선택받지 못한 것이 있으며 그 때문에 문제가 생긴다는 사실을 설명하려 애썼다. 그림자를 짓밟아 없애는 건 안 된다. 그건 코페르니쿠스 이전 시대의 이단이다(착하게 살고 '옳은' 것을 선택해야 천국에 갈 것 아니겠는가). 하지만 그 '틀린' 것은 무의식에 묻힌 그림자가 되었다가 되돌아와 우리를 위협한다. 거부당하고 실현되지 못한 것이 우리의 지배욕과 통제욕에서 추진력을 얻어 우리 사회로 돌아올 때의 결과는 어떠한가? 딱 하나만 예를 들겠다. 인류의 가장 위대한 발명품인 원자력, 그러나 그것은 인류에 가장 큰 위협이기도 하다. 오늘날 우리는 테러 조직이나 극단주의 국가가 원자력을 손에 넣고 인류 멸망을 앞당길지도 모른다는 아이러니에 처해 있다.

중대한 삶의 전환이 이루어질 이 역사적 시점에 우리는 그림자를 현실로 끌어내는 법을 반드시 배워야 한다. 그동안 버리고 거부하고 방치한 것에 알맞은 의식 차원의 자리를 찾아내야 한다. 그림자를 하나의 전체 안으로 불러들여야 한다. 자아 중심의 자세는 결국 우주의 중심이 아니고, 잃어버린 것에서 배워야 할 것이 있기 때문이다.

코페르니쿠스 이전 시대 사람이라면 이렇게 말할 것이다. "이봐, 아침에 해가 뜨는 건 명백한 진실이야. 당신 바보야? 누가 봐도 알 만한 것을. 지구가 우주의 중심이라고." 그러나 코페르니쿠스는 달리 보았다. 무엇이 진실인가? '진실_{real}'이라는 단어의 기원을 찾아 거슬러 올라가면, 이 단어가 '왕족_{royal}'에 뿌리를 두고 있음을 알게 될 것이다. 다시 말해, 왕(또는 권력을 쥔 자)의 말이 곧 진실이다. 우리의 진실도 그렇게 단순하면 좋겠지만 그런 시대는 이미 오래전에 지나갔다.

우리는 양자 물리학에 기대어 현재를 이해한다. 양자 물리학적 관점에서 '진실'이란 상대적이며 그것을 보는 이와 늘 상호작용한다. 그럼에도, 실제 우리의 일상을 지배하는 세상은 낡은 패러다임의 편견에 집착하며 의식이 지닌 빈약한 도구로 지각하는 것이 진실이라는 생각을 고집한다. 그렇다, 자아 중심의 사고방식도 진실의 단편이니만큼 유지하고 존중해야 한다. 그러나 자아가 진실이라 인정하지 않는 단편들, 기존 패러다임에 들어맞지 않은 것들은 어떠한가? 중력의 법칙이나 자신이 사는 지역의 제도(예컨대 자동차 통행 방향 등)를 무시할 수는 없지만, 그런 법칙은 어디에서나 유효한 게 아니라 지역마다 다르다는 사실을 받아들여야 한다. 이는 자만과 확신을 버려야 가능한 일이다.

인간은 어떻게 균형을 잃어버렸는가?

다시 한번 강조한다. 인간의 인식 안에 뭔가가 존재한다면 정반대의 것도 반드시 가까이에 있다.

'클라비코드 다무르Clavichord d,Amour'라는, 매우 이국적이고 특별한 클라비코드(피아노를 발명하기 전까지 하프시코드와 같이 유럽에서 널리 사용하였던 건반악기_옮긴이)를 설계하고 제작한 적이 있다.

여가를 이용해 설계와 제작을 하며 두 번의 겨울을 난 끝에 썩 괜찮은 결과물이 나왔다. 이 일에 매달리는 동안, 나는 모든 경험의 양극성을 매일같이 새삼 깨달았다. 작업실은 나무토막이며 쇠붙이가 아무렇게나 널린 난장판에 아교 통이 굴러다니고 여기저기 대팻밥이 쌓인 공간이었다. 아교는 상감 장식에 제격인 옛날식 접착제로, 재료는 말가죽이다. 아교를 만드는 방법은? 늙은 말의 가죽을 벗겨 일주일간 삶다가 기름을 걷어내고 적당한 농도가 될 때까지 계속 뭉근히 끓인다. 그러면 뭐가 남느냐? 오물. 클라비코드 다무르의 감미로운 음색, 아마 인류가 들어본 가장 섬세하고 정제된 소리일 그것을 찾아내기 위한 탐색에서 내가 배운 교훈은 바로 그것이다.

우리가 매일 만들어내는 오물은 어떠한가? 그 불쌍한 말은 어쩌고? 오물이라니! 미와 진리를 추구하는 과정 안에 있는 이 불가피한 현실에 우리는 어떻게 대처하는가?

에돌아 갈 길이 없다. 모두가 금기시하는 이 주제로 곧장 뛰어드는 수밖에. 무례를 무릅쓰고 말하는데, 우리의 그림자와 똥은 놀랍도록 닮았다. 선의 창조나 선택이란 사방에서 우리를 맞이하는 방대한 재료에서 가치 있는 것을 뽑아내는 과정이다. 연금술사들은 이 재료가 뭐로든 만들어낼 수 있는 물질이라 하여 원물질이라 불렀다. 우리는 자연의 식재료를 먹고 유용한 성분을 뽑아낸 다음 나머지를 배출한다.

인류는 선을 추구하는 유일한, 적어도 가장 선두에 있는 매개체인 것 같다. 나머지 생물은 있는 그대로를 받아들이는 데 만족하거나, 아니면 적어도 옳게 행동하는 본능을 따르는 듯하다. 반면에 인간은 쉽게 만족하지 않는다. 손에 닿는 모든 것을 더 나은 쪽으로 고치고 싶어 한다. 다시 내 얘기를 하자면, 목재와 아교, 쇠붙이, 광택제의 상태를 개선해 질을 높인 최종 결과는 상당히 훌륭했다. 아름다운 소리를 내는 클라비코드가 탄생한 것이다. 그러나 그 과정에서 오물이 빠졌다면 심히 위험했을 것이다. 우리가 살아가는 이 세상에도 똑같은 진리를 적용할 수 있다. 우리는 오물에 아예 발을 담근 셈이다.

수천 년간 서구 문화의 주류를 이룬 예수 탄생 이후의 역사는 정도를 벗어나 교묘한 속임수를 부렸다. 오물은 없다고, 적어도 오물을 숨기거나 존재하지 않는 척하는 게 예의라고 스스로를 세뇌한 것이다. 문명인인 우리의 일상은 마치 땀이나 비듬이나 운동 후에 나는 쉰내 따위는 모르는 척, 하루에도 몇 번이고 화장실을 들락거리지 않는 척하는 연기로 점철돼 있다. 그런 연기에 몰입한 나머지 우리는 매일 사용하는 변소를 변소라고 대놓고 말하는 것조차 못 견딘다. 변소가 아니라 세면실이다. 아니, 욕실이다. 아니, 해우소다. 아니, 화장실이다. 아니, 그게 아니라……. 자신의 똥을 마주하길 꺼리는 심리는 이토록 강하다.

성적 본능을 존중하길 주저하는 심리는 배변 쪽 불편감보다 훨씬 심하다. 기독교 정신은 그리스도(인간의 원형)가 반인반신이요, 반은 세속에 반은 천상에 속한 존재라는 가장 기본적인 교리에서 출발했다. 대부분의 기초 신학이 이 사실을 다루는데, '이단heresy'이라는 단어는 원래 '균형을 잃다', 즉 어느 한쪽 또는 이 기본적 평형 상태의 반대편을 과대평가한다는 뜻이었다. 그러니 인간성의 세속적 측면을 폄하하는 것은 기독교 정신의 핵심적 교의를 무너뜨리는 것이나 다름없다. 그런데도 오늘날 수많은 교회가 육신은 인간됨에서 가장 미미한 일부요 수치스러운 것이니 거부해야 마땅하다는 태도로 일관한다.

어찌 된 일일까?

추측하건대, 고대부터 인간은 유물론적 세계관을 이어왔는데, 시대가 바뀔수록 이 치우친 선입관에서 균형 잡힌 시각으로의 이동이 절실해졌고, 결국 중세에 이르러 기독교 정신의 가장 심오한 가르침인 인간과 신, 지상과 천국의 바람직한 역설에 빠져든 것 아닐까. 세속성은 과하고 영성은 부족한 이단의 세계관에 물들지 않도록, 중세인들은 성대한 의식과 엄격한 수련으로 단단히 무장했다. 옛 사회는 인간이 신과 직접 접촉하는 걸 막았는데, 아마 신을 눈앞에서 보는 충격을 견뎌낼 수 있는 인간은 극소수에 불과함을 알았기 때문일 것이다. 전통적 종교 의식은 감당하지 못할 신령한 경험으로부터 인간을 보호하는 구성을 취했고, 무당이나 사제가 두 세계 간의 매개 역할을 했다. 과거에는 효력이 있었고 사람들이 구하고자 하는 것에 직접 응답할 수 있었다. 그러나 현대인은 그 과정을 넘어서서 세속과 육신과 섹스를 열등한 위치로 떨어뜨렸다. 중세인들 못지않게 우리도 절실히 균형을 추구해야 하지만, 우리는 정작 필요한 것의 반대편에서 헤매고 있다. 오늘날, 섹스와 연애는 우리와 연이 끊어진 신령한 경험의 역할을 대신 짊어지려 한다. 그러나 그 과정에 초월적 존재와의 연결고리는 없다.

동서양을 막론하고, 종교적 신앙 수련의 상당수가 지금 우리에게 필요한 것과는 180도 다른 불균형을 초래한다. 사실, 개개인에게 현재 무엇이 필요한지를 집단의 감으로 단정하기란 불가능하다. 인간 카스토르의 미숙함에서 벗어날 필요가 있는 사람이 있는가 하면, 이상과 이론에 지나치게 치우친 나머지 인간성을 완전히 잃게 될지도 모를 폴룩스의 정신 구조로부터 세속적 감각을 되찾아야 하는 사람이 있을 수도 있다. 이제 우리의 길잡이 신화가 갖는 의미는 더욱 명백해진다. 즉, 우리는 인간성(카스토르)과 신성(폴룩스)이라는 우리 본성의 두 측면을 합하여 새로운 하나가 되어야 한다. 하지만 어떻게?

온전한 존재로 향하는 첫발

"한 사람의 고기는 다른 누군가의 독"이라는 옛 속담만큼 적절한 비유는 다시없다. 물에 빠진 사람에게 물통을 던져 구하려 하지 마라. 그 물이 없어 죽을 지경인 사람이 따로 있을지도 모른다. 그 사람에게 필요한 건 수련도 응원도 아닌, 쏟아지는 물줄기다.

안타깝게도, 간단히 완전체를 이루는 비결은 없다. 다만 자신의 이율배반적 본성을 자각하는 것이 첫 번째임은 확실하다. 삶이 물에 잠긴 듯한가, 아니면 너무 메마른가? 정제된 삶을 사는 데 기력을 다 써버렸고, 지금껏 쓸모없다며 방치해온 그림자의 기운이 필요한 상태인가? 세속과 너무도 강하게 맺어져 있기에, 비현실적인 폴룩스 본성을 거부하고 있는가? 이런 통찰만으로도 온전함(거룩함)을 회복하는 길의 절반은 간 셈이다.

30분 후에 죽는다 해도 지금 시작해야 한다. 지금 당신이 있는 그곳에서, 온전한 존재로 향하는 첫발을 내디더라. 한 걸음 한 걸음 힘들여 밟아 나아갈 필요는 없다. 무의식을 의식으로 끌어올리기만 하면 된다. 다른 누구도 아닌 '자신'의 그림자를 의식 차원의 세상으로 데려와야 한다. 고해성사하듯 타인에게 털어놓으면 속죄는 할 수 있다. 물론 외적 삶에서 바로잡을 수 있는 것이면 그렇게 하는 게 도덕적으로 좋고 옳다. 그러나 심리적으로 필요한 것은 단 하나, 대극을 인지하고 통합하는 것이다. 앞서 언급했듯이, 되는대로 끌어모아 뭉치라는 게 아니라 다른 모든 것과 자신만의 특수한 관계를 맺으라는 얘기다. 각자 삶의 특수성을 외면하거나 초연해지려 애쓰기보다 그것을 꿰뚫어 보게 될 때 우리는 온전한 존재로 한 걸음 더 다가선다. 자신의 현재 상황에 대한 진짜 진실은 무엇인가?

참된 고백이란 갈라졌던 대극의 쌍을 직면하는 작은 시련이다. 의식의 통합이 이루어질 때까지 아무것도 '행'해서는 안 된다. 통합을 이루기 전에는 자신이 만든 문제를 해치우려 애써 봤자 더 많은 문제만 낳을 뿐이다. 끈끈이 덫에 걸린 파리는 벗어나려 몸부림칠수록 덫에 더 달라붙는 법이다.

진퇴양난을 피하고자 한다면 '천국'이라는 단어의 의미를 새롭게 정의해야 한다. 천국은 지상을 포함하는 확장된 의미로 쓰여야 한다. 천국은 다른 때, 다른 곳이 아닌 '지금, 여기'다. 내면의 카스토르가 신성을 얻는 과정은 지금 여기에서 완성되어야 한다.

인생 황혼기에 일어나는 극적인 변화

다들 중년의 도전을 이야기하지만, 인생 황혼기에 일어나는 극적인 변화만 한 게 또 있을까? 늙는다는 것은 흔히 존재의 마지막 단계로 끌려 들어가는 것, 그래도 여전히 지혜를 배우며 성장하는 것을 가리킨다.

인생의 저녁에 들어서면 눈과 귀가 어두워지고 신체 기능이 약해진다. 기력이 달려 거동이 불편해지거나 숫제 움직이지 못하게 되기도 한다. 몸은 말을 안 듣고, 뭐든 오래 못 견디며, 항상 피곤하고, 소유욕도 강해진다. 병원이며 보건소에 갈 일도 잦다. 하루하루 달라지는 몸 상태가 일상의 초점이 된다.

당신은 이렇게 늘어나는 제약과 싸울 텐가, 아니면 이런 과정이 주는 가르침을 겸허하게 받아들일 텐가? 다음은 얼마 전 한 80대 노인이 내게 털어놓은 이야기다.

인생 황혼기에 나는 배우는 길을 택했다네. 자책이나 후회가 아니야. 늙어가는 사람들한테서 보이던, 담대하게 받아들이는 태도를 이해하고 깨우치고자 한 거지.

참 이상해. 나는 늙는 걸 남들보다 더 오랫동안 이럭저럭 잘 피해왔거든. 일찌감치 내 안에 노인네가 들어앉았기에 가능했던 일일 테지. 어릴 적에 교통사고를 당해서 죽을 뻔했어. 겨우 살기는 했지만 불구가 되었네. 부모는 갈라섰고, 형제자매도 없고, 거의 할머니 손에서 자랐다네. 이런 일들이 그렇잖나, 내면의 속 편한 젊은이를 데려가고 대신 늙은이를 데려다놓지.

그래도 나름 비상한 재주도 있고 아주 심각한 결함도 있는 상태로 여든다섯에 접어들었네. 그해 초에는 푸에르 기운 덕에 거의 쌩쌩한 편이었는데 연말 즈음엔 몸이 늙어서 온통 삐걱대는 통에 마음까지 축 처지더군. 정말 괴로웠지만, 거기서 또 새로운 능력을 얻게 된 건 누가 뭐래도 기쁜 일이었지. 여든다섯에 이런 변화를 가장 선명하게 요약하는 꿈을 꾸었다네.

전혀 모르는, 낯선 세상에서 깨어났네. 마치 느닷없이 다음 세상에 도착한 것 같았어. '다음 세상'이란 건 침례교인이었던 우리 할머니한테서 자주 들었던 단어야. 할머니의 혼잣말을 엿듣다 보니 그다음 세상의 이미지에 황금 마차, 날개 달린 천사, 황금빛 거리, 신의 성가대, 하프를 연주하는 아기 천사 같은 이미지가 따라붙었지. 난 행복을 약속하는 천국의 이미지를 너무 오래 지니고 살았어. 그 때문에 성인기에 혹독한 대가를 치러야 했지. 어른이 되어 마주한 현실은 황금빛 약속과는 달라도 너무 달랐다네. 물론 내가 상상하는 천국의 이미지도 확 바뀌었고. 아무튼 여든다섯에 꾼 꿈에서 내가 깨어난 곳은 허름하다 못해 원시시대 것 같기까지 한 집 안이었네. 흙벽돌집이었고, 어딜 보나 직선이라곤 하나도 없이 온통 비뚤배뚤했네. 옅은 갈색 옷을 걸친 몇 사람이 같이 있었는데, 다들 우두커니 서 있는 게 자기가 누군지, 뭘 해야 하는지 전혀 모르는 것 같더군. 나도 얼떨떨하긴 마찬가지였어. 그래도 이 무지의 구름을 걷어내야 한다는 걸 알 정도의 정신은 있었네. 내가 아는 모든 도구를 끌어와 이 망각 상태를 부수다가 불현듯, 내가 누구인지 기억났다네. 내 상황은 내가 책임져야 한다는 깨우침도 함께 왔지. 나는 좀 전의 나처럼 망각에 갇힌 사람들 한 명 한 명을 일깨워 그들 각자가 자신의 정체를 기억할 수 있게 도왔어.

엄청난 행복감이 밀려들었네. 우리가 있는 그곳의 아름다움과 기품을 볼 수도 있게 되더군. 난 그 사람들을 떠나 이 방 저 방을 둘러보면서 뜻밖의 아름다움도 발견하고 만족감도 느꼈네. 어느 방이나 집의 재료인 흙과 우리 옷처럼 온통 담갈색이었어. 그래도 금빛이 아예 없지는 않았네. 찬란한 황금빛 햇살이 집 안팎을 고루 비추고 있었으니까. 하지만 그 빛은 태양이 쏘는 게 아니었네. 모든 것이 스스로 빛과 기운을 발산하는 것 같더군. 꿈에는 끝이 없었고, 난 흙빛과 금빛을 발하는 세상을 실컷 누비고 다녔다네.

꿈을 볼 수 있는 전문적인 훈련을 받았던 나는, 꿈은 그 꿈을 꾼 사람이 인지하지 못한 채 내면에 품어온 잘못된 정보를 바로잡거나 새로운 정보를 제시하는 것이라 믿고 있네. 이런 관점에서 이 꿈은 내가 또 다른 차원의 의식을 준비하고 천국에 대한 내 할머니 식의 감상과 편견을 벗도록 이끌어주기 위해 나타났다고 생각하네. 집 전체가 흙빛(단순성과 자연스러움) 일색이고, 과도한 장식이 없으며, 직선(가부장적·법치주의적 문화의 상징) 또한 없는 것은 낙원 이미지에 대한 내 편파성을 치유하는 데 필요한 요소가 아니었을까 싶어.

진정한 낙원을 찾아서

낙원이나 황금시대에 관한 신화는 어떤 형태로든 모든 문화에 널리 퍼져왔다. 또한 모든 창조 신화가 낙원의 상실을 다룬다. 낙원의 상실이란 온전한 하나의 의식이 분리된 현실, 요즘 말로 '신경증' 상태를 상징한다. 낙원이 사전적 의미 그대로 통하지는 않지만, 그렇다고 낙원의 개념을 의심해서는 안 된다.

낙원에는 두 가지 유형이 있다. 하나는 에덴동산, 즉 카스토르와 폴룩스가 의식을 얻으면서 잃어버린 완전성이다. 누구도 그 황금시대로 돌아갈 수 없다. 그 시절로 돌아가려는 시도는 인격과 사회에 해가 되는 퇴행이다.

낙원을 향한 이끌림은 사춘기에 특히 강하게 나타난다(사춘기 의식은 나이와 상관없이 영향력을 행사할 수 있다). 사춘기에는 의식의 수준을 높이고자 하는 욕구가 일지만, 동시에 순수하고 단순했던 먼 옛날의 '호시절'로, 한때 자신이 주인이었던 잃어버린 낙원으로 돌아가고픈 열망도 내면의 한자리를 차지한다. 이 향수는 삶의 여러 시기에 로렐라이(노래로 뱃사람을 유혹해 배를 난파시킨다는 전설 속 물의 요정_옮긴이)의 노래를 부른다. 현실의 경험과 문화를 받아들이지 않고 이 유혹에 굴복해 유아기의 낙원으로 돌아간다면, 그건 퇴행이다. 이런 퇴행에서 자라나는 질병이 얼마나 많은지 아는가. 마음만 아픈 게 아니라 몸의 병도 생긴다.

낙원을 이해하고 싶다면 의식이 여러 층위로 이루어져 있음을 기억하라. 적절한 층위에 올린다면 낙원에 대해 뭐든 질문할 권리가 있다. 낙원의 두 번째 또는 대안적 개념은 윌리엄 블레이크가 "천상의 예루살렘"이라 일컬은 것이다. 우리는 에덴동산에서 생을 시작해 갖가지 과정을 거치며 이 완전무결한 낙원을 점차 잃어간다. 그 시절로 돌아갈 수는 없지만(의식은 계속해서 흐르며 움직인다), 앞으로 나아갈 수는 있다. 언어와 자아의 본질적인 이중성 이면에 있는 무엇을 언어로 설명하려니 어려운 것이다. 그러니 의식이 이해할 수 있는 상징을 활용해야 한다. 에덴동산의 순진무구한 온전함에서 천상의 예루살렘이라는 성숙한 온전함으로 나아가자는 식으로 말이다.

이해의 최종 단계에 이르면, 결국 낙원은 하나다. 우리는 그 낙원을 잃어버린 적도 얻은 적도 없다. 천국은 언제나 우리 손 안에 있다. 다른 때, 다른 곳, 다른 상황이 아니다. 지금 여기에, 완전하고 완벽한 낙원 전체가 우리에게 있다. 그것을 볼 수 있는 맑은 시야만 있으면 된다.

낙원은 다른 차원의 의식이 바라보는 현실이다. 언뜻 기운 빠지는 얘기로 들릴 수 있다. 낙원은 가졌을 때가 아니라 견딜 수 있을 때 온다. 너무 이르게 나타나는 낙원의 모습은 끔찍한 고통을 안긴다. 천국의 단면에 닿았는데 그것이 천국인 줄 모른다면, 다시 말해 자신의 신성한 잠재력과 교감하지 않는다면, 그것은 지옥의 경험으로 돌변할 것이다.

낙원의 성격을 드러내는 특성 중 하나는 그것이 시간의 경계 밖에 있다는 점이다. 영원은 시간이 멈추는 순간에 시작되는 것이 아니다. 안식일의 개념은 일주일에 하루는 일상의 의식을 쉬게 할 필요가 있다는 인식에서 나왔다. 시간을 대하는 자신의 관점을 익식하는 일은 깨달음으로 가는 여정의 핵심 단계다. 자신이 어떤 시간을 기준으로 살아가는지 자문해보라. 행복감은 대개 시간에 쫓기는 기분의 정반대에 있다.

프랑스의 후기인상파 화가 폴 고갱Paul Gauguin은 고국에서 주목받지 못하고 경제적으로도 궁핍한 처지에 좌절했다. 그는 유럽 문명과 '인위적이고 진부한 모든 것'에서 벗어나고자 열대로 갔다. (이전에도 그는 마르티니크 섬에 몇 차례 단기 체류하고 파나마운하에서 노동자로 일하는 등 열대 낙원을 찾으려는 시도를 여러 번 했다. 그가 꿈꾸던 낙원은 물고기와 과일로 연명하면서 원시적 화풍의 그림을 마음껏 그릴 수 있는 곳이었다.) 1891년, 고갱은 19세기 유럽에서 보낸 소외된 삶의 해독제가 되리라 기대하며 말 그대로 지상 낙원인 타히티로 갔다. 막상 남태평양에 도착하여 마주한 현실은 그의 기대를 무너뜨렸다. 그곳은 낙원이 아니라 가난과 기아와 질병의 땅이었다. 하지만 그는 탐구를 통해 상징적 낙원 또는 내면의 낙원을 발견하여 화폭에 옮겼다. 그리고 우리는 그의 그림들에 담긴 낙원의 이미지로 폴 고갱을 기억한다.

때때로 낙원을 맛보지 못하면 우리는 삶을 견뎌낼 수 없을 것이다. 태어나면서 우리 안에 지어진, 카스토르와 폴룩스가 하나로서 존재하는 유아기의 낙원에 언제까지고 머무를 수는 없다. 유아기의 상태에 너무 집착하면 성장도 거기서 끝이다. 낙원을 떠난 후에는 낙원에 대한 환상이 생기는데, 그 환상이야말로 낙원을 깨닫지 못하게 막는 최악의 걸림돌이다.

이러한 진실을 온전히 받아들이자니 끔찍이도 실망스러울 것이다. 하지만 너무나 중요한 진실이라 나는 또다시 강조해야만 한다. 낙원은 존재한다. 그러나 의식의 차원에서 존재하며, 그것을 누릴 준비가 되어야만 누릴 수 있다.

때로 영적 가르침들은 물질적인 것을 버리고 집착을 줄여 몸과 마음의 짐을 덜라는 충고로 해석된다. 하지만 이는 심오한 진리를 근본적으로 오해하는 것이다. 더 성숙한 의식을 위해 우리가 버려야 할 것은 물질적인 것이 아니라 이중성에 충실한 태도다. 물질세계가 '더 높은' 존재와 구분된다는 생각 자체가 이중성의 오류다. 실제로는 그렇지 않음에도 현재의 인식 수준이 현실을 이중적으로 받아들이는 것뿐이다.

두 영역을 한데 모아 통합을 이룬 사람은 대극의 양극성을 다른 이들처럼 순순히 따르지 않는다. 깨우친 자는 그렇게 편협하거나 편파적이지 않으며 어느 한쪽만의 전문가도 아니다. 그러나 일상의 자아에서 낙원의 의식으로 옮겨가는 과정은 위험으로 가득하다. 자아는 백기를 든 척하고 나서는 '더 높은 자기'를 흡수하려 들고, 결국 우리는 세상의 왕이라도 된 것처럼 자만심에 들뜬다. 이런 일이 비일비재하다. 깨우침에 필요한 가르침의 95퍼센트는 견딜 수 있는 구조를 갖추는 것이며 지상의 낙원을 깨닫는 일은 그 후의 결과라는 말이 있다. 반드시 경계해야 할 것은 바로 자만심이다. 고대인들은 만사 만물을 다 알고자 하는(신처럼 되고자 하는) 욕망에 사로잡히면 목숨을 잃을 수도 있다고 여겼다.

소위 성자라 불리는 자들이나 구루들 가운데서도 이런 경우를 볼 수 있다. 낙원을 맛본 그들은 그것을 이용해 추종자와 부를 늘리고 남용하면서 권력을 거머쥔다. 진정한 변화란 낙원의 의식을 우리 안으로 빨아들여 통합하는 것이 아니다. 낙원의 의식이 우리를 끌어들이는 것이다.

처음으로 돌아가기

몇 년 전 인도에서 살았을 때 만난, 나이 많은 요가 수행자가 이런 말을 했다. "죽기 전에 당신은 가능한 모든 삶의 화신이 될 것이오." 내가 부자도, 가난한 사람도, 성자도, 죄인도 될 수 있다는 말로 들렸다. 인간으로서 배울 수 있는 모든 것이 화신化身이 되어 나를 가르치리란 얘기였다. 긴 침묵이 이어졌다. 그는 이 말에 담긴 엄청난 의미가 내 두뇌에 새겨지길 기다렸다가 나를 가리키며 말했다.

"당신은 동시에 존재하는 그 모든 화신 속에 있소."

다시 침묵이 흐른 뒤 그가 말했다.

"동시에 존재하는 모든 화신 속에 있는 것은 신이오."

의미심장한 잠시간의 침묵 끝에 그는 내 눈을 똑바로 바라보며 아찔한 한마디를 던졌다.

"그게 바로 당신이오!"

휘청이는 나를 뒤로하고 그는 가버렸다. 그때부터 나는 예전의 내가 아니었다.

화신의 개념은 '살지 못한 삶'을 설명하는 기발한 방법이다. 말 그대로 받아들이면, 시간을 관통해 여러 사람, 심지어 동물로도 다시 태어난다는 뜻으로 들린다. 이는 정체성에 집착하는 자아의 관점이다. 문자 그대로의 해석은 일종의 맹목적 숭배인데 숭배의 대상은 보통 자신의 자아다. 자아는 상상으로 변형할 줄 모르기 때문에, 보이는 그대로 받아들인다. 살아 있는 신비를 경험이 아닌 개념으로, 믿음으로 굳힌다. 심리학적 이해의 관점에서 화신이란 '살지 못한 삶'의 구현, 즉 자신의 모든 잠재력을 보살펴야 신(하나 됨)을 깨달을 수 있다는 진리를 가리킨다. 우리 내면에 존재하는 수천 가지 잠재력이 자신을 드러내고 실현하라고 일제히 외치고 있다. 이것이 현대인에게 화신이 갖는 의미다. 모든 잠재력은 실제의 경험이 되길, 완전한 존재로 돌아가는 우리의 여정이 끝을 맺기 전에 현실로 나오길 원한다. 이들 전부가 관심을 얻기 위해 일제히 경쟁을 벌인다. 환생은 다른 때, 다른 곳, 다른 존재로 다시 태어나는 게 아니라 바로 '지금'이다. 동시에 존재하는 모든 화신 속에 우리가 있다는 게 제대로 된 이해다. 우리는 신성한 의식의 화신이다.

하지만 자아는 거의 항상 이 낙원의 실현을 완전한 재앙으로 인식한다. 깨달음에서 벗어나려는 몸부림도 아주 다양하다. 사람들 대부분에게, 불가사의한 세계는 너무나 버겁다. 그러나 자신이 지금 무엇을 하는지 안다면, 그 세계가 실로 장엄하게 다가올 것이다.

이제 또다시 중요한 질문이 생긴다. 깨우친 이후에는 무엇을 할 것인가?

놀랍게도 현자들은 이전과 다름없이 살라고 이른다. 단 무슨 일이든 의미를 알고 행하라고 한다. 행함은 존재함에 이바지한다. '더 높은 자기'가 배경에 서서 우리의 모든 행함에 번쩍이는 빛을 비춘다. 자아의 눈으로 보면 여전히 모든 것이 해결 불가능한 대극의 쌍이어서 괴롭기 짝이 없을 것이다. 그러나 깨우친 눈에는 똑같은 상황도 신의 창조적 놀이로 보일 것이다.

불교의 가르침을 기억하자. 깨우치기 전에 나무를 자르고 물을 나르라. 깨우친 후에도 나무를 자르고 물을 나르라.

모든 가능성은 우리 안에 있다

동양의 선승 시바야마 젠케이柴山全慶는 깨어난 의식을 시구로 그려낸다.

> 고요히, 한 송이 꽃이 피네
>
> 고요 속에서 져버리네
>
> 하지만 지금 여기, 바로 이 순간, 바로 이곳
>
> 꽃의 세상, 온 세상이
>
> 꽃을 피운다네
>
> 이것은 꽃의 말
>
> 영생의 영광이
>
> 여기서 환히 빛난다네[40]

우리는 불안을 키우는 시대, 새로운 첫새벽의 빛이 밝아오기 전의 캄캄한 밤에 살고 있다. 인도의 현명한 노스승이 알려주려 했듯이, 모든 가능한 화신이 우리 안에 있다. 과연 우리는 이 '살지 못한 삶'의 부름에 답할 수 있을 것인가? 자신의 반사적인 습관을 겸허히 인지한다면, 한쪽으로 치우친 한때의 정체성에 매달리길 멈춘다면, 미지의 영역에서 자신을 기다리는 것에 마음을 연다면, 그렇다면 가능하다.

우리는 분열과 대립의 시대에 살고 있지만, 자고로 중용이 최선이라 했다. 물타기식 타협이 아닌 통합이다. 삶은 모순과 긴장으로 가득 차 있지만, 편파적인 해결책을 밀어붙이기보다 그 긴장을 품는 법을 배운다면 완전무결하고 신성한 경험을 열린 마음으로 받아들일 수 있을 것이다. 우리의 인식을 더 심오한 차원으로 옮기는, 지각변동 같은 대대적인 변화가 필요한 건 아니다. 자신의 내면을 들여다볼 수 있다면 말이다.

우리는 사회가 이끄는 대로 움직인다. 성공할 자격을 얻기 위해 각고의 노력을 기울인다. 권력을 휘두른다. 역설과 신비가 가득한 우주에서 확실한 것들을 갈망한다. 그러면서 자신의 그림자를 직면하길 피하고 자신의 추측을 진리로 여긴다. '나쁜' 것을 떼어내어 길거리에서 만난 사람이건 바다 건너에 있는 누군가건 이웃에게 덮어씌우기가 더 쉽고, 내면의 '다른 존재'를 마주하기보다 '다른 존재' 자체를 두려워하는 편이 더 쉽다.

이어지는 질문을 스스로에게 던져보라. 내 여정의 다음 단계를 완수하는 데 필요한 것은 무엇인가? 새로운 길을 탐색해도 좋다고 스스로 허락할 수 있는가? 두려움이 어떻게 나를 역행적 태도 안에 가두고 기존의 것을 답습하는 존재 방식에 묶어두는가? 고인 물 같은 인격 속에서 사는 데 만족하는가, 아니면 여기서 더 성장해 새로운 방식으로 생각하고 느낄 준비가 되었는가? '살지 못한 삶'의 잠재력을 현실화하는 데 필요한 기운을 불러낼 수 있는가? '살지 못한 삶'을 사는 일은 오늘, 나 자신과 함께 시작된다.

그리스 고전학자이자 번역가인 길버트 머레이Gilbert Murray의 문장은 사뭇 감동적이다.

"더 고결하고 더 오래가는 것을 섬기며 살라. 인생무상의 비극이 마침내 당신을 덮칠 때, 당신이 삶을 바쳐 섬긴 그것만큼은 죽지 않음을 알 수 있도록."

1. T. S. Eliot, "Little Gidding," in *Four Quartets*, copyright 1942 by T. S. Eliot and renewed 1970 by Esme Valerie Eliot, reprinted by permission of Harcourt, Inc.

2. C. G. Jung, *The Collected Works of C. G. Jung*, trans. R. F. C. Hull (Princeton, NJ: Princeton University Press, 1973), vol. 9, part 2, para. pp. 43~67. (이하 *The Collected Works of C. G. Jung*은 *CW*로 표기함.)

   '더 높은 자기'는 우리가 삶에서 필수적인 것들을 경험하고 더 깊고 넓은 영역과 연결되도록 이끈다. 우주의 본질적인 원형 패턴에 맞춰진 정체성은 자아가 의미로서 경험하는 것을 만들어낸다. '더 높은 자기'는 고정된 것이 아니고 실체를 규정할 수 있는 무엇도 아니기 때문에 용언으로, 즉 '자기하기selfing'로 쓰는 것이 더 정확하다. '더 높은 자기'는 관찰이 가능한 하나의 과정이며, 이 책에서는 더 원대한 수준의 통합, 조직, 관계, 창조적 표현을 역동적으로 추구하는 정신의 성향을 가리키는 단어로 쓰인다.

   정신의 자기 조직적 특질은 특히 복잡계complex systems 이론에서 폭넓게 다루어진다. 과학을 중시하는 독자라면 생물의 근본적인 특성 중 하나인 항상성homeostasis이 개방계open systems, 특히 살아 있는 유기체의 속성이라는 점에 주목할 필요가 있다. 항상성이란 다중적이고 역동적인 평형 조정으로 자신의 내부 환경을 조절하여 안정적이고 일정한 상태를 유지하려는 성질을 일컫는다. 1932년 월터 캐논Walter Cannon이 고대 그리스어 'homoios(똑같은, 유사한, 닮은)'와 'stasis(입장, 태도)'를 조합해 처음 이 용어를 만들었다. 제대로 기능하는 인간의 몸은 체온, 염도, 산도, 영양소 및 노폐물 농도를 허용 한계치 내에서 균형 있게 조절할 수 있다. 이것이 자기조절능력이다.

   마찬가지로, 정신은 자기 수정 및 보정의 특질이 있다. 정신의 작용 과정은 역동적이고, 온도조절장치처럼 고정된 기준점이 있지 않다. 따라서 위의 특질을 설명하는 용어로는 '항류성homeorhesis'이 더 적절하다. 용어의 어원은 '유사 흐름'을 뜻하는 고대 그리스어다. 항류성은 흐름을 유지하려 하는 역동적 체계를 말라하며, 특정한 상태를 유지하려 하는 체계(항상성)의 반대 개념이다. 1940년 C. H. 와딩턴C. H. Waddington이 처음 이 용어를 사용해 역동적 과정을 지향하며 스스로를 조절하는 정신의 특질을 설명했다. 생태학에서는 항류성 개념을 이용해 가이아 이론Gaia theory을 설명하는데, 지구상에 있는 다양한 생명체들(생물과 무생물을 아우름)의 생태적 균형 체계가 바로 항류성이라는 것이다.

   C. H. Waddington, *Tools for Thought: How to Understand and Apply the Latest Scientific Techniques of Problem Solving* (New York: Basic Books, 1977) 참조.

   '자기하기' 즉, 잠재한 가능성들의 통합과 표출을 촉진하는 '더 높은 자기'의 특성을 이해하는 데 과학적 비유나 종교적 비유가 도움이 될지도 모른다. 예를 들어 '신의 불꽃'이라든지 '우리를 완전한 하나, 신성의 구현으로 인도하는 영혼' 같은 표현으로 '자기하기'를 설명할 수 있다.

3. Thomas Mann, "Freud and the Future," in *Essays* (New York: Vintage Books, 1957), p. 317.

4. '살지 못한 삶' 검사지는 롤런드 에반스Roland Evans가 개발한 질문 목록을 본으로 삼았고 그의 도움을 받아 이 책의 쓸모에 맞게 고쳐 적용했다. 에반스의 탁월한 저서는 또 하나의 유용한 치료 도구다.
   Roland Evans, *Seeking Wholeness: Insight into the Mystery of Experience* (Boulder, CO: Sunshine Press, 2001).

5. Kate Hovey, "Castor and Pollux," www.The-Pantheon.com. 이 책에 서술된 카스토르와 폴룩스 신화는 방대한 자료에서 그 내용을 발췌했다. 주요 출처는 다음과 같다.
   Karl Kerenyi, *Gods of the Greeks* (New York: Thames and Hudson, 1980).
   Jane Ellen Harrison, *Epilegomena to the Study of Greek Religion, and Themis: A Study of the Social Origins of Greek Religion* (New York: Meridian Books, 1955).
   Gilbert Murray, *Five Stages of Greek Religion* (Mineda, NY: Dover Publications, 2003).
   The Columbia Electronic Encyclopedia, 6th ed. (New York: Columbia University Press, 2006).
   Arthur Cotterell, *The Encyclopedia of Mythology* (New York: Anness Publishing, Ltd., 1996), p. 38.
   Mike Dixon-Kennedy, *Encyclopedia of Greco-Roman Mythology* (Santa Barbara, CA: ABC-CLIO, Inc., 1998), p. 116.
   Pierre Grimal, ed., *Larousse World Mythology* (New York, G. P. Putnam's Sons, 1965), pp. 118~119.
   Thomas Bulfinch, *Bulfinch's Mythology* (New York: Random House, 1993), p. 148.

6. C. G. Jung, *CW*, vol. 8, para. pp. 749~795.

7. C. G. Jung, *CW*, vol. 7, para. p. 112.
   융은 헤라클레이토스의 뜻을 이어 이렇게 쓴다. '무의식과 자신을 분리하는 방법을 아는 사람만이 암울한 에난티오드로미아 법칙에서 탈출할 수 있다. 그 방법이란 무의식을 억압하는 게 아니라 그것을 '내가 아닌 것'으로서 눈앞에 확실히 두는 것이다.'

8. C. G. Jung, *CW*, vol. 7, para. p. 114.

9. Antonio Machado, "Last night, as I was sleeping," from *Times Alone: Selected Poems of Antonio Machado*, trans. Robert Bly (Middletown, CT: Wesleyan University Press, 1983). Reprinted by permission of Wesleyan University Press.

10. James Hollis, *The Middle Passage: From Misery to Meaning in Midlife* (Toronto: Inner City Books, 1993). 홀리스의 모든 저서가 그러하듯 이 책도 내용이 알차고 생각을 자극한다.

11. 혼돈 이론(chaos theory)의 '이상한 끌개(strange attractors)'와 융의 콤플렉스 개념은 유사한 면이 있다. 어쩌면 우리는 특정 상태의 가장자리에서 움직이고 있는지도 모른다. 그러다 '임계점'이 온다. 끌개는 자신의 매력이나 매혹적인 힘을 현상, 사상, 이론, 기분, 행위로 보여주며 정신 안에서 자가 반복의 능력을 과시한다. 이러한 심리적 연결점은 신념 체계, 정서 반응, 행동의 기반을 닦는 수단이다. J. May and M. Groder, "Jungian Thought and Dynamical Systems: A New Science of Archetypal Psychology," in *Psychological Perspectives*, Spring–Summer 1989, vol. 20, no. 1, pp. 142~155. 참조.

12. Thomas Lewis, Fari Amini, and Richard Lannon, *A General Theory of Love* (New York: Vintage Books, 2001).
인간 정서의 과학에 대한 최신 연구를 요약한 유용한 자료다.

13. 자아의 관점에서 보면 삶의 너무 많은 부분이 대립과 모순을 포함하는 것 같다. 하지만 더 나은 의식의 드넓은 시각으로 보면 똑같은 세상도 역설과 신비와 경이가 넘치는 곳이 된다. 사람이든 조직이든 최적의 정체성을 지닐 때 스스로를 객관적으로 평가할 수 있고, 분리된 현실, 즉 불완전하고 한정된 현실을 있는 그대로 꿰뚫어 볼 수 있다. 오웬 바필드(Owen Barfield)가 지적했듯, 문자 그대로의 해석은 곧 맹목적인 숭배다.

14. Robert Johnson, *Owning Your Own Shadow: Understanding the Dark Side of the Psyche* (San Francisco: HarperSanFrancisco, 1993).

15. 콤플렉스라는 매듭을 푸는 작업은 오랫동안 꾸준히 진행해야 하는 장기전이다. 나는 종종 내담자에게 일기를 쓸 공책 한 권과 색이 다른 펜 세 자루를 준비하라고 한다. 자신을 세상에 맞추는 세 가지 방식에 각각의 색을 지정한다. 검정은 생각, 빨강은 감정, 파랑은 신체 감각. 일주일에 최소 한 번 이상은 일기를 써라. 잠들기 전에 그날과 헤어지는 멋진 방법이다. 한가하게 일기 쓸 여유가 없더라도, 일기 쓰기가 수면제라는 생각으로 정당화해보자.
그날 경험의 세 가지 면을 하나씩 되짚어보라.
생각에 주목하는 편이 가장 쉬울 것이다. 툭하면 기억에서 사라져버리는 생각을 붙잡아 보관하는 용도로 일기를 써라. 다음으로 자신의 감정을 들여다보고 그것을 빨강 펜으로 기록하라. 마지막으로, 몸의 감각에 집중하라. 발끝에서 시작해 발목, 종아리, 허벅지, 계속해서 위로, 머리까지 천천히 훑으며 올라가라. 긴장으로 뭉친 부위를 알아내라. 감각이 아예 없는 데는 어디인지, 감각이 거의 느껴지지 않는 데는 어디인지 찬찬히 살피고 파랑 펜으로 빠짐없이 적어라. 펜 색깔은 '자기다움'의 각기 다른 측면을 반영한다. 이런 식으로 한 달 이상 꾸준히 일기를 쓰면 자신이 경험을 어떻게 처리하는지를 한눈에 파악할 수 있는 자료를 손에 넣게 될 것이다. 어떤 색 글씨가 얼마만큼의 비중을 차지하는지 의식하게 되는 것만 해도 상당히 유익하다. 검정 글씨가 대부분인 사람이 많은데, 이는 그들이 얼마나 많은 생각에 잠겨 사는지를 드러낸다.
이 일기로 자기 행동의 반복적 패턴, 즉 콤플렉스에 익숙해질 것이다. 그것은 자꾸 떠오르는 특정한 생각인가? 생각과 감정은 어떻게 연결돼 있는가? 이를 테면, 생각할 때마다 우울해지는 것이 있는가? 아침에 일어나면 머릿속에 자동 재생되는 오래된 생각 또는 기억이 있는가? 스트레스를 받는 상황에 놓일 때마다 반복되는 일은 무엇인가? 현실을 파악하고 이런저런 결정을 내릴 때, 거기엔 어떤 의도가 스며들어 있는가? 갈등이 있을 때 자신의 신체 상태를 인지하는가? 미묘한 직감에 어떻게 대응하는가? 아니, 그런 직감을 알아채기는 하는가? 알아챈다 해도, 자아의 뜻에 따라 그냥 무시하지는 않는가? 자신의 내적 패턴을 인지하는 것이 변화의 첫걸음임을 명심하라. 계속해서 이 책의 내용을 따라가다 보면 콤플렉스와 대화하는 법을 배우게 될 것이다. 그리하여 콤플렉스를 완화하고 그 영향력을 바꿀 수 있을 것이다.

16. 선불교에는 스승이 갓 입문한 제자의 영적 깊이를 파악하기 위해 이런저런 질문을 던지는 전통적 관례가 있다. 대표적으로 가장 흔히 쓰이는 질문이 '너는 누구냐?'다. 별다른 뜻 없어 보이는 이 단순한 질문을, 제자들은 두려워한다. '나'라는 1인칭 대명사의 일반적인 쓰임새 이면에 있는 실체, 즉 존재의 전부를 즉시 드러내라는 요구이기 때문이다. 그런 질문을 깊이 사유하려면 순전하고 절대적인 주체로서의 '나'를 즉시 깨달아야 한다. 그런데 주의를 자기 자신에게로 돌리는 순간, 그 '자기'는 객체가 된다. 자아를 다른 것으로 완전히 변화시켜 인간 인식의 다른 차원에서 기능하게 해야만 비로소 순전한 자기를 깨달을 수 있다.
Toshihiko Izutsu, *Toward a Philosophy of Zen Buddhism* (Boulder, CO: Prajna Press, 1982) 참조.

17. Walt Whitman, *Song of Myself*.

18. Coleman Barks, "Rumi and the Celts: The Soul as Conversation and Friendship," *Parabola* (Winter 2004), p. 26.

19. 덧붙여, 누구나 '나'에 대한 저마다의 개념을 갖고 있지만, 더 자세히 들여다보면 '나'의 의미를 파악하기란 매우 어렵다. '자기'는 어떤 장소나 물체가 아니다. CT 촬영을 하거나 인간 두뇌를 해부하거나 유전자 코드를 분석하는 식으로 '자기'를 발견할 수는 없다. '자기'는 끊임없이 흐르고 끊임없이 변화하는 과정이므로 명사보다는 용언으로 지칭하는 것이 더 옳을 것이다. 우리는 언제나 '자기하기' 과정에 있다. 우리는 자신을 일정하게 지각하지만, 실상 영원한 '나'는 없다.

20. Mary Watkins, *Invisible Guests: The Development of Imaginal Dialogues* (New York: Continuum International Publishing Group, 2000). 한 사람의 한 목소리만 듣기를 고집하는 발달심리학을 설득력 있게 비판한 책이다. 나는 그녀가 사용한 '상상' 개념을 빌려 이 책에 적용했다. 그녀는 제임스 힐먼James Hillman 등과 함께 1970년대에 원형 심리학을 창시했다.

21. Erving Goffman, *The Presentation of Self in Everyday Life* (New York: Anchor

Books, 1959).

22. C. G. Jung, "The Aims of Psychotherapy," *CW*, vol. 16, para 97, 98.

23. Robert Johnson, *Inner Work: Using Dreams and Creative Imagination for Personal Growth and Integration* (San Francisco: HarperSanFrancisco, 1989).

24. C. G. Jung, "On the Secret of the Golden Flower," *CW*, vol. 13, para. 20.

25. Piero Ferrucci, *What We May Be* (New York: Tarcher/Penguin, 2004). 정신통합 이론 과 상상력을 키우는 심리 훈련법이 잘 설명된 책이다.

26. C. G. Jung, *CW*, vol. 8, para. 532.

27. C. G. Jung, *CW*, vol. 16, para. 86.

28. Federico García Lorca, "Casida de la Rosa," trans. Jeremy Iversen. Reprinted with permission. 로르카는 스페인의 시인이자 극작가이며 화가, 피아니스트, 작곡 가로도 이름을 남겼다. 스페인 내란 초기에 보수파 당원들에 의해 살해되었다.

29. Russell Lockhart, "The Dream Wants a Dream," in *Psyche Speaks: A Jungian Approach to Self and World* (Wilmette, IL: Chiron Publications, 1987), p. 19.

30. 꿈을 현상학적으로 확장하는 이 기법 중 몇 가지는 미국 캘리포니아 주 카핀테 리아에 있는 퍼시피카 대학원 학장 스티븐 에이전스탯의 연구에 기반을 둔다. 수년에 걸친 세미나와 대화로 자신의 지혜를 나눠준 그에게 감사를 표한다.
Stephen Aizenstadt, *Dream Tending: Techniques for Uncovering the Hidden Intelligence of Your Dreams* (audiotape, Sounds True Audio, 2002) 참조.
다음은 꿈 작업에 대한 제임스 힐먼의 분석적 통찰을 효과적으로 적용한 사례다.
Benjamin Sells, ed., *Working with Images: The Theoretical Base of Archetypal Psychology* (New York: Continuum International Publishing Group, 2000).
James Hillman, *The Dream and the Underworld* (New York: Harper & Row Publishers, 1979).

31. C. G. Jung, *CW*, vol. 7, p. 155, footnote.

32. 꿈 배양 훈련법에 관한 자료는 이제 웹상에서 얼마든지 찾을 수 있다. 다음의 자료도 유용하다.
A. Bernard, "Dream Incubation" (Sherman Oaks, CA: California Family Conference, 1989).

33. Stephen Nachmanovitch, *Free Play* (New York: Tarcher, 1991).
이 책은 놀이가 예술과 삶에서 어떤 역할을 하는지를 탁월한 시선으로 탐구한다.

34. C. G. Jung, *CW*, vol. 6, para. 197.

35. C. G. Jung, *Memories, Dreams, Reflections*, trans. Richard and Clara Winston (New York: Vintage Books, 1963), p. 174.

36. Erich Neumann, *Depth Psychology and a New Ethic* (Shambhala, 1990). 융이 쓴 서문 참조.

37. Richard Sweeney, "The Shadow Archetype and the Search for a New Ethic," presented March 17, 2007, and available from the Jung Association of Central Ohio, 59 W. 3rd Ave., Columbus, OH 43201. 이러한 모순적 대극과 상대적 대극의 대비를 통찰하고 유익한 논의를 할 수 있는 건 융 학파 정신분석가인 리처드 스위니와 그의 이 미공개 논문 덕분이다.

38. William Blake, *Auguries of Innocence.*

39. T. S. Eliot, "Burnt Norton," in *Four Quartets*, copyright 1940 by T. S. Eliot and renewed 1970 by Esme Valerie Eliot, reprinted by permission of Harcourt, Inc.

40. Zenkei Shibayama, *A Flower Does Not Talk: Zen Essays* (Rutland, VT, and Tokyo, Japan: Tuttle Publishing, 1970). Reprinted by permission of Tuttle Publishing.

연세대학교에서 국어국문학과 심리학을 전공했다. 편집기획자로 책 만드는 일을 시작했으며, 현재는 전문 번역가로 활발히 활동하고 있다. 저자의 문체와 의도를 최대한 살리면서 한국 독자들이 편하게 읽을 수 있는 번역을 하기 위해 항상 노력하고 있으며, 옮긴 책으로는 《이야기로 깨닫는 기쁨》, 《아동 행동 심리 백과》, 《아무것도 하지 않는 순간에 일어나는 흥미로운 일들》, 《그렇게 한 편의 소설이 되었다》, 《파크애비뉴의 영장류》 등이 있다.

내 그림자에게 말 걸기

초판 1쇄 발행 2020년 6월 15일
초판 8쇄 발행 2024년 9월 6일

지은이 로버트 존슨, 제리 룰 | 옮긴이 신선해

펴낸이 김남전
편집장 유다형 | 디자인 양란희
마케팅 정상원 한웅 정용민 김건우 | 경영관리 임종열

펴낸곳 ㈜가나문화콘텐츠 | 출판 등록 2002년 2월 15일 제10-2308호
주소 경기도 고양시 덕양구 호원길 3-2
전화 02-717-5494(편집부) 02-332-7755(관리부) | 팩스 02-324-9944
홈페이지 ganapub.com | 포스트 post.naver.com/ganapub1
페이스북 facebook.com/ganapub1 | 인스타그램 instagram.com/ganapub1

ISBN 978-89-5736-116-0 03180

※ 책값은 뒤표지에 표시되어 있습니다.
※ 이 책의 내용을 재사용하려면 반드시 저작권자와 ㈜가나문화콘텐츠의 동의를 얻어야 합니다.
※ 잘못된 책은 구입하신 서점에서 바꾸어 드립니다.
※ '가나출판사'는 ㈜가나문화콘텐츠의 출판 브랜드입니다.
※ 이 책은 2009년에 출간된 《내 그림자에게 말 걸기》의 개정판입니다.

가나출판사는 당신의 소중한 투고 원고를 기다립니다. 책 출간에 대한 기획이나 원고가 있으신 분은 이메일 ganapub@naver.com으로 보내 주세요.